Mitsuru Hisata

Community Psychology

Ikuo Niwa

コミュニティ心理学シリーズ 第2巻

コンサルテーションとコラボレーション

久田 満・丹羽郁夫 編

金子書房

コミュニティ心理学シリーズ
はしがき

　日本コミュニティ心理学会が設立されたのは1998年4月であった。しかし，その前身ともいえる「コミュニティ心理学シンポジウム」が最初に開催されたのが1975年，さらにその6年前の1969年に東京大学で開催された日本心理学会第33回大会において，「コミュニティ心理学の諸問題」と題するシンポジウムが実施された。このように歴史を振り返ると，日本にコミュニティ心理学が紹介・導入されてからすでに半世紀が経過していることになる。

　その間，日本で初の単著となる『コミュニティ心理学——地域臨床の理論と実践』（山本和郎, 1986年, 東京大学出版会）や，日本コミュニティ心理学会が総力を挙げて編集した『コミュニティ心理学ハンドブック』（日本コミュニティ心理学会［編］, 2007年, 東京大学出版会）など，多くの専門書や入門書，あるいは翻訳書が発行されてきた。このような経緯を経て発展し活発化しつつあるコミュニティ心理学は，社会に対してどのような貢献をしてきたのであろうか。

　この半世紀の間で世界は大きく変わった。コンピュータやスマートフォンが身近な存在となり，インターネットという「新たな世界」が登場した。かつては大ごとだった海外旅行が日常化し，鉄腕アトムのような人型ロボットさえ珍しいものではなくなった。テクノロジーの発展はとどまるところを知らず，遺伝子操作から宇宙旅行まで，驚異的なスピードで社会が発展しつつあるかのように見える。

　では，半世紀前と比べて人々は幸福になったのであろうか。心は健康になったのであろうか。上記の「コミュニティ心理学シンポジウム」の第20回を節目に企画・刊行された『臨床・コミュニティ心理学——臨床心理学的地域援助の基礎知識』（山本和郎・原　裕視・箕口雅博・久田　満［編著］, 1995年, ミネルヴァ書房）で取り上げられて

いる実践例をみてみると，精神障害者の地域ケア，在宅高齢者支援，子育て支援，近隣騒音，ホームレス，職場のメンタルヘルス，不登校やいじめ，外国人留学生，外国人労働者などが連なっているが，これらの諸問題中で改善されつつあるものは何であろうか。

　逆に，近年，社会問題化している家庭内の暴力（児童虐待や配偶者間暴力）やストーカー，特殊詐欺，ネットでのいじめや誹謗中傷，薬物・アルコール依存，さらにはテロや紛争，自然災害や原子力災害といった，より深刻で心理学だけでは太刀打ちできない問題までもが多発しているのではないだろうか。今こそ，コミュニティ心理学が当初から大切にしてきた「予防的教育」，「他領域との協働」，「危機介入」といった概念の再確認とより具体的な方略の検討が望まれる。

　このような，人類を脅かし，人間としての尊厳を深く傷つけてしまう「グローカル」な諸問題を目の前にして，本シリーズの刊行は「焼け石に水」にすぎないかもしれない。しかし，だからこそ，目先の課題に対して闇雲に向かっていくのではなく，原点に立ち返り，基本を固めることで，少しでも意味のある改革につながっていくのではないだろうか。そんな趣旨と期待をもって本シリーズは企画された。

　本書は当初，将来コミュニティ心理学の考え方に基づく実践に従事する大学院生や初学者を読者として想定して編集された。しかし，できあがってみると，ベテランといわれてもおかしくはない層の方々にもぜひとも一読してもらいたいという思いが募ってきた。最先端の知識や技法を盛り込むとともに，今さら聞けない古典的な内容にも触れているからである。

　最後に，金子書房編集部の天満綾氏には，この企画の理解から細々としたやりとりに至るまで大変お世話になった。執筆・編集が予定より大幅に遅れてしまい，ようやくここに出版に漕ぎつけることができた。こうして晴れて世に問うことができたことに対し，深く感謝したい。

2021年1月23日

編者代表　久田　満

はじめに

　シリーズ第2巻となる本書では，おそらく心理専門職の中では知らない人はいないと思われる「コンサルテーション」と「コラボレーション」を取り上げた。確かに知らない人はいないのかもしれないが，深く理解しているかとなると疑問符が付く。「臨床心理士」という資格を持って活動している心理専門職の多くは，**臨床心理的地域援助**という言葉は知っているだろう。しかし，その名称から単純に「地域の中でカウンセリングや心理療法的な支援をすること」だという浅い理解に留まっているだけかもしれない。

　周知のように，2017年9月に**公認心理師法**が施行された。この法律では，第二条において公認心理師の行為を定めている。ひとつめは心理査定に係る観察と分析，2つめは助言，指導その他の支援，そして3つめとして「心理に関する支援を要する者の<u>関係者</u>に対し，その相談に応じ，助言，指導その他の援助を行うこと」とされている（アンダーラインは筆者）。この3つめの業務は**関係者支援**とも呼ばれ，患者やクライエントの親，教師，介護者等への支援を意味しており，まさにコンサルテーションのことであると理解できる。

　この法律の施行から遡ること約半世紀。1965年にアメリカでコミュニティ心理学という新しい心理学の領域が誕生した。その頃のアメリカに滞在し，まさにパイオニアと呼ばれる人々から教育を受けて帰国した**山本和郎**は，メンタルヘルス領域におけるコンサルテーションの第一人者である**G.キャプラン**（Gerald Caplan）の理論と実践を日本人に紹介した（Caplan, 1961/山本［訳］, 1968）。その一方で，千葉県市川市において「学校精神保健コンサルテーション・プログラム」を展開している（山本, 2000）。その実績から，山本は日本における最初のメンタルヘルス・コンサルタントであると

いえるだろう。

　G.キャプランや山本が実践した1960年代〜70年代のコンサルテーションという概念や技法は，その後大きく発展する。G.キャプラン自身の考え方にも変化が見られる。その変化の詳細は本書1章に譲るが，山本の定義でコンサルテーションを理解している心理専門職にとっては驚きであろう。例えば，山本（2000）では，「コンサルテーションは，2人の専門家（一方をコンサルタントと呼び，他方をコンサルティと呼ぶ）の間の相互作用の1つの過程である（以下，省略）」としているが，専門家と専門家との関係に留まらず，専門家（例えば，スクールカウンセラー）と不登校児の親という関係もコンサルテーション関係として捉えることができるのである。

　これまでは，何らかの心理的課題を抱えた子どもの親への支援は，親を通して子どもに関する情報を収集しつつも，親の悩みを理解し，親の洞察や行動の変容を促進する「カウンセリング」として捉えられていたように思われる。これまでの心理専門職の多くは「子ども担当者（こたん）」と「親担当者（おやたん）」という用語を用いて，親子別々にカウンセリングの対象として関わったのである。山本が「2人の専門家」であることを強調したために，患者やクライエントとの一対一の関係を重視する精神分析やユング心理学，あるいはクライエント中心療法が主流となっていた1990年代〜2000年代のわが国ではあまり広がっていかなかったのかもしれない。

　いずれにしても，コミュニティ心理学においてコンサルテーションが重要視される理由は，**サービスギャップ**を解消し，予防にもつながり，一人のキーパーソンを通してコミュニティ全体の変革を可能にするという点にある（本書1章）。

　もうひとつの重要概念であるコラボレーション（協働）の必要性や有用性も近年，注目されている。公認心理師法の第四十二条では，「公認心理師は，その業務を行うに当たっては，その担当する者に対し，保健医療，福祉，教育等が綿密な連携の下で総合的かつ適切に提供されるよう，これらを提供する者その他の関係者等との連携を保たなければならない」と記載されている。「連携」とは『広辞苑』

（第七版，新村［編］，2018）によると「同じ目的を持つ者が互いに連絡をとり，協力し合って物事を行うこと」と定義されている。まさにコラボレーションである。

　コラボレーションという考え方は，筆者が知るかぎり，アメリカのコミュニティ心理学においては，ボランティアや一般市民との連携・協力という文脈で語られるだけである。しかし，本書2章で解説されているように，少なくともわが国では，コミュニティ心理学の基本的な考え方を理解し，実践するための鍵概念となっている。厚生労働省が**チーム医療**の推進を奨励し，文部科学省が**チーム学校**という用語を全国に広めようとしているが，このような文脈で語られるチームとはコラボレーションに他ならない。

　しかしながら，これまでに刊行された書籍は，限られた領域におけるコラボレーションに関する研究や実践報告に留まっている。例えば，藤川（2007）は大学の学生相談というフィールドを舞台として行った示唆に富む実践的研究を報告している。また，徳田・坂本・隅谷（2021）は，同じく大学の学生相談と産業・労働領域におけるコラボレーションのコツや工夫をまとめている。心理専門職にとっては学びの多い啓発書といえるだろう。わが国でもこのようなコラボレーションに関する書籍は散見されるようにはなったが，包括的な専門書となるとまだまだ少ない。本書の出版は，基本的な考え方から幅広い領域での実践例までを網羅的かつ包括的に取り上げている点において，極めて斬新な試みといえるだろう。

　本書は4部構成となっている。

　第1部は，コンサルテーションおよびコラボレーションの基本的な考え方を解説した。その後に続く「基本」となっているため，まずは第1部から読んでほしい。第2部では，コンサルテーションを実践するにあたって理解しておきたい諸理論について，主なものを5つ挙げて解説した。どの章も豊富な情報に溢れている。第3部では，様々な領域におけるコンサルテーションの実際を「事例」を用いてできるかぎり詳細に解説した。第4部では，コラボレーションの実際を紹介した。学校，病院，精神障害者や高齢者の地域

支援，犯罪防止，多文化社会となりつつある日本社会での実践である。実践家にとって多くの気づきが得られるであろう。終章では，課題となっているコンサルテーションおよびコラボレーションの教育訓練について筆者の私見を紹介させていただいた。

　以上のように，非常に読み応えのある内容となっている。本書を通して，コミュニティ心理学への理解とともに，読者の日ごろの実践がより深く，より広いものになることを期待している。

2022年9月9日

久田　満

■引用文献

Caplan, G. 1961 *An approach to community mental health*. Tavistock Publications. [山本和郎（訳）1968 地域精神衛生の理論と実際 医学書院.]

藤川 麗 2007 臨床心理のコラボレーション 東京大学出版会.

新村 出(編) 2018 広辞苑 第七版 岩波書店.

徳田智代・坂本憲治・隅谷理子 2021 公認心理師のための協働の技術 金子書房.

山本和郎 2000 危機介入とコンサルテーション ミネルヴァ書房.

CONTENTS

第1部
コミュニティ心理学の柱となる2つの支援法

第3部 様々な領域における コンサルテーションの実際

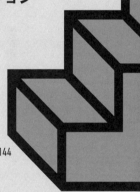

➡ 第4部 コラボレーションの実際

第1部
コミュニティ心理学の柱となる2つの支援法

　第1部では，コミュニティ心理学が伝統的に重要視してきたコンサルテーション，そして近年わが国でも注目されるようになったコラボレーションについて，それぞれの基本的な考え方を解説した。この2つの支援法には共通点もあるが，一方で異なる点も存在する。第2部以降の内容を深く理解するためにも，第1部で述べられている「基本」をしっかりと押さえておいてほしい。

1 コンサルテーションの基本的な考え方

丹羽郁夫

　スクールカウンセラー（以下，SC）として中学校に勤務すると，しばしば担任の教員からクラスの気になる生徒のことで相談を受けることがある。気になることは授業に集中できなかったり，学校を休みがちであったりなど様々である。このときSCがすぐにその生徒と会って面接を行うことは少ないだろう。多くの場合，SCは担任と話し合うことで，その生徒の気になることやその原因，担任がその生徒にどのように対応すればよいのかを一緒に考えるのではないだろうか。このように，困難をかかえている人の身近な関係者を専門職が支援することで，その困難を解決へ向ける方法を**コンサルテーション**（consultation）と呼ぶ。

　コンサルテーションの基本的な考え方を解説する本章の構成は次のとおりである。まず，コンサルテーションがどのようなものであるのかについて説明する。次に，コンサルテーションにはカウンセリングや心理療法とは異なる，特有の意義と関係のあり方，専門家に必要な資質があるので，これらを述べる。最後に，コンサルテーションを実施するときに踏むプロセスとその各段階を説明する。

　また本章はコンサルテーションの2つのモデルを取り上げる。ひとつは，現在のコンサルテーションの基盤を作った**ジェラルド・キャプラン**（Gerald Caplan）のモデルである。2つめは，現在の米国におけるコンサルテーションの一般的なモデルである。後者は行動論に基づくコンサルテーションが主流になったことで，それを大幅に取り入れている。これはキャプランのモデルとはいくつかの点で大きく異なる。両者を比較することで，コンサルテーションを幅広く見渡せるだろう。なお，この一般的なモデルについては，

Brown et al.（2010）とDougherty（2013）の２冊のテキストに準拠して記述した。

1 コンサルテーションとは

1 コンサルテーション誕生の経緯

コンサルテーションの基盤を作ったとされているのは，前述した**キャプラン**（1917-2008）である。彼は英国生まれの精神科医であり，精神分析の訓練も受けた人物である。ユダヤ人である彼は第二次世界大戦後の建国間もないイスラエルに赴き，ユダヤ人の故郷を再建する運動に参加した。当時のイスラエルでは，移住してきた約１万6,000人の子どもたちが100以上の宿泊施設に分かれて生活していた。この子どもたちのメンタルヘルスの問題に彼は取り組んだ。しかし彼は大きな壁にぶつかってしまう。最初の１年間に約1,000件もの依頼があったからである。この多数の依頼に少数のスタッフで対応しなければならなかった。また交通が整備されていなかったため，イスラエル全土に散らばっている施設に住む子どもたちを，彼のいる機関に呼ぶことは容易でない。やむなく子どもたちが生活する施設を一つひとつまわり，施設で子どもの世話をする職員の相談を受けたところ，これが予想外に好評であり，有効であることを彼は発見した。

その後，彼は米国へ渡り，1952年からハーバード大学公衆衛生大学院で保健師とのコンサルテーションに関する評価研究を行う。この研究を通して，彼はコンサルテーションと多くの人たちの予防とを結びつけられると考えた。保健師は低い社会経済階層にある多くの脆弱な住民と密接で継続した関係をもち，この住民らの危機的な状況に日常業務で対応しているからである。彼はコンサルテーションによって，その対応をより有効にできると気づいた。これによって，より広い母集団の精神障害の発症リスクを低くすることができると考えたのである。1962年に彼はハーバード大学医学部へ移り，今度は，様々な機関にグループ・コンサルテーションを行う

ようになった。このときから彼のチームに娘の**ルース・キャプラン**（Ruth Caplan）が参加している。

　コンサルテーションに関する最初の著作で，キャプランは組織から依頼を受けた，組織の外部の専門家が行うコンサルテーションを記述した。またそれはメンタルヘルスの問題を扱うため，その方法を**メンタルヘルス・コンサルテーション**（mental health consultation）と呼んだ（Caplan, 1970）。すると予想もしなかったことに，彼のコンサルテーションの考えは精神医療領域の専門家ではなく，学校内部の心理専門職に広まった。ところが外部の専門家の訪問した機関における立場は，学校内部の専門職の所属する機関における立場とは大きく異なっていた。そのため，彼の記述には学校内部の心理専門職には当てはまらない部分があった。そこで彼は娘のルースと改訂版（Caplan & Caplan, 1993）を出版した。この2冊に著されたキャプランのモデルは，現在のコンサルテーションのテキストにおいても重視されている。実際，コンサルテーションに関する重要なことの多くはキャプランがここで述べている。本章のキャプランに関する記述は，この2冊からの引用である。

2　コンサルテーションの定義

　キャプランのメンタルヘルス・コンサルテーションを日本へ紹介したのは山本（1978）である。コンサルテーションを説明するため，山本がキャプランの記述をまとめた定義を紹介する。

　　コンサルテーションは，二人の専門家；一方を**コンサルタント**（consultant）と呼び，他方を**コンサルティ**（consultee）と呼ぶ，の間の相互作用のひとつの過程である。そして，コンサルタントがコンサルティに対して，コンサルティのかかえているクライエントの精神衛生に関連した特定の問題をコンサルティの仕事の中でより効果的に解決できるよう支援する関係をいう（山本，1986, p.90）。

なお定義内の精神衛生は，法律の改正により精神保健などに変わるので，この引用以外，本章ではメンタルヘルスと表記した。

　この定義についてもう少し具体的に説明しよう。ある専門家が，その身近に，メンタルヘルスの問題をかかえていると思われる人がおり，その人の問題を解決したいと望んだとする。しかしその専門家の専門はメンタルヘルス領域ではないため，メンタルヘルスの問題に関して理解することや対応することが十分にできない。そのとき，その専門家はその人をどのように理解し，どのように対応すればよいかを知ることに関して，メンタルヘルスの専門家に支援を求めることができる。そしてメンタルヘルスの専門家がこの要請に応じた場合，この支援方法をコンサルテーションと呼ぶ。コンサルテーションでは，メンタルヘルスの専門家をコンサルタント，支援を求めた専門家をコンサルティ，メンタルヘルスの問題をかかえた人をクライエントと呼ぶ。本章冒頭の例では，SCがコンサルタント，担任がコンサルティ，気になる生徒がクライエントである。そしてコンサルタントは，コンサルティの仕事の中でできる，クライエントへの効果的な対応方法を一緒に考えていく。

　コンサルテーションを一般的な支援方法と比較すると，カウンセリングや心理療法はカウンセラーがクライエントを直接支援する二者関係の支援方法である。それに対し，コンサルテーションはコンサルタントがクライエントを直接支援せず，コンサルティを支援することでクライエントを間接的に支援する，三者関係の支援方法である（図1-1）。

　現在のコンサルテーションに対する考えはキャプランのモデル

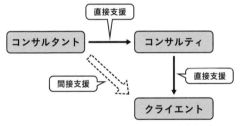

図1-1　コンサルテーションの支援関係

の範囲を2つの点で広げている（Dougherty, 2013）。第一に，コンサルティは専門家だけでなく，保護者やボランティアなどの非専門家も含むようになった。ただメンタルヘルス・コンサルテーションにおいては，親が子どもに対して客観的になることは難しいと考え，コンサルティの客観性を扱う一部の技法（本書3章参照）は現在も親には用いられていない。第二に，コンサルテーションで扱う問題はメンタルヘルスだけでなく，学習や発達など様々なものを含むようになった。キャプランのコンサルテーションが学校現場などに広まり，さらにコンサルティに非専門家を含むようになったことで，扱う問題がメンタルヘルスに限定されなくなったのである。

3 コンサルテーションの4つのタイプ

キャプランはイスラエルでのコンサルテーションの実践から，コンサルティが特定の問題に敏感であり，狭いかステレオタイプの見方をもちがちなことに気づいた。さらに施設によってコンサルティ間に特定の問題への敏感さが共有される傾向があることも知った。この経験から彼は，相談を受けた問題だけでなく，コンサルティや組織にも焦点を当てるようになった。そして精神分析の訓練を受けた彼は，これを心理的要因の理解に用い，組織などの環境要因の理解にはシステム論を主に用いた。

彼のよく知られたコンサルテーションの4タイプは2つの次元から分類される。第一の次元は，コンサルテーションに提出された仕事上の問題の違いである。彼は仕事上の問題をケースに関するものと管理に関するものに分類した。上で述べたように，彼はケースだけでなく，組織の管理上の問題にもコンサルテーションで取り組んだのである。第二の次元は，コンサルテーションの目標の違いである。彼はコンサルテーションの目標に仕事上の問題の解決だけでなく，コンサルティの職務能力の改善も加え，どちらを優先するかによってコンサルテーションを区別した。後者を選択するのは，仕事上の問題の背景にコンサルティの問題があるとコンサルタントが気づき，それを扱うのに十分な時間があると判断した場合である。

彼は広い範囲の予防を実現させるため，個々の問題を解決するタイプより，コンサルティの職務能力を改善するタイプを重視した。この4タイプを表1-1に示し，以下に説明する。

①**クライエント中心のケース・コンサルテーション**（client-centered case consultation）：ケースの問題解決を重視し，必要な場合はコンサルタントが自らクライエントのアセスメントも行って，有効な介入方法を提案する。コンサルテーションの最も典型的なタイプである。

②**コンサルティ中心のケース・コンサルテーション**（consultee-centered case consultation）：ケースの問題を扱うものの，その解決よりもコンサルティの職務能力の改善を重視する。そのため，コンサルタントはクライエントには会わず，コンサルティにできるだけ多く関わる。ケースはコンサルティが成長するための教材という側面ももつ。ケースの問題解決を妨げるコンサルティの問題の源について，キャプランは知識とスキル，自信，客観性に関する4つの欠如をあげた。このタイプがキャプランの最も重視するものである。

③**プログラム中心の管理的コンサルテーション**（program-centered administrative consultation）：コンサルティから依頼された問題はケースのことではない。それは，例えば学校でのいじめを予防するプログラムや，組織での離職を減らす対策を修正したり開発したりする

表1-1　G. キャプランによるコンサルテーションの4タイプ
（丹羽, 2017, p.149より改変）

コンサルテーションの4タイプ	コンサルティ	仕事上の問題	主な目標
クライエント中心のケース・コンサルテーション	ケース担当者	ケースの問題	仕事上の問題への介入方法の提案
コンサルティ中心のケース・コンサルテーション	ケース担当者	ケースの問題	コンサルティの職務能力の改善
プログラム中心の管理的コンサルテーション	管理職	管理上の問題	仕事上の問題への介入方法の提案
コンサルティ中心の管理的コンサルテーション	管理職	管理上の問題	コンサルティの職務能力の改善

といった，組織の管理上の問題である。よってコンサルティはケース担当者でなく，管理職である。このタイプでのコンサルタントは，必要ならコンサルティ以外の職員とも会って問題を十分に調べ，その介入方法を提案する。

④**コンサルティ中心の管理的コンサルテーション** (consultee-centered administrative consultation)：コンサルティから依頼された問題は組織の管理上の問題であり，コンサルティは管理職である。しかしこのタイプでのコンサルタントは，依頼された問題の解決自体よりも，それを妨げるコンサルティ側の問題に焦点を当てる。そのため，コンサルティとの面接を多く行うことで，その職務能力を改善する。また相談を受けた問題の背景に，専門職間の対立など，組織全体の根深い問題が潜んでいることがある。この場合，コンサルタントはコンサルティに組織の問題に気づかせ，コンサルティの管理能力を改善することを通して，組織の根本的な問題の解決へ導くことも行う。この取り組みは特に時間がかかるため，コンサルタントと組織とのコンサルテーション関係が長期間継続する場合にのみ実施できる。

2 コンサルテーションの特徴

1　コンサルテーションの意義

コンサルテーションにはカウンセリングや心理療法にはない意義がある (Caplan, 1970; 山本，1986)。

第一に，コンサルテーションでは問題をかかえた人を，その人が生活する学校や職場，地域などのコミュニティで身近な関係者が支援する。そのため，クリニックなどの専門機関に紹介する必要がない。ここがカウンセリングや心理療法と比べたコンサルテーションの特徴である。またこの特徴は，精神疾患をもつ人のうち専門機関で支援を受けているのは 2 割にすぎないという報告 (Naganuma et al., 2006) を鑑みると，きわめて重要であろう。

第二に，コンサルテーションを経験することでコンサルティが成

長する。成長したコンサルティは，コンサルテーションで相談した
クライエントと類似した問題をかかえた人たちに今後出会った場
合，今度は一人で効果的な働きかけができる。それにより早い段階
での対応が可能になり，**一次予防**（発生予防）と**二次予防**（早期発見・
早期対応）が実現できる。コンサルティはコンサルテーションを経
験することで予防の主体者になるのである。

　第三に，学校の担任や保健師のような，日常的に多くの人たちに
関わる職種をコンサルティとして支援すれば，このコンサルティを
媒介してコンサルタントは広い範囲の人たちに影響を及ぼすことが
できる。それに対しカウンセリングや心理療法においては，支援者
の影響は直接支援した人に限定されてしまう。

　問題をかかえた人を専門機関につなぐことができれば，その問題
は解決するかもしれない。しかしコンサルテーションを経験するこ
とによる，学校の担任や地域の保健師など，コミュニティの中で全
体に大きな影響をおよぼす人物（**キーパーソン**）の成長は得られな
い。予防の実現および広範囲への影響は生じないのである。もちろ
ん，どのような場合でもコンサルテーションのほうがよいわけでは
ない。自殺の恐れがあるクライエントなど，問題が深刻であり，敏
速に対応する必要のある場合は，専門家が直接介入することをキャ
プランは勧めている。

2　コンサルテーション関係の特徴

　コンサルタントとコンサルティの関係は，コンサルタントがコン
サルティの機関に所属しているか否かによって異なり，またコンサ
ルテーションのモデルによっても違う。本節ではキャプランが最初
に述べた，**外部コンサルタント**がコンサルテーションを行う場合を
最初に説明する。次に，**内部コンサルタント**の場合を述べる。最後
に，もうひとつのモデルとして**行動コンサルテーション**（behavioral
consultation）を取り上げる。

(1) 外部コンサルタントの場合

外部コンサルタントとコンサルティの関係は以下の特徴をもつ（Caplan, 1970; 山本, 1986）。

第一に，両者の関係の成立はお互いの自由意思によるものであり，強制されたものではない。必要がなくなったか，役に立たないと一方が判断すれば終わりになる。

第二に，両者は異なる専門領域と職域，組織の人間関係であるため，上下関係や直接の利害関係をもたない。キャプランはコンサルタントの役割は介入方法の提案で終わり，コンサルティがこの提案を実施するか否かを決めると考えた。そして実施する場合も，コンサルティがそれを自分が実施しやすいように，また組織の状況に合うように修正できるとした。

第三に，そのため，結果の責任はすべてコンサルティにあるとキャプランは主張した。対等で，責任をもつ関係でコンサルタントから得たものだけがコンサルティに残ると彼は考えた。強制的に受け取ったものは異物であるため，すぐに消えてなくなると考えたのである。

ここでコンサルテーションに似た**スーパービジョン**（supervision）について説明しよう。この対比からコンサルテーション関係の特徴がより明確になるだろう。スーパービジョンは支援する側（**スーパーバイザー**）と支援を受ける側（**スーパーバイジー**）の専門領域が同じであり，その知識，スキル，経験などについてスーパーバイザーのほうがスーパーバイジーより上である。この上下関係があるため，スーパーバイザーの意見にスーパーバイジーは従わなければならない。したがって，結果の責任はスーパーバイザーが負うことになる。

第四に，時間（回数）の制限があり，初めと終わりがはっきりしている。長期間継続しないことで，コンサルティの主体性を尊重し，コンサルタントに依存しない関係を維持するのである。

第五に，課題中心である。コンサルタントはコンサルティがかかえる仕事上の問題の解決に焦点を当て，コンサルティの情緒的な問題は扱わない。コンサルティの専門性のヨロイを尊重し，その内側

へ深入りしない。この点で，コンサルテーションはカウンセリングや心理療法とは大きく異なる。もちろんコンサルティの情緒的な問題が仕事上の問題の原因になっている場合がある。このときもコンサルテーションによって，それが仕事へ影響するのを防ぐ方法をキャプランは考案した（本書 3 章参照）。

第六に，コンサルテーションで話し合われた内容は秘密である。コンサルティから重要な情報を得るには，コンサルタントにこの**守秘義務**があることを最初に伝える必要がある。

(2) 内部コンサルタントの場合

コンサルティと同じ組織に所属する内部コンサルタントの場合（Caplan & Caplan, 1993），外部コンサルトの場合と異なり，両者の関係は対等とは限らない。内部コンサルタントとコンサルティの関係には，所属する組織内の地位が反映して上下関係が生じやすい。またコンサルティは，同じ組織内の他の専門家のその専門領域に関する提案を拒否するのは難しい。そのため，コンサルテーションの結果に関して，内部コンサルタントはその責任をコンサルティのみに委ねることはできない。そこでキャプランは最初，内部コンサルタントはその専門領域のみに関して責任を負うと考えた。しかし専門領域とそうでない領域の範囲の区別は難しい。その後，内部コンサルタントは結果の責任をコンサルティと共有すると彼は修正した（Caplan et al., 1994）。さらに内部の専門家が行う支援はもうコンサルテーションではないと考え，それを彼は**コラボレーション**（collaboration: 協働）と呼んだ。なお，これはあくまでもキャプランの考えであり，現在のコラボレーションの考えとは異なっている（現在の考えは本書 2 章参照）。

(3) 行動コンサルテーションの場合

行動コンサルテーションは**行動論**に基づいたコンサルテーションである（Bergan, 1977; 加藤・大石, 2004; 2011; 大石, 2015）。このコンサルテーションのモデルは，発達上の課題がある子どもたちを学

校で支援する場合に多く用いられ，その効果が予防も含めて最も多く実証されている（Gutkin, 2012; Gutkin & Curtis, 2009; Martens et al., 2014）。このモデルのコンサルタントとコンサルティの関係を紹介しよう。

　まず，**行動コンサルテーション**は学校の上司から担任への要請によって始まることが少なくないので，この関係が生じるのは双方の自由意思による場合だけではない。そのため，コンサルテーションに積極的でないコンサルティの動機づけを高めることにも取り組んでいる（北口，2010）。次に，行動コンサルテーションでは，コンサルティが行動論およびそれに基づく介入スキルをある程度学習することが必要である。つまり，「教える－教えられる関係」が生じる。そして選択された介入方法を，コンサルティが計画どおりに実施すること（**介入整合性** treatment integrity）ができるように，コンサルタントがモニタリングを行い，必要な場合は支援を行う。このようにコンサルタントが介入方法の実施に積極的に継続して関与するため，コンサルティは実施についての判断を自由に行いにくい。

　以上から，コンサルタントとコンサルティの間には上下関係が生じやすいため，キャプランのモデルよりも結果に対するコンサルタントの責任は大きくなる。キャプランのコンサルテーションを学校に導入し，学校における行動コンサルテーションの発展に貢献したErchulは，行動コンサルテーションのコンサルタントとコンサルティは上下関係をもつべきであると繰り返し主張した（Erchul, 1987; Erchul & Martens, 1997）。この点で行動コンサルテーションにおける関係はスーパービジョンのそれに近いといえるだろう。

3　コンサルタントに求められるもの

　コンサルテーションを有効に行うには，カウンセリングや心理療法を行う場合とは異なる資質と，いくつかの側面でより高度な知識やスキルと豊富な経験が専門家に求められる。ここは，キャプランのモデルを日本で実際に展開し，そこから多くの実践的なアイデアを報告した山本（1986; 2000）をもとに説明する。なお，山本は1,

2回で行う，短期のコンサルテーションを想定して述べている。

第一に，コンサルティから得られた間接的な情報をもとに短時間で具体的なケースのイメージを作らなければならない。さらに，それをコンサルティにわかるように，専門用語を用いないで説明できる十分な知識とスキル，経験などが必要である。

第二に，コンサルティがもつ健康さへの感受性と信頼が求められる。健康さとはコンサルティのもつ**内的リソース**（資源）である。心理療法を行う者は，ついつい困っている人の弱い所や苦手な部分に注意が向きがちである。ここで忘れてはならないのは，コンサルティはクライエントではなく，支援の直接の担い手であるという点である。コンサルタントにはクライエントの支援に役立つコンサルティの内的リソースに目を向け，それを活用することが求められる。

第三に，社会性が必要である。クリニックで心理療法を行うには専門的な知識とスキルがあれば可能だろう。しかし外部コンサルタントの場合，コンサルティの職場，つまり相手の土俵に出向いていく。外でのコンサルタントには，クリニックや面接室というヨロイがはがれるので，コンサルティから信頼を得るには社会人一般に必要な社会性が求められる。一方，内部コンサルタントの場合，コンサルティになる可能性のある人たちとは日常的に顔を合わせる関係である。コンサルテーションを依頼されるには，日頃の交流が重要であり，よりいっそうの社会性と人間性が重要となろう。

第四に，コンサルティの役割や専門領域を尊重して，その枠内でできることを提案する必要がある。つまりコンサルテーションでは，心理臨床の考えや技法を日常生活や仕事上の関わりに応用する知識とスキルが求められるのである。

3 コンサルテーションのプロセスと段階

現在の米国における一般的なコンサルテーション・モデルのプ

ロセスとして，Brown et al.（2010）の8段階を紹介する。コンサルテーションのプロセスでは，コンサルタントの立場およびコンサルテーションのモデルの違いによって必要な段階が異なる。その点，Brown et al.の8段階は行動コンサルテーションを重視しているものの，上記の立場とモデルが必要とする段階をほぼ網羅している。そこで，コンサルタントの立場とコンサルテーションのモデルによる進め方の違いにも触れつつ，この8段階を説明する。なおコンサルテーションのプロセスは，以下に示す順序に従って進むことはまれである。ひとつ，もしくは複数の段階が存在しなかったり，複数の段階が同時に行われたりすることが少なくない。また状況に応じて前の段階に戻ることも多い，柔軟なプロセスである。

1　組織への入場（entry into the organization）

　キャプランのモデルをはじめ，多くのコンサルテーションのモデルは，外部コンサルタントを想定している。そして外部コンサルタントが組織へ入る段階を，その後のプロセスに大きく影響する点で重視し，このプロセスを詳細に述べている。以下に紹介するように，入場は公式的側面と心理的側面からなる（Brown et al., 2010）。

　公式な入場（formal entry）は，組織の代表からコンサルタントの活動が承認されることである。最初は，組織の職員と予備的な話し合いをし，コンサルタントは求められている内容とそれに自分が応じられるか否かの確認をし，並行して組織についての情報収集を行う。このとき，組織がコンサルテーションを「なぜ私に？」と「なぜ今？」求めたのかを検討することが役立つ（Pipes, 1981）。コンサルタントの専門領域は組織が問題をどう見ているかを教えてくれるからであり，組織の今の状況にはコンサルテーションを求める本当の理由が隠れているかもしれないからである。コンサルタントは自分が役立てることと，その方法に関して合意できれば，契約へ進む。

　契約では，①コンサルテーションの目的，②コンサルティは誰か，③サービスの守秘とその限界，④コンサルタントの活動期間，

014

⑤コンサルテーションが利用される時間，⑥コンサルテーションが要請される手続き，⑦コンサルタントの居場所，⑧コンサルタントが連絡を受ける方法，⑨契約を変える場合の再交渉の可能性，⑩料金，⑪組織内の様々な情報の入手方法，⑫コンサルタントが責任を負う人物，などを検討する。合意できれば，コンサルタントは組織に入って紹介を受ける。このとき，コンサルタントの活動が承認されていることを組織の職員，つまりコンサルテーションを要請する可能性のある人たちに伝えることが重要である。さらに職員からの質問に答えることで，コンサルタントの役割を明確にするとよい。

　心理的な入場（psychological entry）は，組織の職員からコンサルタントが受け入れられることである。公式な入場からコンサルタントに支援を求めるまでの間，職員はコンサルタントとそのスキル，働き方，支援を求めた場合のリスク（例：時間の損失，組織が望まない結果など）などを判断する。このリスクに関して，職員はコンサルタントに対して歪んだ見方をする傾向があるとキャプランは指摘した。それは，職員から得た情報をその職員にとって不利になるように扱う，職員の欠点を暴く，職員をクライエントにする，管理職の指示でスパイ行為を行うなどである。そのため，職員から支援を要請されるにはこれらの見方を修正する必要がある。一方，組織に入ったコンサルタントには，事前に知った表面的な情報に加え，わかりにくいが重要な組織の情報（例：人間関係の分裂，組織の非公式なネットワーク，組織のタブーなど）も得ることが求められる。こうして職員とコンサルタントが相互に理解し合うことが，コンサルタントが組織の中で活動するための下地を作る。

　内部コンサルタントの場合，組織の職員であるため，入場の段階はない。しかし守秘の境界があいまいになりやすい。管理職がコンサルティの職務能力などをコンサルタントに尋ねることのないよう，コンサルテーションに関する守秘義務のルールを組織内で事前に共有しておく必要がある。

2 コンサルテーション関係の開始 (initiation of a consulting relationship)

この段階は職員がコンサルタントにコンサルテーションを要請することから始まる。まず，コンサルタントへの期待をコンサルティから伝えてもらう。内部コンサルタントの場合，カウンセリングなどの直接支援も行っているのが一般的なため，コンサルティが求めている支援がなんであるかに注意が必要である。コンサルテーションを求めていることが確認できたら，コンサルタントからお互いの役割などについて説明する。その説明はコンサルタントの立場と使用するコンサルテーションのモデルなどによって異なる。そして双方の考えを擦り合わせ，合意を形成できれば次の段階へ進む。

3 アセスメント (assessment)

アセスメントは情報収集から始まる。情報は様々な手段で収集でき，それには面接，観察，記録の検討，調査などが含まれる（Dougherty, 2013）。コンサルタントは，収集した情報を分析し，コンサルティが提出した問題に関連する要因を検討する。問題に関連する要因は，コンサルティと環境，クライエントの3つに分類できる（Brown et al., 2010）。重視される要因はコンサルテーションのモデルによって異なる。例えば，行動コンサルテーションは周囲の環境に焦点を当て，クライエントの問題行動を強化・維持しているのは環境のどの側面かを検討する。それに対してキャプランのモデルでは，その名前のとおり，クライエント中心のタイプはクライエントに焦点を当て，コンサルティ中心はコンサルティに焦点を当てる。プログラム中心のタイプは行動コンサルテーションと同様，環境に注目するが，もっと広い環境に焦点を当てる。しかし問題に関連する要因を見落としてしまうと，解決の取り組みが間違った方向に進んでしまう。キャプランは十分な時間を使い，特定の要因だけでなく，広い範囲の要因を検討し，問題をより複雑に考えることが重要であると主張した。このように問題の原因を検討するモデルが多いが，**システム論**（吉川，1999）と**解決志向**（de Shazer,

1991; 黒沢・森, 2009; 黒沢ら, 2015) のモデル（本書5章と6章参照）は原因の追究を行わず，介入方法の検討へ進む (丹羽, 2017)。

4 問題の定義づけと目標の設定
(problem definition and goal setting)

この段階では，アセスメントで検討したことをもとに，十分な時間をかけ問題を定義づける。コンサルタントとコンサルティの双方が満足するかたちで問題の定義づけができたら，その問題を解決する目標の設定へと進む。この問題の定義づけと目標設定は明確かつ具体的に言語化する必要がある。それは以下の3点で問題解決を促進するからである (Brown et al., 2010)。①何を問題としてみているかと，どんな目標に向かって取り組んでいるのかについての関係者の理解が確かなものになる。②介入に関する評価方法がはっきりするので，その方法を準備できる。③変化に対するコンサルティの期待を現実的なものにできる。

この段階を具体的に説明するため，Brown et al. (2010) が記載した例の一部を紹介しよう。このコンサルテーションは，知的障害のある成人が通う作業所が，ボランティアの辞める率が高いことに困り，その原因の調査と，その率を下げるプログラム開発を求めたものである。コンサルタントは，作業所のボランティアが辞める率が60％もあることが問題であると定義し，その原因を①知的障害のある成人の特徴をよく知らないボランティアを選んだことと，②専門職とボランティアの間のコミュニケーションが十分でないことである，と考えた。そして目標を①ボランティアが作業所に自分が向いているかどうかわかるように，オリエンテーションの仕方を知的障害の成人の特徴が理解できるように変えることと，②専門職とボランティアのコミュニケーション・スキルを高めるプログラムを開発して実施すること，と設定した。

5 介入方法の選択 (strategy selection)

この段階では，目標を達成するための介入方法を考える。介入方

法を考えるのは共同作業だが，キャプランのモデルと行動コンサルテーションではコンサルタントが主導する傾向がある。それに対し，前記したシステム論（本書5章）と解決志向のモデル（本書6章）では，コンサルティが考えるのをコンサルタントが助ける（丹羽, 2017）。もちろんこのプロセスにはコンサルティの要因も大きく影響する。山本（2000）は，経験やノウハウをもったコンサルティなら，クライエントの像が広く豊かに見えだすと自ら介入方法をいろいろ考えられるようになると述べている。そして予防の観点からは，コンサルティが自分の力で介入方法を考えられるようになることが重要である。このコンサルティの成長に関して，コンサルテーションの経験を重ねることが有効であるとキャプランは主張した。また，組織の中にある，まだ利用されていない有効な**外的リソース**（例：人，場所，物など）を，コンサルティが見つけて活用することを助けるのも予防につながる（Riley-Tillman & Chafouleas, 2003）。

　同じ目標を達成するにも様々な方法がある。複数の介入方法が考案されたら，コンサルティが選択するのを助ける際にコンサルタントが考慮すべきことが5つある（Brown et al., 2010）。

　第一に，介入方法の有効性を支持するエビデンスの存在である。各モデルで，コンサルテーションで扱う問題に対して効果が実証されている方法があれば，それを選択することが優先されるだろう。

　第二に，コンサルティが計画どおり介入方法を実施できることである。この点に関して山本（2000）は，コンサルティがすぐに実行できる具体的な介入方法を提案することを重視し，「オミヤゲを置いてくる」（p. 131）と表現した。つまり，コンサルティが理解でき，コンサルティの現在のスキルで実施可能であり，所属する組織で実施しやすい介入方法を選択するのが基本である。しかし新しいスキルの習得が必要な場合があり，その際はスキルを組織の現状に合うよう調整する必要がある（Zins & Erchul, 2002）。

　第三に，コンサルティに介入方法が受け入れられることである。受け入れられやすさには，時間がかからないことなどが関係する。しかし最も重要なのは，キャプランとConoley et al.（1991）が指

摘しているように，介入方法がコンサルティの考えと一致した理論的根拠をもっていることである。

6　実施 (implementation)

　選択された介入方法をコンサルティが実行に移す段階である。もっともキャプランのモデルは，この段階にコンサルタントが関与することを想定していない。しかし，いざ介入方法を実施してみると計画どおりに進まないため，その実施をあきらめてしまうコンサルティが少なくない。そのため現在では，この段階においてもコンサルタントがコンサルティを支援する必要性が強調されている。キャプランも，コンサルティからの要請があればコンサルタントはそれに応じると述べた。コンサルタントには，コンサルティが計画どおり介入方法を実施することや，予期しない問題に対応するため介入方法を調整したり，修正したりすることの支援が求められる。行動コンサルテーションには，この支援を積極的に行うため，コンサルティの実施状況をモニタリングし続けるという特徴がある。

7　評価 (evaluation)

　コンサルテーションの評価には以下の2つのタイプがある (Brown et al., 2010)。

　形式的評価 (formative evaluation) は，介入を実施している間に，介入が計画どおり実施されている程度と，介入の有効性に関する情報を収集するものである。この評価をもとに必要な対応が講じられる。行動コンサルテーションが行うモニタリングは形式的評価である。

　総括的評価 (summative evaluation) は，介入の実施が終わったときに効果全般に関して行うものである。効果のどの側面に関心をもつかは立場によって異なる。コンサルティと組織は，コンサルテーションの自分たちに対する有効性と費用対効果，コンサルティとクライエントの満足に関心をもつ。それはコンサルタントおよびコンサルテーションを今後利用するかどうかの判断につながる点

で，コンサルタントにとって重要である。一方コンサルタントは，以上の側面に加え，コンサルテーションのプロセスの各段階において自分が有効であったかどうかにも関心をもち，それを自分の今後の活動に役立てようとする。また近年の動向として，コンサルテーションの効果を評価するために量的尺度を用いることが増えている（Dougherty, 2013)。

8 終結（termination）

コンサルテーションで扱った問題が解決されたとコンサルタントとコンサルティが合意したときに終結になる。ただし，コンサルタントが外部の者であり，コンサルテーションが長期間にわたるなどして，その関係に依存的な傾向が見られた場合は終結への準備が必要である。すなわち，コンサルタントは急な退場によってコンサルティが混乱するのを避けるため，この関係がまもなく終わることを伝え，事前に問題への責任を徐々にコンサルティに移し，自分だけで問題に取り組める自信をコンサルティがもてるようにする（Dougherty et al., 1996; Gallessich, 1982)。

終結の後，コンサルテーションの長期的な効果を見るために**フォローアップ**が求められることが多い。キャプランは，効果の確認以外に，コンサルティの成長を目指し，必要なときに求められる関係を形成するためにもフォローアップを行った。ただし，介入方法の実施をコンサルティに強制しないように，フォローアップは介入方法の提案後ひかえめに持ちかけている。

4 おわりに

以上，本章ではコンサルテーションの基本的な枠組みを紹介した。しかし，その進め方はコンサルテーションのモデルによって大きく異なる。したがってコンサルテーションを有効に行うには，心理療法を実施する場合と同様，少なくともひとつのモデルの理論と技法を身につけるとよいだろう。また，コンサルテーションの実践

のあり方はそれを実施する現場によっても異なる。それぞれの現場には，時間や部屋，備品などの不足や人間関係の問題などの制約があることが一般的である。しかし同時に外的リソースも眠っていることが多い。心理学的支援全般にいえることだが，制約を逆に生かしつつ，外的リソースを見つけて，それを活用する工夫が大切だろう。

　また近年では，取り組む問題の複雑化および深刻化により，コンサルタントが直接援助することも要請される場合が増えている。この直接援助も行う場合の支援方法はコンサルテーションではなく，**コラボレーション**と呼ばれる。コラボレーションについては，つづく2章で紹介される。

■引用文献

Bergan, J. R. 1977 *Behavioral consultation*. Charles E. Merrill.

Brown, D., Pryzwansky, W. B., & Schulte, A. C. 2010 *Psychological consultation and collaboration: introduction to theory and practice (7th ed.)*. Allyn & Bacon.

Caplan, G. 1970 *The theory and practice of mental health consultation*. Basic Books.

Caplan, G. & Caplan, R. B. 1993 *Mental health consultation and collaboration*. Jossey-Bass.

Caplan, G., Caplan, R. B., & Erchul, W. P. 1994 Caplanian mental health consultation: Historical background and current status. *Consulting Psychology Journal*, **46**, 2-12.

Conoley, C. W., Conoley, J. C., Ivey, D. C., & Scheel, M. J. 1991 Enhancing consultation by matching the consultee's perspective. *Journal of Counseling and Development*, **69**, 546-549.

de Shazer, S. 1991 *Putting difference to work*. W. W. Norton. [小森康永（訳）1994 ブリーフ・セラピーを読む　金剛出版.]

Dougherty, A. M. 2013 *Psychological consultation and collaboration in school and community settings (6th ed.)*. Brooks/Cole.

Dougherty, A. M., Tack, F. E., Fullam, C. D., & Hammer, L. M. 1996 Disengagement: A neglected aspect of the consultation process. *Journal of Education and Psychological Consultation*, **7**, 259-274.

Erchul, W. P. 1987 A rational communication analysis of control in consultation. *Professional School Psychology*, **2**, 113-124.

Erchul, W. P. & Martens, B. K. 1997 *School consultation: Conceptual and empirical bases of practice*. Plenum.

Gallessich, L. 1982 *The profession and practice of consultation*. Jossey-Bass.

Gutkin, T. B. 2012 Ecological psychology: Replacing the medical model paradigm for school-based psychological and psychoeducational service. *Journal of Educational and Psychological Consultation*, **22**, 1-20.

Gutkin, T. B. & Curtis, M. J. 2009 School-based consultation theory and practice: The art and science of indirect service delivery. In T. B. Gutkin & C. R. Reynolds (Eds.) *The Handbook of School Psychology (4th ed.)*. 591-635. Wiley.

加藤哲文・大石幸二（編著）2004　特別支援教育を支える行動コンサルテーション──連携

と協働を実現させるためのシステムと技法 学苑社.

加藤哲文・大石幸二（編著）2011 学校支援に活かす行動コンサルテーション実践ハンドブック 学苑社.

北口勝也 2010 応用行動分析を用いた教育コンサルテーション. 教育学研究論集, **5**, 33-40.

黒沢幸子・森 俊夫 2009 学校コンサルテーション11ステップモデルの開発と検討. 日本心理臨床学会第28回秋季大会発表論文集, 130.

黒沢幸子・西野明樹・鶴田芳映・森 俊夫 2015 事例とコンサルティを活かす解決志向ブリーフセラピーのコンサルテーション――11ステップモデルの効果研究と実践への誘い. コミュニティ心理学研究, **18**(2), 186-204.

Martens, B. K., DiGennaro Reed, F. D., & Magnuson, J. D. 2014 Behavioral consultation: Contemporary research and emerging challenges. In W. P. Erchul & S. M. Sheridan (Eds.) *Handbook of research in school consultation (2nd ed.).* 180-209. Lawrence Erlbaum Associates/Taylor & Francis Group.

Naganuma, Y., Tachimori, H., Kawakami, N., Takeshima, T. Ono, Y., Uda, H., Hata, Y., Nakane, Y., Nakane, H., Iwata, N., Furukawa, T., & Kikkawa, T. 2006 Twelve-month use of mental health services in four areas in Japan: Findings from the World Mental Health Japan Survey 2002-2003. *Psychiatry and Clinical Neurosciences,* **60**, 240-248.

丹羽郁夫 2017 コンサルテーション. コミュニティ心理学研究, **20**(2), 143-153.

大石幸二 2015 行動コンサルテーション――実践と研究の現在位置. コミュニティ心理学研究, **18**(2), 175-185.

Pipes, R. B. 1981 Consulting in organizations: The entry problem. In J. C. Conoley (Ed.) *Consultation in schools.* 11-33. Academic Press.

Riley-Tillman, T. C. & Chafouleas, S. M. 2003 Using interventions that exit in the natural environment to increase treatment integrity and social influence in consultation. *Journal of Educational and Psychological Consultation,* **14**, 139-156.

山本和郎 1978 総説 コンサルテーションの理論と実際. 精神衛生研究, **25**, 1-19.

山本和郎 1986 コミュニティ心理学――地域臨床の理論と実際 東京大学出版会.

山本和郎 2000 危機介入とコンサルテーション ミネルヴァ書房.

吉川 悟（編）1999 システムから見た学校臨床 金剛出版.

Zins, J. E. & Erchul, W. P. 2002 Best practices in school consultation. In A. Thomas & J. Grimes (Eds.) *Best practices in school psychology, IV.* 625-643. National Association of School Psychologists.

2 コラボレーションの基本的な考え方

久田　満

　　最近,「コラボ」という言葉をよく耳にする。2人の
ミュージシャンが「コラボした」とか, この商品は○○
観光協会と△△社との「コラボで創作された」というような使い方
である。つまるところ, 意外性のある2人あるいは2団体以上の
芸術家や職人がひとつのものを共同で完成させることのようであ
る。「2人以上の合作」という実にシンプルな意味でも使われるこ
とすらあるようだ。

　本章で取り上げる**コラボレーション**は, 英語では「collaboration」
のことで, 共同という意味の「co」と働くという意味の「labor」の
合成語であり, 2人の人が協力して働くという単純な使い方も間違い
とはいえない。ちなみに,「collaboration」の訳語として「協働」
が当てられることが多いが, それが『広辞苑』に載ったのは第七版
(2018年) からであり, その解説も「協力して働くこと」となっている
(新村 [編], 2018)。

　しかし, 前章で扱ったコンサルテーションがコミュニティ心理学
の文脈で独自の意味を持つように, 本章で取り上げるコラボレー
ションにも特別の意味が込められている。このことは, コミュニ
ティ心理学の理念のひとつとして, 他の学問や研究者・実践家とコ
ラボレーションすることが挙げられていることからも明白であろう
(植村, 2012)。

1 コラボレーションが重視されるようになった歴史的背景

1 アメリカの歴史

　きっかけのひとつは，1960年代の**地域精神保健運動**（community mental health movement）である。精神障害者の治療・処遇方針が隔離政策から**脱施設化**へと転換され，地域に戻った（元）精神障害者を支えるために，医師や看護師以外の専門職，例えばソーシャルワーカーや作業療法士の役割が期待されるようになった。専門家とはいえない自助グループの存在も社会復帰にはなくてはならないものとなる。それ以前，すなわち1950年代のアメリカにおける精神医療は恥ずべき状況であった。「大きな州立精神病院の悲しき状態——the sorry state of the large state mental hospital」（Korchin, 1975, p.483）と描写される非人道的で悲惨ともいえる精神病院の状況を憂いた第35代アメリカ合衆国大統領 J. F. ケネディは，1963年2月5日に「精神病および精神薄弱に関する教書」を発表し，その年には**地域精神保健センター法**が可決された。その法律により，病院という収容施設ではなく，住み慣れた地域社会で生活を営めるように多面的で包括的な支援体制が整い始めたのである。1965年5月にアメリカ・コミュニティ心理学会が設立されたのも，この潮流に乗ってのことである。

　1970年代に入ると，人種差別や貧困撲滅運動がコミュニティ心理学の主要なテーマとなった。これらの問題は精神障害とは切り離せないものであったためである。当時の人種的マイノリティであった黒人や貧困層に精神を患う人が多くいたのである。このような状況を打開すべく，精神障害者の支援には医療や社会福祉の専門職だけではなく，教育，政策，経済などの多様な専門家が必要になってきた。

　1980年代になると，コラボレーションとしての実践や効果研究が活発化されるが，その背景には，1981年から1989年までの長期

にわたったドナルド・レーガン政権による大規模な医療・福祉サービスのコスト削減と同時に，提供される**サービスの質の保証**や**アカウンタビリティ**（社会に対する説明責任）を求める声が大きくなったことが挙げられる（藤川, 2007）。サービスの利用者（広くいえば納税者）が支払う費用に見合ったサービスなのかという費用対効果の検証がさかんに問われだしたのである。

　かつては「患者」とか「クライエント」と呼ばれた利用者（コンシューマ）が，治療や社会福祉サービス，あるいは教育を受ける権利を主張し，そのプログラムの中に自らも参画できるよう求めたのである。このような**専門家中心主義**から利用者・住民中心主義への転換もコラボレーションを活発化させる要因となったことは疑いない。その結果として，アメリカでは，あらゆる専門領域を包括するような支援体制が模索されているのである。

2　日本の歴史

　日本でも，アメリカの後を追うように，20～30年ほど遅れてコラボレーションが注目されてきた。精神障害者隔離政策の典型ともいえる**宇都宮病院事件**が朝日新聞によって報道されたのは1984年3月であった。この事件は，精神科病院の看護職らが入院患者2名を暴行し死亡させた殺人事件であるが，後に患者への暴行は日常茶飯事だったことや900近いベッド数よりもさらに多くの入院患者が，外部との接触を断たれ，無用ともいえる「治療」を受けていたことなどが明るみとなった。

　この事件が海外から非難されたことがひとつのきっかけとなり，1987年に**精神保健法**が成立する。そこでは精神障害者の人権擁護と社会復帰の促進がうたわれたが，欧米と比較するとまだまだ不十分といわざるを得なかった。その不備を補う形で，この法律は改正され，1995年に**精神保健福祉法**が制定される。この法律では，医療と福祉が一体となって精神障害者の人権を保障することが強調されている。その間，1993年には，**障害者基本法**が成立し，これまで別扱いされていた精神障害者も，身体障害者や知的障害者と同様

に保護され支援される「人間」となったのである。

　かつてアメリカでもそうだったように，日本の医療でも医師を頂点としたピラミッド体制で患者の治療に当たっていた。看護職は医師に従属し，その他のコメディカルスタッフも医師の指示には絶対に従うべきものとされていた。そして患者は全医療従事者に従う存在となっていた。最も専門性の高い医師の判断と方針は絶対的であり，それに従ってさえいれば病は治ると誰もが信じていたのである。しかし，この体制では，救命救急や特効薬のある感染症には対応できても，牧原（2002）が指摘するように，精神障害や慢性の身体疾患では十分に機能せず，一人で全責任を負うことになる医師も疲れ果ててしまう。

　このような医師中心の医療から**患者中心の医療**へと転換してきた背景には，患者の自律性を尊重するという欧米の医療制度の導入がある。日本医師会の生命倫理懇談会が**インフォームド・コンセント**を「説明と同意」と訳し，患者中心の医療を目指すと宣言したのは1990年のことであった。この頃から徐々に，がん患者に対しても病名を告知し，治療法を選択してもらうという今日のスタイルが確立し始めたのである。慢性疾患である悪性腫瘍（がん）の場合，手術や化学療法の後も何年にもわたって生活者としての人生が続くことが珍しくなくなり，支援者にはがん専門医だけではなく，がん専門看護師や薬剤師，理学療法士や作業療法士，放射線技師，言語聴覚士，管理栄養士，そして心理専門職などから成る**チーム医療**が不可欠となったのである（本書15章）。

　一方，1995年1月には阪神・淡路大震災が起きる。命を救うために多くの医師や救急救命士，看護職が活躍したが，心的外傷後ストレス障害（PTSD）や死別反応に苦しむ多くの被災者には精神科医や臨床心理士が支えとなった。復旧・復興の兆しが見えてきた頃には，建設や都市計画関係の専門家が登場し，瓦礫の山と化した神戸市内の整備に当たった。しかし，忘れてならないのは，コミュニティ心理学でいう**黒子**としての市役所・区役所・町村役場の職員と町内会や自治会のメンバーである。さらに，膨大な数のボランティ

アが，時として例外もあったようではあるが，大きな戦力となった。この1995年は後に「**ボランティア元年**」と称されるが，その後の自然災害や原子力災害ではボランティアの力が不可欠であると広く認識されるようになった。

　偶然の一致であろうが，この1995年から**スクールカウンセラー**と称する心理専門職が全国の公立学校へ配置されることになった。小中学校に「教師（先生）」以外の専門職が存在するという光景は，明治5年の学制発布以来の改革といっても過言ではないかもしれない。鵜養（2002）が指摘しているように，わが国の学校教育では，すべての業務（校務）は校長の監督のもと，教職員全員が分担（校務分掌）してきており，その役割分担がうまく機能しないときに問題が発生するという。したがって，役割分担を超えた協力体制が長年にわたって検討されてきたのである。そこにコラボレーションの必要性がある。

　「相談室」という密室で子どもと一対一で話し合うだけではスクールカウンセラーはその存在意義を認められなくなり，保護者や養護教諭に対するコンサルテーション（本書8章），さらには全教員や全在校生に対する**心の健康教育**も重要な役割となってきている。加えて，スクールソーシャルワーカーや校医，地域の精神科医，民生委員などとも協力関係を築いていく必要も出てきた。1990年代から深刻化した「いじめ」，増加の一途を辿っている不登校とその延長線上にある社会的ひきこもり，部活動における教師の暴力などの問題の多発が背景にあることは明白であろう。文部科学省（2020）によると，令和元（2019）年度の児童生徒の問題行動・不登校等生徒指導上の諸問題に関する調査結果は，いじめの認知件数が過去最多を更新し，暴力行為の発生件数は，中学校や高校では減ったものの，小学校では増加傾向が続いているという。いわゆる低年齢化が起きているのであろう。

　以上，医療領域および教育領域について，多職種や非専門職が連携する必要性を論じてきたが，医療や教育以外の，例えば福祉，産業，司法といったあらゆる領域で，解決困難で一人の専門家だけで

は対応に苦慮する様々な問題が増加している。筆者が思いつく例を挙げてみただけでも以下のような問題がある。

- ・急増する要介護高齢者
- ・貧困によるホームレスの増加
- ・配偶者間の暴力
- ・子どもに対する虐待
- ・地球温暖化とその結果として常態化した自然災害
- ・職場や学校でのハラスメントやいじめ
- ・今後増加するであろう外国人労働者やその家族（配偶者や子ども等）のメンタルヘルス
- ・新型感染症のパンデミック

とはいえ，ここで強調しておきたいのは，複雑で解決困難な問題ではなくても多職種や非専門家が連携・協力して事に当たる意味は大きいということである。一対一の支援やコンサルテーションに比べて解決に至るまでの時間が短縮されたり，費用対効果が優れているかもしれない。しかし，それ以上にコラボレーションは「新たな支援の在り方が創造できる可能性」が含まれている活動実践であることを強調しておきたい。

2 コラボレーションとは何か

ここであらためて，コラボレーションとは何かを考えてみたい。そのために，まずアメリカの研究者の定義をいくつか見ていこう。

例えば，Caplan & Caplan（1993）やCaplan et al.（1994）は，精神医療領域に限定し，コンサルテーションの考え方を基本としてコラボレーションとは何かを論じている。その中で強調しているのは，成果に対する**責任の共有**（shared responsibility）である。コンサルテーションでは最終責任はコンサルティにあるが，コラボレーションでは関係者が結果に対する責任を共に負ってクライエン

トの診断や治療，そしてwell-beingの向上に取り組むことになる
としている（詳細は丹羽［2017］参照）。

　また，Gardner & Carry（1999）は，コラボレーションとはプ
ロセスであり，アウトカムでもあるという。そのプロセスの中では
複雑な問題に対するより深い理解を得るための多様な見通しが統合
される。一方，アウトカムは，個々人のビジョンを超えて，一人の
専門家やひとつの専門機関では決して成し遂げられないような生産
的な解決に至るものであるという。

　Brown et al.（2011）は，コラボレーションという言葉自体，幅
広い分野で使われているが，その意味は十分に理解されていないよ
うに思えるとしたうえで，コンサルテーションとの異同に関する共
通理解を深めなければならないと指摘している。

　これらの定義らしきものを見てみると，英語圏ではコラボレー
ションとは日常語であり，それが何を意味するのかを厳密に定義す
るよりも，他の類似語，例えばチームワークやチームアプローチ，
あるいはコンサルテーションとの比較において，コラボレーション
の特徴的な面を記述したり，コラボレーターに必要な資質について
論じたりしていることがわかる。

　では，日本における先駆者らの定義はどうであろうか。

　亀口（2002）はコラボレーションを「所与のシステムの内外にお
いて異なる立場に立つ者同士が，共通の目標に向かって，限られた
期間内に互いの人的・物的資源を活用して，直面する問題の解決に
寄与する対話と活動を展開すること」（p.7）と定義した。システム
論に基づく簡潔な定義であるが，「限られた期間内に」としている
ところが気になる。

　一方，藤川（2007）は，「コラボレーションとは，異なる専門分
野が共通の目標の達成にむけて，対等な立場で対話しながら，責任
とリソースを共有してともに活動を計画・実行し，互いにとって利
益をもたらすような新たなものを生成していく協力行為である」
（p.19）としている。これもわかりやすい定義であるが，コラボレー
ションとは「行為である」といってよいのか疑問が残る。筆者は，

Gardner & Carry（1999）のいうように，プロセスであり，しか
も経験を重ねるごとに発展していくものではないかと考える。

　高畠（2007）はコミュニティ心理学の立場から，「様々な臨床現
場で続出している困難な問題に対して，その解決が一人の専門家の
力量だけでは不可能である状況を踏まえて，様々な専門家ときには
非専門家も交えて，積極的で生産的な相互交流や相互対話を重ねな
がら，共通の目標や見通しを確認し，問題解決に必要な社会資源を
共有し，必要ならば新たに資源や社会システムを開発する活動」
（p.102）と定義している。一点だけ疑問を挙げれば，「困難な問題」
だけがターゲットなのかということである。Brown et al.(2011) は，
大規模な問題解決に限定すべきではないとして，一人の障害児がい
るひとつの学級で，担任と特殊教育の専門家がコラボレートする
ケースを紹介している。

　以上の定義における共通点としては，「①共通の目標」「②資源（リ
ソース）の共有」「③様々な異なる専門性」である。また，藤川（2007）
と高畠（2007）の定義には「新たなもの（資源や社会システム）を創り
出す」がある。高畠（2007）の定義には「非専門家も交えて」が入っ
ている。

　筆者としては，「非専門家との協力関係」と「新たな人材（資源）
や制度の創造」は不可欠であると考える。また，単なる「行為」や
「活動」というよりも，もっとダイナミックに展開する相互作用で
あり，亀口（2002）の定義にあるような「限られた期間」で終結す
るものではなく，Plan（計画），Do（実行），Check（検証），
Action（改善）というサイクル，いわゆる**PDCAサイクル**を繰り
返しながら発展していくプロセスであると捉えたい。これは，コ
ミュニティ心理学で重要視される「**アクション・リサーチ**」の考え
方と軌を一にする。

　以上の疑問や問題点を修正すると筆者の定義は以下のようにな
る。

　「複数の専門家や専門機関，ときにはボランティアや自助グルー
プのような非専門家集団が一丸となって，心理社会的困難を抱えた

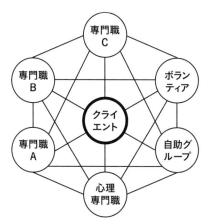

図2-1　コラボレーションの概念図

一人以上のクライエントやその家族，あるいは組織や地域社会全体を支援するプロセスである。そこには，①支援の目的と支援に必要なあらゆる種類の資源が共有されること，②支援を提供する側にコミュニケーションを基本とした相互作用が生じていること，③支援に伴う責任は支援者全員が各自の専門性や経験に応じて負うこと，④成果としてこれまでに存在しなかった新たな支援体制や支援方法が創造される可能性を有していることが条件である」。参考までにコラボレーションの概念を図2-1に示した。

　この定義の中で再度強調しておきたいのは「新たな支援体制や支援方法が創造される可能性がある」ことである。以下に，チーム医療を想定した牧原（2002）の解説を紹介したい。牧原は，コラボレーション（collaboration）をコオパレーション（cooperation）との対比で，以下のように説明している。

　「コオパレーション」とは，私のイメージでは，あらかじめ図式が与えられ，各々がその立場の中にいて，いささかも外にはみ出さず，そういう立場を堅持して分業し，あい協力することで全体がつくられる，といったことが浮かび上がってくる。たとえば自動車を作る場合，あらかじめ図式が与えられていて，各々の立

場で，ある者はハンドルを，ある者は座席を，ある者はドアを，専ら作ることに専念し，全体が組み合わされて自動車ができる，といえよう。専らハンドルを作る職人が自分の創意で与えられた図式にないハンドルを作るならば，自動車は完成しないであろう。1＋1＝2という形で，あらかじめ用意された設計図と寸分も違いのない製品が，各々の立場からの協力により出来上がるわけである（pp.56-57）。

これに対して，コラボレーションは，「あらかじめ図式に与えられず，各々の成員が一応自分の固有の領域と思われている所からはみ出て，立場を越えて語り合い，啓発しあい，共に学び，そこから新しいものが創造されてゆく，という過程」（p.57）であるという。続けて各自の技術や能力を単純に足したものではなく，その次元を超えた新しい産物となることを意味するとも述べている。

筆者は牧原（2002）のいうコオパレーションを「**分担作業**」と呼び，コラボレーションとは似て非なるものであると考える。例えば，医療の領域では長年「分担医療」が行われてきた。手術は外科医，その補助は看護師，麻酔は麻酔医，そして退院時には医療ソーシャルワーカーというように，各々が自分の専門に集中することによって，「治療」という作業が完成するのである。一方，「チーム医療」という場合は，各自が専門性を発揮しつつ，これまでにはなかったような新しい治療やケアの在り方を創り上げる過程を意味する。おそらくこのことは，他の領域におけるコラボレーションにおいても当てはまることではないだろうか。

3 コンサルテーションとの違い

すでに述べたように，メンタルヘルス領域ではコンサルテーションとの違いが強調されている。現在のコンサルテーションの一般的なモデルでは，コンサルタントはクライエントに直接支援を行わないのに対して，コラボレーションに携わる専門家等（コラボレーター）

はクライエントに直接支援を行うことが前提となっている（図2-1）。したがって，最終的な責任がコンサルティにあるコンサルテーションとは異なり，結果に対する責任はコラボレーター間で共有される。

また，専門家間で資源や手法を共有することが有効であり，前提となっているため，必然的にコラボレーター間で双方向のコンサルテーションが行われることが多い。すなわち，相互に学び合い支え合う関係が形成されるのである。したがって，コラボレーションはコンサルテーションを包括する，より幅広い支援形態といえるだろう。現在では，チーム医療やチーム学校など，様々な現場でコラボレーションがより強く求められるようになっているのは，そのためである。

しかし，支援の実際においては，コンサルテーションとコラボレーションのどちらを選択するか迷う場合がある。その際のガイドラインをDougherty（2013）が提出している。

① 「組織はどちらの支援を好むのか？」と「あなたはどちらの支援を好むのか？」を問い，組織と自分自身の好みを把握する。

② コンサルテーションの基本的な前提である「守秘」「自発的な関係」「上下のない関係」などが満たされていなければコラボレーションのほうが適切な可能性がある。

③ 必要なスキルが異なるので，自分自身はどちらの支援方法がより有効に実行できるかを検討する。

④ コンサルタントかコラボレーターになる予定の者が必要なスキルを身につけているか，身につける時間があればコンサルテーションが可能であるが，スキルが不足しており，時間もなければコラボレーションが相応しい。

本書1章でも強調されているように，どちらにおいても共通していえることは，実践する「場」（学校，病院，企業，地域社会など）を十分把握することの重要性である。それぞれの「場」の持つ資源を

2 コラボレーションの基本的な考え方

有効に活用し，不足しているものは創り上げ，たとえ制約が多くても逆にその制約を活用してやろうという姿勢が不可欠である。

4 チームとリーダーシップ

1 チームとは

　2019年の「新語・流行語大賞」は，その年日本で初めて開催されたラグビー・ワールドカップの影響で「ONE TEAM」が大賞となった。この例のように，チームとかチームプレイというと団体スポーツの世界では非常に重要なキーワードであることがわかる。筆者を含めて読者の多くは「何を今さら」という感情を抱いたかもしれない。しかし，筆者はある解説者の説明を聞いて「なるほど」と思いを新たにした。

　ラグビーという団体競技は15名の個性がひとつのチームとして機能したときに最大の力を発揮するのだという。「ラグビー選手は体格が大きいほど有利」という筆者の間違った思い込みが崩された。小柄な選手は機敏な動きが取りやすいのでおおいに戦力になる。足が速ければその駿足を活かす。タックルが得意ならその技術を有効に活用する。キックが上手な人も不可欠であろう。つまりメンバー各自が持つ個性を総合的に活かせるチームであることが勝利につながるのだという。そのことを監督，コーチ，そして選手は「ONE TEAM」というスローガンに込めたのである。

　一方，会社等の組織でも**チームワーク**や**チーム・ビルディング（チームづくり）**の在り方が議論されている。加えて，企業内のチームにおける**リーダー**とは何か，リーダーは何をするべきかなどに関する書籍は，専門書から一般向けの啓蒙書まで含むと，毎年膨大な数が出版されている。その中には社会心理学，産業・組織心理学，さらには経営学の専門家が執筆しているものも含まれていて，これらの学問領域での研究が盛んであることがわかる。本書でもコラボレーションの実際として「チーム学校」や「チーム医療」が紹介されているが，その他の章でも何かしらチーム的要素が読み取れるで

あろう。

　では，なぜチームワークが重要なのであろうか。この点について
West（2012）は，チームで取り組むことによって，サービスの迅
速な開発と提供，組織の効果的な学習，経営の質の改善，時間の節
約，イノベーション，情報の統合と連携，ストレス低減，創造性が
得られるという。どんな仕事でも個人で取り組むよりもチームのほ
うがよいというわけではないが，これらの有効性についてはコラボ
レーションにおいても同じであろう。

　ところで，チームとは何か。実はその定義は数多いという。山口
（2008）は，駅のホームで見られるような単なる人間の集まりであ
る「**群衆**」と区別して，「**集団**」について次のように定義している。
すなわち「集団とは，何らかの理由・目的があって集まった二人ま
たはそれ以上の人々が，コミュニケーションをとり相互作用しなが
ら作り上げる社会システムである」（p.11）。そのうえで，もっとも
広く受け入れられているというSalas et al.（1992）の定義を紹介
している。すなわち「チームとは，価値のある共通の目標や目的の
達成あるいは職務の遂行のために，力動的で相互依存的，そして適
応的な相互作用を行う二人以上の人々からなる境界の明瞭な集合体
である。なお各メンバーは課題遂行のための役割や職能を割り振ら
れており，メンバーである期間は一定の期限がある」（p.11）と。こ
れら集団の定義とチームの定義を比較してみると，曖昧な理由や目
的で集まり相互作用をしているだけではチームとはいえず，集団が
チームとなるには，①目標が明確であり，メンバー間で共有されて
いること，②メンバー間の協力と相互依存関係が存在すること，③
各メンバーに果たすべき役割が割り振られていること，④チームの
構成員とそれ以外との境界が明確であることという4つの条件が
必要であることがわかる（山口，2008）。チームは人間集団の一形態
ではあるものの，明確な目標を共有し，その目標の達成に向かって
メンバーが互いに協力することで初めてチームと呼べるのである。

　このチームの定義を先述した筆者のコラボレーションの定義と
比較してみると，差異よりも共通点のほうが多いように思われる。

筆者にとって興味深いのは，集団もチームも「2人以上の人々」である点である。とすれば，チームにはコンサルテーションも含まれることになる。目標を共有していること，メンバー同士が協力しつつ互いに助け合っていること，専門性に応じた役割が割り振られているということは，重なり合う条件であるといえよう。つまり，コラボレーションもコンサルテーションも，チームワークの一形態であるといってよい。

　山口 (2008) によれば，チームとはメンバーの相互作用の過程を通して徐々に形成され，発達していくものと考えられている。例えば，Ohbuchi & Takahashi (1994) のチームの発達段階に関する研究では，チーム内の対人的葛藤に対する対処行動に注目し，未熟な段階では葛藤が生じてしまった相手を避ける「回避 (avoidance)」行動が目立ち，少し発達すると「妥協 (compromise)」や「競合 (competition)」や「譲歩 (accommodation)」が生じ，最終段階では「協働 (collaboration)」にたどり着くという。つまり，コラボレーションとは成熟したチームワークであるといえる。この研究では，アメリカ人と比較して，日本人は対人的葛藤に対する対処が苦手であるという結果が示されているが，心理専門職がメンバーとして活動するコラボレーションの在り方を考える際，考慮すべき点であるといえよう。

2　リーダーシップとは

　チームが発達し，目標達成という成果を生み出していくには，**リーダーシップ**が極めて重要であることは論をまたないであろう。コラボレーションにおけるリーダーシップとは何かについて考える前に，リーダーおよびリーダーシップについての学説に触れておこう。

　まず1981年に出版された新版心理学事典 (平凡社) では「リーダーシップとは，集団がその目標を追求しようとする過程において，『特定の人』がその集団ないし集団成員に対して，集団目標達成に役立つ方向で与える影響過程」であり，「その『特定の人』はリーダー

といわれる」（p.813）とある。一方，2001年出版の心理学辞典（有斐閣）では，リーダーシップとは「集団の目標達成，および集団の維持・強化のために成員によってとられる影響行使の過程」（p.881）であるという。後者の定義では，目標達成だけではなく，集団の維持・強化が加わっている。さらに「リーダーシップは必ずしもリーダーだけがとるものではない」（p.881）と説明されている。

　リーダーシップに関する専門書などから，1970年〜2000年の間にリーダーシップに関する研究が進み，「ある特定の人」がリーダーとして固定されるものではなく，集団の特徴やその集団の置かれた状況などにおいて，リーダーが変わってくるものであるとされていることがわかる。例えば，自然発生的に生まれた非公式的な集団では，リーダーシップがメンバー間で共有されていることが多く，逆に，学校，病院，企業などの公的集団になると，リーダーはその集団の地位や役職に期待される役割だということになる。学校では校長が，病院では院長がリーダーとなるわけである。

　個人の機能としてのリーダーシップに関する研究においても複数のアプローチが存在する（池田，2009）。例えば，比較的古くから存在する特性アプローチでは，リーダーとしての個人の特性（性格傾向や認知能力など）を分析して有能なリーダー像を浮かび上がらせようと試みる。また，行動アプローチと呼ばれる方法では，チームのパフォーマンスに影響を与えるリーダーの行動に注目する。その中のひとつである三隅（1984）が提唱した**PM理論**では，リーダーの行動には**課題志向行動**（Performance）と**集団維持志向行動**（Maintenance）の2つが存在し，ともに高いリーダーを有するチームが理想的であり，効果的であるという。さらに，状況アプローチでは，チームの状況（目標とする課題の特性やメンバーの成熟度など）によってリーダーの機能が異なってくることを前提として考える。

　では，心理社会的問題の解決を目標としているコラボレーションでは，どのようなリーダーないしはリーダーシップが望ましいのであろうか。残念ながら，この問いに対する明確な回答を呈示することは現時点では困難である。なぜなら高橋（2017）が指摘している

ように，これまでの心理専門職の教育・訓練では，クライエントや
患者との二者関係を重視したプライベート・プラクティスモデルが
主流であったため，業務や役割の中で重要となってくるチームワー
クとかリーダーシップというような概念自体が議論されることは稀
であったからである。しかし，本章の前半でみてきたように，公認
心理師の業務として多職種協働が強調されるはるか前の1960年代
から，コミュニティ心理学ではコンサルテーションやコラボレー
ションというチームワークの重要性が指摘されてきた。その重要性
については再認識しておきたい。

5 おわりに

　本章では，近年，コミュニティ心理学における鍵概念のひとつと
されるようになった「コラボレーション」という実践的な考え方に
ついて，まずそれが重要視されるようになった歴史的背景をアメリ
カと日本に分けて解説した。それに続いて，日本の研究者や実践家
による定義を紹介しつつ，筆者の定義を呈示した。さらに，コンサ
ルテーションとの異同について整理し，最後に社会心理学や産業・
組織心理学等で研究が進んでいるチームワークやリーダーシップに
触れることで，コラボレーションについての理解をより深めてもら
うよう意図した。ただし，どのようなリーダーやリーダーシップが
心理専門職に期待されるのかについては今後の課題であるといえよ
う。

　どんなに科学技術が進歩しても，いや逆に進歩するほど，人間の
心の問題は増えていくであろう。そんな時代に心理学の専門家とし
て活躍していくためには，みんなでみんなを支え合うという姿勢や
態度，そしてスキルが不可欠であることは疑う余地がない。

■引用文献

Brown, D., Pryzwansky, W. B., & Schulte, A. C. 2011 *Psychological consultation and collaboration: Introduction to theory and practice*. Pearson.

Caplan, G. & Caplan, R. B. 1993 *Mental health consultation and collaboration*. Waveland Press.

Caplan, G., Caplan, R. B., & Erchul, W. P. 1994 Caplanian mental health consultation: Historical background and current status. *Consulting Psychology Journal*, **46**(4), 2-12.

Dougherty, A. M. 2013 *Psychological consultation and collaboration on school and community settings (6th ed)*. Brooks/ Cole.

藤川 麗 2007 心理臨床のコラボレーション──統合的サービス構成の方法 東京大学出版会.

Gardner, D. B. & Carry, A. 1999 Collaboration, conflict, and power: Lessons for case manager. *Family and Community Health*, **22**(3), 64-77.

池田 浩 2009 チームワークとリーダーシップ. 山口裕幸(編) 朝倉実践心理学講座6：コンピテンシーとチーム・マネジメントの心理学 69-85. 朝倉書店.

亀口憲治 2002 コラボレーション──協働する臨床の知を求めて. 亀口憲治(編) コラボレーション. 現代のエスプリ419号 5-19. 至文堂.

Korchin, S. J. 1975 *Modern clinical psychology*. Basic Books.

牧原 浩 2002 対人援助における専門職の協働. 精神医療, **28**(3), 50-57.

三隅二不二 1984 リーダーシップ行動の科学 (改訂版) 有斐閣.

文部科学省 2020 令和元年度 児童生徒の問題行動・不登校等生徒指導上の諸課題に関する調査. https://www.mext.go.jp/content/20211008-mext_jidou01-100002753_01.pdf (2022年3月6日閲覧)

日本医師会生命倫理懇談会 1990「説明と同意」についての報告. 日本医師会雑誌, **103**, 515-535.

丹羽郁夫 2017 コンサルテーション. コミュニティ心理学研究, **20**(2), 143-153.

Ohbuchi, K. & Takahashi, Y. 1994 Cultural style of conflict management in Japanese and Americans: Passivity, covertness, and effectiveness of strategies. *Journal of Applied Social Psychology*, **24**(15), 1345-1366.

Salas, E., Dickinson, T. L., Converse, S. A., & Tannenbaum, S. I. 1992 Toward an understanding of team performance and training. In: R. W. Swezey & E. Salas (Eds) *Teams: Their training and performance*. Ablex Publishing Corporation.

新村 出(編) 2018 広辞苑 第七版 岩波書店.

高畠克子 2007 コラボレーション. 日本コミュニティ心理学会(編) コミュニティ心理学ハンドブック 100-114. 東京大学出版会.

高橋美保 2017 多職種協働のためのチームワーク論. 精神療法, **43**(6), 802-808.

植村勝彦 2012 現代コミュニティ心理学──理論と展開 東京大学出版会.

鵜養美昭 2002 学校教育におけるコラボレーション──教職員の関係とコラボレーション. 亀口憲治(編) コラボレーション. 現代のエスプリ419号 84-92. 至文堂.

West, M. A. 2012 *Effective teamwork: Practical lessons from organizational research*. John Wily & Sons. [高橋美保(訳) 2014 チームワークの心理学 東京大学出版会.]

山口裕幸 2008 チームワークの心理学──よりよい集団づくりをめざして サイエンス社.

2 コラボレーションの基本的な考え方

第2部
コンサルテーションの
諸理論

　第2部では，コンサルテーションの土台となる様々な理論を紹介した。何事においても基礎が大切であり，実際にコンサルテーションを行う際も，その基礎となる理論の習得が必要となる。大学院生や初学者の読者はその理論の多様性に驚くかもしれない。ある程度の経験を重ねてきた読者は，逆に諸理論の間の共通点に気づくだろう。いずれの場合においても，コンサルタントとして成長していきたいと願っている読者にとって有益な知識や技法が学べるようになっている。

3 精神分析的コンサルテーション

丹羽郁夫

　　コンサルテーションが依頼されるのは，クライエントの問題がコンサルティの職務能力では対応が難しい場合が一般的であろう。しかし，コンサルティがクライエントを支援する職務能力を十分もちながらも，冷静さを欠いてしまうなどして，対応がうまくできないときがある。こうした状況には，コンサルティのプライベートな体験などの個人的な問題が影響している可能性がある。個人的な問題がクライエントに対する適切な理解を妨げているのである。このコンサルティの個人的な問題を扱うのに有効な方法が精神分析的なコンサルテーションである。この方法は個人的な問題は解決しないが，それが仕事へ影響するのを防ぐという特徴をもつ。

　精神分析的なコンサルテーションを開発したのは**ジェラルド・キャプラン**（Gerald Caplan）である。キャプランはメンタルヘルスに関連する問題を扱うため，自分のコンサルテーションを**メンタルヘルス・コンサルテーション**（mental health consultation）と呼び（Caplan, 1970），現在のコンサルテーションの基盤を作った（Brown et al., 2010; Dougherty, 2013）。この点で，彼のコンサルテーションは古典的コンサルテーションとも呼ばれ（Dougherty, 2013），その基本的な枠組みはよく知られている（本書1章参照）。しかし彼のコンサルテーションの一部に精神分析の理論に基づいた技法があることや，その具体的な内容に関してはあまり知られていない。この精神分析的な技法を知る人が少ないのは，キャプランのコンサルテーションが広まったのが，精神分析の訓練を受けていない，学校・教育領域で働く心理職だったことが影響している。学校現場では精神分析的な技法はほとんど用いられず，普及しなかったからで

ある（Caplan & Caplan, 1993）。本章では，キャプランの精神分析
的なコンサルテーションを 2 冊の著書（Caplan, 1970; Caplan &
Caplan, 1993）を基に紹介する（詳細は丹羽，2012; 2015）。また，その
訳語はキャプランのコンサルテーションを日本に紹介した山本
（1978; 1986）を参考にした。

1 メンタルヘルス・コンサルテーションを開発した経緯

　キャプラン（1917-2008）がメンタルヘルス・コンサルテーーョンを
開発した経緯を紹介する（詳細はCaplan & Caplan, 1993; Caplan-
Moskovich, 1982）。彼は英国のビクトリア大学で医学の学位を得た
後，1945年から1948年までロンドンに滞在し，**ジョン・ボウルビィ**
（John Bowlby）から小児精神医学，**ウィルフレッド・ビオン**（Wilfred
Bion）から集団精神分析，**ケイト・フリードランダー**（Kate
Friedlander）と**アンナ・フロイト**（Anna Freud）から個人精神分
析を学び，それらの訓練を受けた。その後，ユダヤ人である彼は第
二次大戦後のイスラエルに赴き，子どもたちへのメンタルヘルスの
問題に取り組む。しかし依頼数が多く，交通の整備が不十分であっ
たため，子どもを彼の機関に呼ぶことは難しかった。やむなく子ど
もたちが住む施設をまわって職員の相談を受けたところ，これが意
外にも好評であり，有効であった。そのときから，彼は子どもたち
の問題よりも，職員のほうに関心をもつ。職員が特定の問題に敏感
であり，ひどく混乱しているなどして，子どもたちに対して狭いか
ステレオタイプの見方をもちがちなことに気づいたからである。そ
の背景には職員自身の個人的な問題があることが推測できた。そし
て職員の混乱や認知の歪みは，心理療法を用いなくても改善できる
ことを彼は発見した。ここには，彼の精神分析から引き継いだ視点
と，そこから離れた新しい方法の開発が見られる。

2 メンタルヘルス・コンサルテーションの全体の枠組み

キャプランのメンタルヘルス・コンサルテーションの定義は次のとおりである。

> 2人の専門家の間の相互作用のプロセスである──コンサルタントは専門家であり，そしてコンサルティは，コンサルタントが専門的な能力をもつ領域にあると考えられる現在の仕事上の困難に関して，コンサルタントに援助を求める。仕事上の困難はコンサルティが抱える1人以上のクライエントのマネージメントやトリートメント，あるいはクライエントのニーズを満たすプログラムの計画立案や実施を含む (Caplan & Caplan, 1993, p.11)。

この定義に示されているように，キャプランはコンサルテーションを用いて，ケースだけでなく，プログラムを含む組織の管理的な問題も扱った。また，それぞれの問題に取り組むにあたって，問題の解決を優先する場合と，コンサルティの職務能力の改善を優先する場合とを区別する。この2つの分類を組み合わせ，彼はコンサルテーションを4つのタイプに分類した（本書1章参照）。この4タイプのうち，精神分析的アプローチはコンサルティの職務能力の改善を目指す2つのタイプで使用されるが，とりわけケースの問題を扱う**コンサルティ中心のケース・コンサルテーション** (consultee-centered case consultation) で多く用いられる。

3 コンサルティ中心のケース・コンサルテーション

コンサルティ中心のケース・コンサルテーションは，コンサルティの職務上の問題を改善することで，コンサルテーションで経験

したケースと類似した問題をかかえた人たちに対して，コンサルティがその後有効な対応ができるようにする方法である。コンサルティがもつ問題の要因には，①ケースを理解するための**知識の欠如**，②知識を活用する**スキルの欠如**，③知識とスキルを活用するのに確信がもてない**自信の欠如**，④職業上の**客観性の欠如**，の4つがある。コンサルタントはコンサルティの問題が4つの要因のどれであるかを区別し，各要因に応じた対応を行う。精神分析的なアプローチを用いるのは，④職業上の客観性の欠如に由来する問題がコンサルティに生じていると判断された場合である。

　客観性の欠如とは，コンサルティがケースの登場人物との距離が近すぎるか遠すぎるためにケースを客観的に見ることができず，通常どおりの仕事ができなくなっていることを指す。管理と研修，スーパービジョンの体制が十分に整っている機関では，コンサルティの問題の大部分は知識やスキル，自信の欠如の要因ではなく，この客観性の欠如の要因による。客観性の欠如を生む要因のほとんどは，①個人的感情によるのめりこみ，②単純な同一視，③転移，④性格による認知と行動の歪み，⑤主題妨害である。なお，この5つはお互いに重なっており，明確に分けることはできない。この5つを以下に説明しよう。

1　個人的感情によるのめりこみ

　コンサルティはクライエントとの職業的関係から逸脱し，恋人関係や親子関係のような個人的な関係に陥ってしまい，職業上の客観性を失っている。そのため，コンサルティをクライエントとの個人的関係から得られる満足から離し，職業上の目標の達成へと戻すことが必要である。介入では，コンサルティの問題をクライエントの問題に置き換えて扱う。まず，コンサルティから満足を直接得てよいのか，それとも日常生活でのニーズを満たすための支援を得るだけにすべきなのか，という葛藤がクライエントにあることをコンサルティに指摘する。その後にコンサルタントは，どう対応したらクライエントが後者を選択するようになるかについてコンサルティと

一緒に検討する。これを通して，コンサルティが後者の役割を選ぶように促すのである。また，その話し合いのなかで，コンサルタントがクライエントに対して距離を保ちながら共感することも，役割モデルをコンサルティに示すことになり，コンサルティがクライエントとの距離を保つのに役立つ。

2 単純な同一視

　コンサルティはクライエントの生活状況の登場人物の一人に同一視している。同一視は，コンサルティとケースの登場人物との間に，年齢や性別，職業，生活状況など明らかな類似があることから活発になる。これが生じると，コンサルティは同一視した人物を肯定的で同情した言葉で述べるのに対し，それと対立した状況にある他の人物を非難する。このように同一視は，その要因も表われ方もわかりやすいので，見つけるのは難しくない。介入では，コンサルタントがケースの登場人物全員に距離と共感を保つ役割モデルを示した後で，ケースの再検討を行うことが有効である。

3 転移

　コンサルティは，これまでの人生で体験した重要な関係から形成された役割パターンをクライエントに押しつけてしまい，クライエントに対してステレオタイプの見方しかできなくなっている。転移の例として，わがままに育てられた妹に対する未解決な葛藤をもつ女性教師が，ある児童（以前担当した姉の妹）をわがままで反抗的であると相談してきたケースをキャプランは報告している。コンサルタントはこの教師へ2つの方法で介入した。まず，その児童を客観的に見られるように綿密に観察することを教師に求めた。次に，その児童の問題行動は担任を姉のように見ていることが原因であるとした。つまり児童を妹のように見ている担任の問題を児童の問題に置き換えて扱ったのである。これにより，担任は児童が自分を姉のように見なくなる方法を計画し始め，その転移は弱められた。

4　性格による認知と行動の歪み

　コンサルティは性格上の問題をもつため，クライエントを客観的に見られない。この場合，コンサルティの問題が職務を適切に遂行できる範囲であれば，それには心理療法は必要なく，コンサルテーションで対応できる。介入では，コンサルティが自分の問題をクライエントに置き換えている防衛をコンサルタントが支持することで，その不安を弱め，仕事の上での落ち着きの回復と維持を助ける。その後にクライエントに対する知的理解を高める働きかけを行う。

5　主題妨害（theme interference）

　どんなに健康なコンサルティでさえ，十分に解決されていない個人的な問題が過去および現在にあるものであり，これがケースへ置き換えられて，不合理で悲観的な予測をすることがある。この悲観的な予測は，初めの，未解決な問題のある状況（A：**最初のカテゴリー** initial category）と望ましくない結末（B：**避けられない結末** inevitable outcome）という2つの認知が「Aはすべて必ずBになる」と三段論法の形式で結びつくことから生じる。この2つの認知が結びついた型を**主題**（theme）と呼ぶ。コンサルティは，自分自身の未解決な問題とケースの状況とが似ていると，この主題と三段論法の推論が作動して，ケースの状況と結末を主題に一致するように歪めて認知してしまう。ケースを客観的に見られない。主題による客観性の喪失をキャプランは**主題妨害**と呼び，転移の特殊なものと考えた。この主題妨害が作用するケースでは，コンサルティは客観性の喪失と悲観的な予測によって情動が混乱するため，有効な対応ができない。その支援に失敗し続けているので，いわゆる，コンサルティの苦手なタイプのケースとなっている。

　主題妨害を扱う方法は2つある。ひとつは，最初のカテゴリーにケースが当てはまらないことにコンサルティが気がつくようにする方法である。これはケースを主題から離すので，**関係分離**（unlinking）と呼ばれる。この方法は現在のケースに主題が作用す

るのは止められるが，主題はコンサルティに残ってしまう。そのため，その後の類似した他のケースには主題が影響し，コンサルティはその支援に失敗し続ける。もちろん，この方法をキャプランは勧めない。2つめは，キャプランが最も重視する技法であるため，次の節で解説する。

4 主題妨害低減法

　主題妨害を扱う2つめの方法は，関係分離と違い，ケースが最初のカテゴリーに一致するというコンサルティの認知を受け入れることから始まる。そしてこの後に，避けられない結末に至る根拠を一緒に検討することで，他に可能性のある結末がいくつもあることにコンサルティが気づくように促す。これにより，予測した結末が起きることへのコンサルティの確信を弱める。これを**主題妨害低減法**（reducing theme interference）と呼ぶ。この方法は，ケースに避けられない結末が実際に起きないことをコンサルティが後に確かめて完成する。ひとつの例外がコンサルティの主題を無効にするからである。さらに以降の類似したケースで，コンサルティに同じ認知の歪みが生じなくなれば，この主題が無効になったと判断できる。このように，主題妨害低減法はコンサルティの個人的な問題を直接扱って解決しないが，その問題が仕事に悪影響を及ぼすことを防ぐのである。

　主題妨害を見つけるには，ケースの特定の人物や状況に関して生じる，コンサルティの通常とは違う情動反応（緊張の高さや誇張した話し方など）と認知反応（明確でないことやステレオタイプの見方，根拠のない判断など）に注目する。主題妨害があると想定したら，コンサルティの情動を刺激してしまうケースの特定の状況を探り，最初のカテゴリーを同定する。その後に，避けられない結末の探索へと進め，主題を解明する。この主題妨害低減法に関して，キャプランが開発した4つの技法を以下に説明する。

1　言葉を用いたクライエントへの焦点づけ

　最も多く用いられる典型的な技法である。コンサルタントはクライエントに関する事実をコンサルティと一緒に検討することで，コンサルティの予測とは違う結果が生じる可能性を例をあげて示す。この介入が成功すると，コンサルティは自分が予測する悪い結末をクライエントが迎えない可能性を考えられるようになる。

2　言葉を用いた置き換え対象への焦点づけ：たとえ話

　これは，このままケース検討を続けると，コンサルティが自分の問題をケースに置き換えていることに気づきそうなときに用いる技法である。この技法では，コンサルタントはたとえ話を持ち出して，検討中のケースから話の焦点を離してしまう。たとえ話というのは，コンサルタントがこれまでに経験したケースをできるだけ用いて，以下の2つの条件を満たすように書き換えた，あるいは創作したケースである。第一に，検討中のケースはコンサルティが自分の問題に気づきやすいため，その設定や表面的な特徴を違ったものにする。第二に，主題の最初のカテゴリーに一致するものの，悲観的でない結果にする。作られたケースが最初のカテゴリーに一致していると，コンサルティはケースの登場人物に同一視しやすい。そのためコンサルティは，悲観的でない，他の結末を自分のことのように体験し，その結果，主題の影響を受けにくくなる。

　この技法の例として，知的な遅れがあるが，外見と性格がよい少年が障害児クラスに入るのを心配する保健師をキャプランは報告している。この保健師の主題は「障害がある人は皆，他の人から同じ人間として見なされず，拒絶される」である。その背景に，保健師の家族に障害のある人が存在することが推測された。コンサルタントは創作した話をすることで，保健師を冷静にした。その話は，障害のある子どものクラスを担当している友人がいて，そこの子どもたちは見た目は他の子どもたちと違うかもしれないが，とても人間的であり，魅力的であることを具体的に示すものであった。

3 言葉を用いないケースへの焦点づけ

　コンサルティが予測する避けられない結末が起こりそうもなく，心配する必要がないことを，コンサルタントが言葉以外の行動で示す技法である。具体的には，落ち着いて話すことや，話し合いを次のセッションまで持ちこすことなどで，心配や緊急性がないことを伝える。この技法を用いる場合，コンサルタントがケースを十分に理解しているとコンサルティに伝わっている必要がある。そうでなければ，コンサルタントが落ち着いていられるのは，ケースの深刻さをわかっていないからだと疑われてしまう。なお，この技法は他の技法と併用して効果をより高めるものである。

4 言葉を用いないコンサルテーション関係への焦点づけ

　この技法は，コンサルティの主題がケースだけでなく，コンサルタントとの関係にも表れた場合に，この2つを同時に扱うものである。この技法では，ケースについては「言葉を用いたクライエントへの焦点づけ」の技法をそのまま用いるのに対し，コンサルタントとの関係は言葉で扱わない。この複雑な技法を説明するため，キャプランが報告した事例を紹介しよう。

　コンサルティ（保健師）は妊娠中の若い女性のことをコンサルタント（精神科医）に相談した。コンサルティは，この女性の夫はトラックの運転手で，力が強く，大酒飲みだと報告する。また女性の血液型がRh（-）であるため，血液型不適合妊娠により出産時に大量の輸血が赤ちゃんに必要となり，赤ちゃんの脳に障害を引き起こす可能性があると言う。さらに夫は浮気をし，女性を捨てるだろうと言い，子どもに障害があれば，いっそう予測どおりになると心配した。しかしコンサルティの悲観的な予測の根拠は見つからなかった。話が進むにつれて，コンサルティが自分に対して臆病に振る舞い始めていることにコンサルタントが気づく。コンサルタントはこのコンサルティと何度か会っていたが，この振る舞いはいつもの態度と違っていた。面接の終わりには，ケースのことでコンサルタントに面倒をかけることをためらい始めた。なおコンサルティは小柄

で，コンサルタントは大柄である。

　以上のコンサルティの話とコンサルタントへの振る舞いから，コンサルティが職業上の客観性を喪失しており，それには主題が作用しているとコンサルタントは考えた。この主題を「大きくて力の強い男性と関係をもち，依存するようになった弱い女性は，必ずその男性から都合よく利用されてしまい，その要求が高まって厄介になると捨てられてしまう」と定めた。この主題は，夫が浮気をして，女性を見捨てたら，さらにコンサルタントがコンサルティをあごで使い，ケースに無関心であれば正しいことになってしまう。

　コンサルタントはこの主題の2つの表れを並行して扱った。まず，夫が女性よりも力が強いというコンサルティの見方に同意し，このケースが最初のカテゴリーに当てはまることを肯定する。次に，夫が女性にひどいことをすると思う根拠を話し合った。すると，夫は妻の出産にできる限りの準備をしているという事実がたくさんあることが明らかになり，ケースとの関係に関する主題を弱めることができた。同時にコンサルタントは，自分の専門的な知識を披露することで，自分の強さを表し，自分が最初のカテゴリーに当てはまることを示す。そしてコンサルタントはコンサルティの忙しさに言及し，面接の予定をコンサルティの都合に合わせることを伝え，情報収集ではコンサルティをあごで使わず，その観察を評価した。さらにケースへの関心を示し，話し合いを多く望み，必要なときはいつでも会えると伝え，面接の要請があれば拒否しないことを示す。このようにコンサルタントはコンサルティの主題とは反対の発言をし，さらに声の調子や態度でも心配のないことを表した。この二重のアプローチは効果を示し，2回目以降の話し合いでは，コンサルティの緊張は弱まり，夫への評価は大きな野獣ではなく，妻を助ける人物へと変化した。コンサルタントへの態度も元に戻った。コンサルティの主題は弱まり，いつもの職業上の客観性やスキルが回復したのである。さらに女性が3カ月後に出産した後，すべて順調であり，赤ちゃんは健康で，夫婦も幸せそうだとコンサルティは報告した。この結果，コンサルティはその主題が無効になり，そ

の後，似た状況のケースで客観性を失うことがなくなったのである。

5 客観性の喪失に対応するコンサルテーションの留意点

　客観性の喪失を扱うコンサルテーションでは，コンサルティに問題があることに気づきながら行われるため，コンサルタントは心理療法に陥らないよう注意しなければならない。それには，コンサルティが自分の問題に気づかないようにすることが重要である。コンサルタントが気をつけるのは，次の2点である。第一に，コンサルティが提出した仕事上の困難だけを扱い，コンサルティの個人的問題を探索しない。第二に，コンサルティは自身の個人的な問題をケースの登場人物などに置き換えているので，その防衛を支持し，決して取り除かない。しかしコンサルタントがどんなに注意していても，コンサルティが自分の問題に気づき始めることがある。もしコンサルティが自分の個人的な事柄を語り始めたら，コンサルタントはケースの話を持ち出したり，ケースの客観的事実を引き出す質問をしたりして，話し合いの焦点をケースに戻す必要がある。

6 メンタルヘルス・コンサルテーションに関する近年の動向

　コンサルティの認知の歪みを扱うキャプランの方法に関しては，精神分析の知識がなくても実施できる方法が開発されている。認知の歪みを，単なるステレオタイプ（Heller & Monahan, 1983）や論理療法の観点からの不合理な信念（Harrison, 2004）として扱い，修正する技法が提案されている。そのなかで最も新しい動きは，認知を社会構成主義の観点から扱うものである（Hylander, 2012; Knotek et al., 2008; Sandoval, 1996; 2014）。この新しい立場は，自らのアプローチをキャプランに倣い**コンサルティ中心コンサルテーション**（consultee-centered consultation）と呼び，キャプランが

重視したコンサルティの問題を扱うタイプの発展に取り組んでいる。メンタルヘルス・コンサルテーションの現代版といえるだろう。

　キャプランのメンタルヘルス・コンサルテーションは，精神分析の視点から，コンサルティの個人的な問題が仕事に悪影響を及ぼしていると気づくが，その問題自体の解決は行わない。そして，精神分析以外の方法で，個人的な問題が仕事へ悪影響するのを防ぎ，その職務能力を高めることを目指すものである。これにより，コミュニティの多くの人たちを支援する立場にあるコンサルティの成長を促進する。そして，コンサルティを媒介として広範囲に，予防的効果を及ぼすことを重視した。精神分析と間接援助，広い範囲への影響，予防といった，一見異質な要素が結びついているのが彼のコンサルテーションの特徴である。

■引用文献

Brown, D., Pryzwansky, W. B., & Schulte, A. C. 2010 *Psychological consultation and collaboration: Introduction to theory and practice (7th ed.)*. Allyn & Bacon.

Caplan, G. 1970 *The theory and practice of mental health consultation*. Basic Books.

Caplan, G. & Caplan, R. B. 1993 *Mental health consultation and collaboration*. Jossey-Bass.

Caplan-Moskovich, R. M. 1982 Gerald Caplan: The man and his work. In H. C. Schulberg & M. Killilea (Eds.) *The modern practice of community health*, 1-39. Jossey-Bass.

Dougherty, A. M. 2013 *Psychological consultation and collaboration in school and community settings (6th ed.)*. Brooks/Cole.

Harrison, T. C. 2004 *Consultation for helping professions*. Pearson.

Heller, K. & Monahan, J. 1983 Individual-process consultation. In S. Cooper & W. F. Hodges (Eds.) *The mental health consultation field*. 19-25, Human Science press.

Hylander, I. 2012 Conceptual change through consultee-centered consultation: A theoretical model. *Consulting Psychology Journal: Practice and Research*, **64**(1), 29-45.

Knotek, S. E., Kaniuka, M., & Ellingsen, K. 2008 Mental health consultation and consultee-centered approach. In W. P. Erchul & S. M. Sheridan (Eds.) *Handbook of research in school consultation*. 127-145, Erlbaum.

丹羽郁夫 2012 G.キャプランのメンタルヘルス・コンサルテーションにおける主題妨害低減法. 現代福祉研究, **12**, 185-199.

丹羽郁夫 2015 ジェラルド・キャプランのメンタルヘルス・コンサルテーションの概観. コミュニティ心理学研究, **18**(2), 160-174.

Sandoval, J. H. 1996 Constructivism, consultee-centered consultation and conceptual change. *Journal of Educational and Psychological Consultation*, **7**(1), 89-97.

Sandoval, J. H. 2014 *An introduction to consultee-centered consultation in the school: A step-by-step guide to the process and skills*. Routledge/Taylor & Francis Group.

山本和郎 1978 総説 コンサルテーションの理論と実際. 精神衛生研究, **25**, 1-19.

山本和郎 1986 コミュニティ心理学——地域臨床の理論と実践 東京大学出版社.

3 精神分析的コンサルテーション

4 行動論的 コンサルテーション

中村菜々子

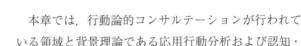

　本章では，行動論的コンサルテーションが行われて
いる領域と背景理論である応用行動分析および認知・
行動療法の考え方を紹介し，行動論的コンサルテーションを行う上
で筆者が留意している事項について述べる。なお，本稿では，応用
行動分析や認知・行動療法に基づくコンサルテーションを総称して
行動論的コンサルテーション，応用行動分析に基づくコンサルテー
ションを**行動コンサルテーション**，認知・行動療法の考え方を含む
広義のものを**行動的コンサルテーション**と呼んで区別している。

1 行動論的コンサルテーションが 行われている領域

　行動論的コンサルテーションは，教育領域で最も多く実施され，
研究知見の蓄積も進んでいる（例えば，加藤・大石，2011; 大石，2015;
2016; 鈴木，2010; 米山，2007など）。教育以外の領域では，福祉（例えば，
石川・大野・山中，2017; 石川・野口・山中，2019; 宮・大川，2013など）や
医療（例えば，市倉・鈴木，2020; 市倉，2016など）においても実践が行
われている。

　市倉（2016）によると，医療領域で心理専門職が行う行動的コン
サルテーションでは，患者の「心」の問題を，表れている「行動」
に着目して整理することが特徴であるという。そのメリットは，患
者や他職種との情報共有のしやすさとコンサルティである他職種専
門家の達成感の得られやすさである。そして，患者をクライエント，
病棟の担当看護師をコンサルティとした行動的コンサルテーション
を行い，クライエント本人の問題行動が減少したことだけではな

く，コンサルティの環境調整スキルと患者への関わりに対する**自己効力感**が増加したことを報告している。

　筆者らも，内科クリニックで行動的コンサルテーションを行った（中村・多木, 2013）。内科クリニックの日常臨床では，行動をカウントし測定するといった構造化された実践は難しいが，認知・行動的な視点や関わりを生かすことは可能である。実践では，診療所のアセスメントを行い，日々の実践ですでに行われていた望ましい行動，例えば，管理栄養士の個別栄養指導での段階的な**タスク**の設定，集団栄養指導での他者と比較する場の提供，患者自身が誰かのモデルになる，などを発見・整理し，カンファレンスで具体的に伝えて強化した。その結果，スタッフの取り組みの自己効力感が増加した。この事例は，実際の行動の変化を測定していないため行動「的」なアプローチとなるが，こうした行動的コンサルテーションは，論文として発表されていないものの，広く様々な臨床現場で実践されていると思われる。

　これ以外に，医療領域における実践として，五十嵐・中村（2016），小林（2009 : 2020），筒井ら（2015）などの報告や，教育領域では，堀川ら（2017）や高田・大谷・小関（2017）などの報告が参考となるだろう。

2 行動療法の歴史的背景

　行動療法は，学習に関わる様々な基礎研究を背景に成立した心理療法であり，背景には基礎研究の系譜がある（和田, 2021）。

　代表的なものが**連合的学習**（刺激と反応の結びつきの形成）の研究である。**パブロフ**（Ivan Pavlov）がイヌを用いて消化腺の研究を行っていたところ，餌をくれる人の靴音が聞こえただけでイヌの唾液分泌が始まるようになった。この例のように，**レスポンデント条件づけ**とは，**条件刺激**（靴音）と**無条件刺激**（餌）を連続提示して**条件反応**（唾液分泌）を引き起こすことである。この際，餌という無条件刺激に，生物が生得的に獲得している唾液分泌のような**無条件反応**

が伴うことが前提となっている。

その後，ワトソン（John B. Watson）とレイナー（Rosalie Rayner）は，恐怖条件づけに関する実験を行った。赤ちゃんが白ネズミに手を伸ばそうとするときに大きな金属音を聞かせ，生物が生得的に獲得している恐怖という情動反応を白ネズミと条件づけた。さらにジョーンズ（Mary Cover Jones）は，ウサギ恐怖の男児に対して条件刺激のみを無条件刺激なしで連続提示し，条件反応が起きないようにする手続きを行い，ウサギ恐怖を和らげることに成功した。これを**消去**という。

レスポンデント条件づけとは異なる連合的学習に，**オペラント条件づけ**がある。**ソーンダイク**（Edward Thorndike）は，動物が問題を解決するために自ら環境に働きかけるタイプの学習（自発的な学習）を研究した。ペダルを踏むと外に出られる箱を用意し，箱の外に餌を置く。空腹のネコを入れると，箱の中での試行錯誤の結果，偶然ペダルを踏み，外に出ることができた。このプロセスを繰り返すとネコが箱から出る時間が短縮される。**スキナー**（Burrhus Skinner）はソーンダイクの試行錯誤学習を受け継ぎ，自発的行動による学習について理論を精緻化し，オペラント条件づけの原理を提唱した。

3 初期の行動療法

連合学習に関する研究の発展を受けて，1950年代より第1世代の行動療法と呼ばれる実践がはじまった。レスポンデント条件づけおよびオペラント条件づけの臨床適用である。

レスポンデント条件づけの研究はその後，恐怖情動の獲得のメカニズム解明とその低減に対する具体的な技法の開発につながっていった。不安障害に対する**ウォルピ**（Joseph Wolpe）の**系統的脱感作法**やその後の**エクスポージャー法**は，レスポンデント条件づけの研究知見に基づいて開発されたものである。

一方，オペラント条件づけの理論に基づいた行動療法は「**応用行**

動分析（Applied Behavior Analysis）」と呼ばれている。応用行動分析では行動の機能分析，すなわち，先行刺激Antecedent ⇒ 行動Behavior ⇒ 結果Consequence の相互作用分析を行い，不適切行動の低減と適応的な行動の形成を通じて問題を解決していく。

　このように，行動療法は一人の創始者が打ち立てたひとつの理論枠組みではなく，様々な基礎研究の成果を集約した治療方略や治療技法であり，包括的で多様な形態であることが特徴である。

4 学習理論の発展と行動療法

　連合学習に関する基礎・応用研究が発展しつつある頃，心理学の領域では認知的学習に関する研究が発展した（和田, 2021）。例えば，**ケーラー**（Wolfgang Köhler）は，洞察による学習の実験を行った。天井からバナナをひもで吊るした部屋にチンパンジーを入れると，強化のプロセスなしに部屋の隅にあった箱を重ねて踏み台を作り，バナナを取ったのである。また，**バンデューラ**（Albert Bandura）は，観察学習の研究を行った。子どもに暴力的な映像を見せるとそれをまね（**モデリング**という），暴力的な遊びを行うようになる。

　強化という操作を行わずに学習が成立することを示したこれらの研究はその後発展し，先行刺激と反応行動の連合の間に，思考や判断，期待といった認知的な変数を含むモデルが提唱された。例えば，バンデューラの一連の研究から見出された「モデリング」や「自己効力感」という広く知られている概念は，認知・行動的アプローチにおける重要な基本的概念となっている。

　こうした様々な学習の研究知見を反映し，1970年代から第2世代の行動療法が発展した。行動療法に予期や思考，自己効力感など認知変数を導入し，人は環境の中で，刺激を「選択・解釈」する存在であることを前提とするモデルの発展とその臨床応用である。

　この時期にはまた，行動療法への認知的変数の導入とは別の文脈で，**ベック**（Aaron Beck）の**認知療法**や**エリス**（Albert Ellis）の**論理療法**が提唱され発展したことも，認知的側面への注目を増すこ

とになった。

　現在ではこうした様々な研究・実践知見が統合され，不適応行動を減らし適応行動を獲得する支援が行なわれている。表4-1は，Michie et al.（2013）が先行研究と実践ツールを展望し整理した健康行動の獲得支援に用いられている技法のリストである。応用行動分析と認知・行動療法の両方の要素が含まれていることがわかる。

表4-1　認知・行動的な行動変容技法リスト
（Michie et al., 2013をもとに作成）

1．**目標と計画**（Goals and planning）：目標設定，問題解決，行動計画，目標達成ができているかどうかの振り返りなど	9．**アウトカムの比較**（Comparison of outcomes）：行動実施による利益と不利益を比較する，アウトカム間を比較して想像するなど
2．**フィードバックとモニタリング**（Feedback and monitoring）：行動やアウトカムの自己・他者モニタリング，モニタリングした結果のフィードバックなど	10．**報酬と脅威**（Reward and threat）：各種インセンティブ，報酬，将来起こりうる脅威など
3．**ソーシャル・サポート**（Social support）：道具的・情緒的・その他のソーシャル・サポート	11．**調整**（Regulation）：ネガティブ感情の緩和，カウンセリング技術を用いた様々な調整など
4．**知識の形成**（Shaping knowledge）：行動を実施する方法を教示する，行動に関する情報を伝える，再帰属を促すなど	12．**先行刺激**（Antecedents）：環境の再構築，環境調整，身体の調子を整えるなど
5．**自然な結果**（Natural consequences）：体調などがこの先どうなるかの情報，行動変容が周囲や社会に与える影響を伝えるなど	13．**アイデンティティ**（Identity）：自分を誰かのロールモデルであると考える，自分の行動に価値を与えるなど
6．**行動の比較**（Comparison of behavior）：行動をデモンストレーションする，取り組んでみて気づいたことを振り返るなど	14．**結果の計画**（Scheduled consequences）：報酬や罰の呈示や除去，どのような行動を強化するかを考えることなど
7．**連合**（Associations）：先行刺激の分析，呈示・除去，連合学習など	15．**自己信念**（Self-belief）：本人の能力について言葉で伝える，メンタルリハーサル，セルフ・トークなど
8．**繰り返しと代替行動**（Repetition and substitution）：行動の練習，行動リハーサル，代替行動の獲得，行動の汎化など	16．**非顕現的行動の学習**（Covert learning）：罰や報酬をイメージする，自分以外の人の様子を見るなど

第2世代の行動療法の発展と並行して，応用行動分析は行動の対象を**内潜行動**（頭の中で起こっている行動）に広げ，独自の展開をみせた。応用行動分析の深化・発展に伴って生じた新しい行動療法の波は，1990年代からの第3世代の行動療法と称されている。**アクセプタンス＆コミットメントセラピー**などが該当する。

　以上をまとめると，行動へのアプローチといっても，厳密な応用行動分析による方法から認知などの要素も含めた緩やかな方法まで，かなりの幅がある。さらに実際の臨床場面では，問題の種類や現場の状況（標的となる行動がしっかりとカウントできる状況にあるのか等）とコンサルタント自身の理論的立場や方針（応用行動分析か，認知的側面も含む行動論によるのか等）によって，行いうる行動論的コンサルテーションにはかなりのバリエーションが存在する。

5 行動コンサルテーションの基本プロセスと用いられる行動理論

　行動コンサルテーションを行うプロセスは，**バーガン**（John Bergan）の4段階の介入モデルが多く用いられている（大石，2016）。コンサルタント，コンサルティ，クライエントの三者が関わり，①問題同定，②問題分析，③介入実行，④効果評価を行う。

　問題同定とは，コンサルティの困っていることについてインタビューを行い，介入の対象とする行動（標的行動）を選ぶことである。

　次に，**問題分析**では標的行動の機能を，どのような状況で，どのような行動が生じ，行動の結果何が起きるのか，といった観点からコンサルティとともに分析する。その分析をもとに「どんなときの」「どの行動を」「増やす，または減らす」のか，そして「そのためにどのような手がかりや結果をコントロールすればよいか」を具体的に記述する。

　そしてコンサルティが機能分析をもとに支援を**実行**し，コンサルティの支援によってクライエントが自分の行動をコントロールする工夫を見つけていく。行動コンサルテーションでは，コンサルティ

がクライエントに対してより効果的な支援を実施できるよう，行動分析を用いてコンサルタントが間接的な支援を提供することで，コンサルティ自身の適切な支援行動を引き出し促進することを重視している（鈴木，2010）。

　実行したことは振り返り，クライエントの標的行動が実際に増えたか・減ったかを確認すること，すなわち**効果評価**が重要である。行動コンサルテーションでは，コンサルタントが立てた計画をコンサルティがその目的のとおりに実行しているかの度合い（**介入整合性**という）が重視される。また，コンサルティ自身の行動の変化（行動の獲得）が実現されているかを確認することも大切な視点である（米山，2007）。

1　行動の後に生じている結果を理解する

　オペラント学習の原則に基づくアプローチでは，行動が「増える仕組み」と「減る仕組み」の理解を組み合わせて，クライエントにとってより適応的・健康的な生活になるような具体的な工夫をコンサルティと「一緒に考える」姿勢が大切である。

　行動の直後に本人にとって望ましいことが出現すると，その行動は将来起こりやすくなり，逆に，行動の直後に本人にとって望ましくないことが出現すると，その行動は将来起こりにくくなる（図4-1の①）。

2　先行事象（先行刺激，弁別刺激）が手がかりになる

　ある条件（特定の先行事象）の下で，ある行動をすると望ましい結果が出現することを繰り返すと，その先行事象が次に出現した際，その行動が起こりやすくなる（図4-1の②）。例えば，冷蔵庫に冷え

図4-1　オペラント学習の原則

たビールの缶がある（先行事象）→ビールを飲む（行動）→おいしい！（正の強化子）という経験をすると，のどが渇いた際に冷蔵庫にビールの缶があるのを見ると，思わず手が伸びるだろう。

3 適応的な行動を育てるための環境を調整する

先行事象 − 行動 − 結果 の関連に基づいた支援について，発達障害児の問題行動を例に考えてみよう（Carr & Wilder, 1998）。
問題行動はその行動を維持している強化の種類で以下の4つに大別される。

①**正の社会的強化**（例：問題行動を行ったとき，注目される）

②**負の社会的強化**（例：課題中に頭を叩くと，課題が中止される）

③**正の自動強化**（例：手をパタパタさせると，そのときの手の刺激が気持ちよいのでパタパタが維持）

④**負の自動強化**（例：頭が痛いとき，頭を強く叩くと，痛みが和らぐ）

つまり，ある文脈では問題だと見なされる行動も，その行動が続くには理由がある。したがって問題の改善を考える際は，問題と見なされる行動を止めるのではなく，その文脈で問題行動に替わるより適応的な行動を形成することが望ましい。これは**代替行動の分化強化**といい，望ましい行動のみを強化する。加えて，そうした問題行動を取りたくなる欲求を生じにくくする環境調整を行う。**確立操作法**と呼ばれる問題行動の欲求を低下させる介入で，本人にとっての強化子の価値を低くするアプローチである。

もちろん，**消去**（望ましくない行動に強化子を与えない）を行う場合もある。ただし，消去は面接室など構造化された状況では実施可能なことが多いが，日常生活では実施が難しいこともある。なお，**罰**を使うことは倫理的に問題があり，かつその効果は持続しないため，行わない（島宗ら，2015）。

4 大きな行動を小さく分けて，少しずつ獲得する

ひとつの行動は，ひと続きの小さい行動から成り立っている。例

えば，お風呂に入るという行動は，「湯をはる」「服を脱ぐ」「お湯を身体にかける」「浴槽に身を沈める」に分けることができる。目標とする行動を具体的で小さな行動に分け，実行しやすい行動から少しずつ獲得する計画を立てる。これを**シェイピング**という。

5 強化のタイミング（強化スケジュール）と方法を考える

行動に伴う強化は，どのようなタイミングで（即時強化，連続強化，部分強化，消去など），またどのような方法・種類で（社会的な強化子，生理的な強化子など）提供するかを考える。

6 身につくまで続ける工夫

学習とは，経験により比較的永続的な行動の変化がもたらされること，およびそれをもたらす操作，そしてその過程である。つまり，1回行動が生じただけでは身についたとはいえない。支援者は，習慣となるように工夫してサポートする必要がある。その際，続けやすい環境作りも大切である。

6 行動論的コンサルテーションにおけるコンサルタントの態度と視点

コンサルテーションの場面では，個々のコンサルタントによって様々な言語的・非言語的な関わりが行われている。応用行動分析理論や認知・行動理論に基づいて行動論的コンサルテーションを行う際，こうした理論になじみのないコンサルティにどのような視点をどのような方法で伝えるとよいだろうか。

以下に筆者が留意していることについて，五十嵐（2021）や小林（2020）も参考にしつつまとめた。

1 「行動」を理解しようという姿勢自体の大切さ

行動変容は協働的に行うものだが，専門知識を有するコンサルタ

ントは，コンサルティから優位な立場とみなされやすい。そこで，コンサルティとコンサルタント，クライエントとコンサルティとの関係において，「相手のよくない行動を指摘する」「行動を変化させる」という姿勢ではなく，「一緒に行動の仕組みを考えよう」という姿勢でアプローチすることが重要である。コンサルタントが，コンサルティが「困っている行動」を一緒に眺めて客観的に分析するという態度を共有することができれば，コンサルティ自身と彼らが関わっているクライエントも，冷静に何が起きているのかを理解し戦略を立てることが可能になる。

　鈴木（2010）も，コンサルティが行動論的コンサルテーションによる支援を受け入れがたいと捉えてしまうと，コンサルテーションは成功に至らず，結果としてコンサルティが「支援がうまくいかなかった」という失敗経験を積むことになり，外部専門家への抵抗感がさらに強まるという悪循環に陥る可能性があることを指摘している。

2　「クライエント自身」に焦点を当てる

　コンサルテーションの目的はクライエントの支援である。しかし，現実には，コンサルティ自身の願望が根底にあり，それに合った新たな行動がクライエントに生起し，その行動が維持されることを期待していることがある。その際，コンサルティ自身の持つ価値観（望ましい・望ましくない行動とは？　適応的・適応的でない行動とは？）が反映されやすいことを自覚し，「クライエント本人にとって」のより良い生活について考えることを忘れずにいたい。

3　その行動が続いている理由を広い視点からみる

　問題行動と呼ばれる行動が続くことで周囲やクライエントの適応に問題が生じている。だからこそ改善が必要となるのだが，その問題行動が続くことにはクライエントにとって何かしら役立つことがある場合も多い。飲酒を止めない人は，ストレスが多く対処行動のレパートリーが少ないために，これらの行動が唯一の息抜き（負

の強化）になっているのかもしれない。問題行動が続いている理由を広い視点で理解し，役立つ行動を提案したい。

4 「できた理由」に注目する

クライエントの行動にしろ，コンサルティのクライエントに対する行動にしろ，目標とした行動が実行された後に振り返る際，できなかったときよりも「少しでも，できたとき」に焦点を当て，そのときの様子に興味関心を持って聞く。その上で，「できたとき」と「できなかったとき」は何が違ったのかを一緒に振り返って検討することで，行動が生起しやすいきっかけを一緒に共有することが可能になる。また，失敗を報告することへの罪悪感を減らすことにもなる。

7 おわりに

本章では，行動論的コンサルテーションについて，その概要を整理した。専門用語の詳細な解説は割愛したので，教科書（三田村, 2017）と引用文献を参照していただきたい。

厳密な方法に基づくものから一部の要素を取り入れるものまで，様々なレベルで行動論的コンサルテーションは臨床実践に生かすことができる。関心を持った読者はぜひ日々の活動に取り入れてほしい。

■引用文献

Carr, J. E. & Wilder, D. A. 1998 *Functional assessment and intervention: A guide to understanding problem behavior*. High Tide Press. ［園山繁樹（訳）2002 入門・問題行動の機能的アセスメントと介入 二瓶社.］

堀川 柚・野中俊介・吉田遥菜・三村尚志・嶋田洋徳 2017 教師に対するコンサルテーションにおけるアセスメントの観点の検討. 早稲田大学臨床心理学研究, **19**(1), 153-168.

市倉加奈子 2016 医療現場における認知行動療法に基づいたエンパワメントの促進——身体疾患患者のメンタルケアに焦点を当てて. *Journal of Health Psychology Research*, **29** (Special Issue), 103-109.

市倉加奈子・鈴木伸一 2020 保健医療分野への認知行動療法の適用と課題——身体疾患のチーム医療と認知行動療法. 認知行動療法研究, **46**(2), 79-88.

五十嵐友里・中村菜々子 2016 糖尿病や透析患者に対して心理職が行うケア. 精神科治療学, **31**(9), 1177-1180.

五十嵐友里 2021 行動変容理論とカウンセリングマインド，技法を統合した実践．丸山千寿子・赤松利恵・中村菜々子(監修) 学生・管理栄養士のための栄養教育論 文光堂．

石川 愛・大野裕史・山中克夫 2017 介護現場における認知症の行動・心理症状に関する行動コンサルテーションの効果——予備的介入．行動療法研究，**43**(1), 27-38.

石川 愛・野口 代・山中克夫 2019 介護現場における認知症の行動・心理症状（BPSD）に関する行動コンサルテーションの仕組み作り——フローチャート化した手順の適用可能性に関する事例的検討．高齢者のケアと行動科学，**24**, 63-76.

加藤哲文・大石幸二(編) 2011 学校支援に活かす行動コンサルテーション実践ハンドブック——特別支援教育を踏まえた生徒指導・教育相談への展開 学苑社．

小林清香 2009 身体疾患伴う不安障害への認知行動療法——チーム医療における認知行動療法の可能性・病棟スタッフへの認知行動療法を用いたコンサルテーション（不整脈作への不安から退院を拒否した症例）．認知療法研究，**2**, 34-37.

小林清香 2020 行動科学から考えるサイコネフロロジー入門——セルフケアの促進に焦点を当てて．日本心療内科学会誌，**24**(3), 133-138.

Michie, S., Richardson, M., Johnston, M., Abraham, C., Francis, J., Hardeman W., Eccles, M. P., Cane, J., & Wood, C. E. 2013 The behavior change technique taxonomy (v1) of 93 hierarchically clustered techniques: building an international consensus for the reporting of behavior change interventions. *Annals of Behavior Medicine*, **46**(1), 81-95.

三田村 仰 2017 はじめてまなぶ行動療法 金剛出版．

宮 裕昭・大川一郎 2013 在宅認知症高齢者の弄便行動に対する応用行動分析学的介入．日本心理学会大会発表論文集，**77**, 3 AM-041.

中村菜々子・多木純子 2013 内科診療所での糖尿病腎症患者に対する行動医学チーム医療に臨床心理士を加える試み．行動医学研究，**21**(1), 31-38.

大石幸二 2015 行動コンサルテーション——実践と研究の現在位置．コミュニティ心理学研究，**18**(2), 175-185.

大石幸二 2016 行動コンサルテーションに関するわが国の研究動向——学校における発達障害児の支援に関する研究と実践．特殊教育学研究，**54**(1), 47-56.

島宗 理・吉野俊彦・大久保賢一・奥田健次・杉山尚子・中島定彦・長谷川芳典・平澤紀子・眞邉一近・山本央子・日本行動分析学会 2015「体罰」に反対する声明．行動分析学研究，**29**(2), 96-107.

鈴木ひみこ 2010 日本における行動コンサルテーション研究の課題と展望．人文論究，**59**(4), 181-196.

高田久美子・大谷哲弘・小関俊祐 2017 認知行動療法および行動コンサルテーションにおける高等学校での特別支援教育の現状と課題．桜美林大学心理学研究，**8**, 1-17.

筒井順子・小林清香・山内典子・鈴木伸一・西村勝治・石郷岡 純 2015 コンサルテーション・リエゾン精神医療における心理的介入——段階的ケア・モデル導入の可能性．総合病院精神医学，**27**(2), 131-138.

米山直樹 2007 行動コンサルテーションによる中学校での不登校支援——チェックリストを用いた教師の実行度の測定と強化．日本行動分析学会第25回年次大会プログラム発表論文集，93.

和田万紀(監修) 2021 心理学：第4版 弘文堂．

4 行動論的コンサルテーション

5 システムズ・コンサルテーション

田中　究

　　システムズ・コンサルテーションは，広義には**システム論**の発想を活用しながら行うコンサルテーションを意味する。狭義には，Wynne et al. (1986) による実践を指す。彼らの著書に付された副題，「家族療法の新たな視点」が示しているように，システムズ・コンサルテーションは**家族療法**の展開を意識すると理解がしやすくなる。

　対人援助の領域では，しばしば問題は，〇〇障害，△△病，××傾向というように，個の病理，問題，性質に起因するものとみなされる。そのような個人に対して，病院等でいくら素晴らしい治療が行われても，例えば家族との葛藤が未解決であれば，退院後，早晩問題は再燃するだろう。こうした視点に基づき，家族療法は家族も含めて治療を行うというスタンスを採用した。

　家族には病理があると仮定し，それを外部から同定し変化を策定する，という初期の姿勢 (therapy <u>of</u> family) は，「家族コンサルテーション」（ウィン，1990）と呼ばれるあり方に移行するにつれて影を潜める。問題のありかを個人から家族に移すのではなく，家族を患者の対応に困っている要支援者であるとして，家族療法家は家族と協力的な関係を結ぶようになる (therapy <u>with</u> family)。つまり，家族は患者の付き添い（＝問題は当事者）ではなく，さりとて治療対象（＝問題は家族）でもなく，「コンサルティ」となった。

　ところが，家族療法であれ，家族コンサルテーションであれ，家族という語を冠してしまうと，現象を広く他の要素との相互作用から理解しようとする家族療法の本質が見えづらくなってしまう。そこで，「家族」を，患者を取り巻く環境のひとつ，つまり**コンテクスト**の象徴であると読み替えると，核心が見えやすくなる。「家族」

「学校」「会社」「インターネット」といった状況の中で，問題はいかにして問題化しているのか，システムを構成する要素同士のセットをコンテクストの中で有機的に理解しようとするのが家族療法で・・あった。支援者が問題維持に加担してしまったり，被支援者の「病理」を強化してしまったりする場合があることを考えると，考慮すべきコンテクストには「支援」も含めなければならなくなる。

　そういうわけで，家族に限らず，治療に限らず，より広域のコンテクストを含む諸システムを扱う相談援助活動を表す名称としては，「システムズ・コンサルテーション」がふさわしいことになる。すると，家族だけでなく，スーパーバイジーや同僚等，問題についての相談ニーズを持つ人はどんな人であれ，「コンサルティ」と考えることができるようになる。

　治療には治療者が，スーパービジョンにはスーパーバイザーが負うべき責任があり，それらをコンサルテーションと同一視することはできない。しかし，患者やスーパーバイジーといった相談者の自律性を尊重し，エンパワーし，より対等な対話的関与を心がけることはできる。そのようにして，治療やスーパービジョンに含まれるコンサルテーション的な一面に着目すると，諸支援を「コンサルタント−コンサルティ−問題」という三項図式として統合的に理解することができる。このように，治療，教育，スーパービジョン，マネージメントといった諸実践をコンサルテーションとの連続体（continuum）として描こうとするのが（特にウィンらによる）システムズ・コンサルテーションの特色である。

　なお，日本における実践については，吉川・伊東（2019）が「日本におけるシステムズ・コンサルテーションの展開」としてまとめているので参照されたい。

1 システムズ・コンサルテーションの特徴

　ここでは，Wynne et al.（1986）に依拠しつつシステムズ・コ

ンサルテーションの特徴を 4 点に集約する。

1 メタ・ポジション

　システムとは「要素同士が影響を与え合うことで構成される全体で，一定の動き方をする統合体」を意味する。臨床実践用に煎じ詰めるなら，ものごとをセットでとらえる考え方，ということになる。岡目八目といえば，囲碁の打ち手よりも見学者のほうが大局的に情勢を読むことができるとする謂いだが，コンサルタントも同様に，どの人物を問題とセットでとらえればいいのか，**エコシステム**を広くメタの視点から見渡して目星をつける。エコシステムとは，生態系のことである。ディナーで供された牛ステーキは，肉牛を壊滅的に食べ尽くせば，二度と食べられなくなる。あるいは，牛が食べる牧草が枯れてしまい，牛が絶滅すれば，やはり食べられなくなる。安定的にステーキを食するには，人間，牛，牧草がそれぞれバランスよく存在することが必要であり，このように生物は互いに依存しあって，生態系のバランスを成り立たせている。同様に，コンサルテーションでも問題がどのようなエコシステム，山川草木の中で存続しているのか，把握しようとする。

　ただし，システムを「人間のセット」ととらえるだけでは不十分である。関係者を静的に羅列するだけではシステムを記述していることにはならない。関係者同士がどのようにコミュニケーションを行い，そして行き詰まっているかが俎上に挙げられなければならない。注目すべきは，「コミュニケーションのセット」である。そのようにして繰り返されるコミュニケーション・パターンをシステムと呼ぶのである。

　例えば，「反抗的」とされる生徒が反抗を示す直前に誰が何をしており，直後にはどのような対応がなされているのか，コンサルタントはコンサルティに尋ねるだろう。そのようにして，個人の性質として記述される傾向性をコミュニケーションの連鎖へとほぐしていく。そして，コミュニケーション上の悪循環が明らかになれば，その減少に向けて協議をすることが可能になる。なお，コンサルタ

ントもシステムの一部をなしており，その影響性を過小評価しては
ならない。

2 ジョイニング

　ジョイニングは，構造的家族療法を出自とする方法である。家族
のコミュニケーション・パターンや考え方に積極的に合わせるべ
く，支援者が自らの動き方を調整し支援システムを構築するプロセ
スを指す。同様に，コンサルタントもコンサルテーションへの期待，
コンサルティにとっての問題や解決の定義等を確認しコンサルテー
ション・システムを形成しようとする。不登校事案のコンサルテー
ションに対するニーズが【再登校を可能とする具体的手法を知りた
い】であるとは限らない。普段は豪放磊落で通っていたとしても，
反抗的な生徒に手を焼いている教師がコンサルテーションに求める
ニーズは，【少しだけ励ましてもらいたい】かもしれない。このよ
うに，コンサルティのニーズの中には，言語化に馴染みにくいもの
もある。コンサルタントは先入観を意識的に保留し，また鋭敏にア
ンテナを張り巡らせなければならない。コンサルタントは，コンサ
ルティとたとえ日常的な関わりがあったとしても，コンサルテー
ションへの期待を軸に，コンサルテーションという新規の**ローカル
なシステム**にあらためて参加する，という意識を持つ。

3 対話

　人の発話内容を現実の写像と考える立場と，その人自身のストー
リー／意味づけと考える立場とがある。意味づけの変化はしばしば
行動変化を惹起する。後者のスタンスに立つと，コンサルティのス
トーリーが変わることによってコンサルティの行動が変わり，状況
が変化する，という筋道を見出すことができる。

　したがって，多様な意味づけに開かれた対話をコンサルタントは
心がける。生徒の反抗的な態度を，「愛情希求のあらわれ」と枠づ
けてみる。コンサルティとの関係性にもよるが，半分笑い話，半分
真顔で，「生徒の反抗的態度はコンサルティの成長を促してくれる

ものである」と意味づけることもできる。いずれにせよ，コンサルティを拘束するくびきが外れること，少しでも視野が広がることを目指す。

コンサルタントは対話を促すものは何であれ，活用しようとする。例えば，「もしも，生徒の反抗的態度が突如収束したら，その生徒にどんなふうに接したいと思いますか？」「もしも，この場に生徒がいて，私たちの話を全部聞いていたとしたら，どんな感想を述べると思いますか？」といった仮定に基づいた問いかけは，現実的な制約を留保し可能的世界を描写できるので，コンサルティにまとわりついている縛りを緩め柔軟な思考をもたらすかもしれない。仮定法だけでなく，家族療法が蓄積してきた各種の質問法も同じように活用可能であろう。

4 リソース

コンサルテーションの中のみで問題を解決しようとするのではなく，コンサルティの上司，家族，知人あるいは関係諸機関といった社会的資源を活用できないか，コンサルタントは模索する。また，たとえわずかであったとしても，うまくいっていること，健康さ，適応できているところ，およびそれらを可能にしているコンサルティや関係者の資質，能力，持ち味を問題解決上の「リソース」と見る。「なぜ一度のこととはいえ，その生徒は反抗的な態度をとらなかったのですか？」「問題が現状でとどめられているのは，先生が何をされているからなのですか？」などと質問することでリソースを膨らまそうとすることもある。問題，欠損，病理自体を価値あるものとして位置づけることさえある。

問題状況の中にリソースを見出そうとするコンサルタントの態度は時に，問題解決に対して意欲を失っている人や組織を**エンパワー**する。システム論は，コンサルテーションのように間接性を強調する手法とは相性が良い。「システムとは部分から成る全体である。部分が変われば全体が変わる。全体が変われば部分が変わる」という理論だからである。原因がみつからずとも，問題の形が不明

瞭だったとしても,「やる気が出てきた」「誰にとっても困難な状況であることがわかり安心した」「解決はまだ先でもそこに至るまでの道筋が見えた」などと,何らかの形でコンサルティがエンパワーされ,コンサルテーション・システムに肯定的な雰囲気が醸成されれば,そこを起点に良循環はコンサルティの持ち場である他のシステムへと波及する,という展開を想定することができる。

2 事例からの検討

　次に,システムズ・コンサルテーションの特色について具体的に検討する。3事例を挙げるが,コンサルティの期待や状況,コンテクストによって,コンサルテーションはまったく異なるものになることがおわかりいただけるかと思う。なお,事例はすべて合成による架空事例である。コンサルタントの発言は〈 〉,コンサルティの発言は[ ]で表す。

事例1

　コンサルティは学童保育のスタッフ（50代,女性）である。幼稚園教諭として長く幼稚園に勤務していたが,現職に転じた。経験は豊富であり,穏やかなたたずまいの中に凜とした自負が感じられる。

初回面接

　〈今日は,どんなことを相談なさりたい,とお考えになられていらしていただきましたか？（①）〉[Aは小学4年生男子,知的障害があるのですが,手持ち無沙汰になるとマスターベーションをしたり,性器を露出したりするんですよね]〈びっくりしますね（②）〉[そうですね（笑）]〈そういうときはどうされるのですか？（③）〉[ズボンから手を出してね,と指導しています。あまり注意し過ぎるとストレスになるので気をつけています]〈うまくバランスを取りながら関わっていらっしゃるのですね。本件,解決っていう言い方を

すると，どうなると解決でしょうか（④）〉［少しでも露出が減れば
いいですね］〈なるほど。他の場面でも起きているのですか？（⑤）〉
［学校ですね。学校側は「ご家庭で注意してほしい」と言っている
ようです］〈学校では，先生方はAにどう対応しているのでしょう？
（⑥）〉［ああ，それは聞いてないですね］〈むしろ私のほうが教えて
いただきたいのですが，もしもですけれど，「家，学校，学童保育」
の対応が異なるものだったら，Aのようなお子さんはどう感じるも
のなのでしょうか（⑦）〉［混乱するかもしれませんね。そうですね，
学校側にどう対応しているのか確認してみます］〈なるほど，あり
がとうございます。ところで，問題が起きていないときのAはど
んな様子なのでしょう？（⑧）〉［先日デイケア内でベートーベンを
かけたらおとなしくじーっと聞いていました］〈音楽に興味関心が
あって，おとなしい一面もあるんですね。（視線を外しながら）そうか
あ，ベートーベンをかける時間を増やしたら，マスターベーション，
どうなるかなあ……（⑨）〉［ああ，それもやってみます］

第2回面接

　［学校に連絡をとり，対応について尋ねた結果，学校とお母さん
の間で打ち合わせが行われて，「マスターベーションはおうちでや
る」という指導を統一的に行うことになりました］〈学校にご連絡
いただいたのですね。学校との話はスムーズに済みましたか？（⑩）〉
［はい。実際，マスターベーションの回数は減りました］〈それはす
ごいですね。何か工夫をされたのではないですか？（⑪）〉［手持ち
無沙汰にならないようにしたんですよね。ベートーベンはダメでし
た］〈すみません（と，ペコリと頭を下げる）。やはり，餅は餅屋ですね
（⑫）〉［いえいえ。もう大丈夫だと思います］〈これといったお手伝
いもできず，かえってすみませんでした（⑬）〉

解説

　本事例でコンサルタントは，コンサルテーション・システムの形
成をまず企図（①②④），関係者間のコミュニケーションのあり方を

確認し（③⑥⑩），状況を見渡そうとしている（⑤）。リソースにも目を向けているが（⑧），コンサルティのニーズに沿って，「コンサルティ：マスターベーションを注意する→Ａ：マスターベーションを続ける」という悪循環に焦点化する。しかし，これを直ちに解決すべき課題と考えたり，助言をしたりはせずに，まずコンサルティとＡを取り巻くエコシステムの有り様に注意を払う。対応の差異について問うたことが（⑦），結果として学校とＡの母親とのコミュニケーションを引き起こした。関係者間で対応は一元化され，またコンサルティが対応を工夫することで問題行動は減少した。問題解決に向けての目途が立ち，コンサルテーションに対するコンサルティのニーズは消失した（「もう大丈夫だと思います」）。この時点でコンサルテーションは終了となる。コンサルテーションがコンサルティ主導で行われることを想起されたい。

　本事例には，コンサルタントにいかにも「助言」めいた長い発話が見られないことにお気づきかと思う。一般的に，コンサルテーションに助言はつきものだが，コンサルタントが助言をしようとすると，助言は助言をする側を上位に，される側を下位に序列化する。さらに，コンサルタントが助言をする時間が長くなればなるほど，コンサルティには相談者，コンサルタントには回答者という役割がコンサルテーション・システムによって再生産される。本事例のコンサルティは，自身のキャリアにプライドを持っているように見受けられ，したがって助言的コミュニケーションを求めてはいないと思われた。そのため，コンサルタントは比較的短めの発話や質問を行うことで，双方向的な対話から新たな展開が生じるよう留意している。加えて，コンサルティのプライドを尊重する上で，コンサルタントは一段下の**ダウン・ポジション**を取り，コンサルティの有能さに焦点を当てようとしている（⑪⑫⑬）。また，「もしも〜」という仮定法を使用することや（⑦），「このアイディアは多様な発想のうちのひとつに過ぎない」というスタンスをつぶやくような提案の仕方に込めることは（⑨），決定をコンサルティに委ねるコンサルテーションの特色に馴染みやすいだろう。

事例 2

　同級生とのトラブルから教室入室が困難となり，その後，別室登校中の中学 2 年生女子 B は，2 時間目が始まろうという頃合いに遅れて登校してきた。担任（50代，女性）は，職員室の入り口であることも憚らず，B を大声で叱責している。1 時間目は別室で自習，2 時間目は授業に出席，という手はずだったのに，B が寝過ごしてしまった，そのことを担任はとがめているようだ。気になって二人のほうを見る。B は小声で「わざとじゃないのにさ」と言って不満そうに口を尖らせている。B は担任の質問に正面から答えず，「わからない」と言ったり黙りこんだりしていた。

　担任はひとしきり説諭を終えて，溜息をひとつつく。そして，スクールカウンセラー（以下，SC；30代，男性）に話しかける。「ご覧になってました？　B はね，私に反抗的なのよ。どうしたらいいですか？」。SC に近寄ってくる担任の姿からは行き詰まりが感じられる。職員室のざわざわとした中，しかも立ち話ではあったが，SC はコンサルテーションを始めることにした。

　　［プロからみてどうですか？］〈先生としてはどのように B に対応しようとしていらっしゃるのですか？〉［私は原則しか言えない。「ちゃんと授業に出よう」と］〈B に接していて大変なところっていうと，どこでしょう？〉［言葉足らずで，わがまま。厳しく対応しているが，話を聞いてあげなきゃいけないとも思っている］

　担任は，厳しさだけではうまくいかないと感じつつも，「原則しか言えない」ために，B とのコミュニケーションが固定化している。担任の厳しい対応を支えているのは「言葉足らずでわがまま」という B に対する認識であり，この場所に新たな視点がもたらされれば，担任の中ですでに発生している「話を聞く」という独自の指針を実行に移しやすくなるかもしれない。SC は今しがたのやりとりで，B が担任と目を合わせずボソボソと応答する態度から SC が持った，「B は防衛的である」という所感が，だから「話を聞く」，

Bの言い分にじっくり耳を傾ける必要がある，というように，Bに対して行う新たな対応の根拠として説得力を持つのではないかと考えた。SCはまず，現状の悪循環パターン，すなわちBと担任が形成しているシステムについて，SCの理解が当を得ているか，確認する。

　〈「B：不適応行動→担任：Bを『言葉足らずでわがまま』であるととらえる→担任：厳しく対応→B：『反抗』する→B：不適応行動」というパターンが図らずも続いてしまっている，という理解で合っていますか？〉［はい，そうだと思います］〈わかりました。ええと，先ほどBは「わからない」と言って黙っていましたね。**スプリッティング**っていうのが起きていて，真正面から問いかけても気持ちが出てきにくい状態なのかなと思いました。スプリッティング，つまり気持ちを分割することで自分を守るやり方ですね。反抗的であるというより，実はBは防衛的になっているのではないかと感じました〉［確かに，そう言われてみるとそんな感じですね。なるほど，スプリッティングっていう言葉があるんですね。そういうときは，どうすればいいんですか？］〈われわれの用語だと，**ホールディング**っていうのをすることがありますね〉［保つ？］〈そうです！　関係を保ち，安心感が持てるよう気持ちの上で「抱えて」あげるイメージです。スプリットしていると，いくら意識的なところに働きかけてもなかなか思考が深まらないことが多いと言われています。ですので，まずは安心できるよう「ホールド」する。Bの話をじっくりと聞くこともそこに含まれるでしょうね〉［ああ，わかりました。約束してもたいていできないから，どう対応しようかと思ってたんですけど，話を聞くのでいいんですよね？］〈約束を遵守するというのは，すぐには難しいかなと思います。今は，1回でも約束が守れたら，それを認める，約束が守れずとも前回よりましだったらそれを褒める，くらいがホールディングっぽいかもしれません〉［それで反省するようになるでしょうか？］〈反省はその後ですね。おっ，先生が変わったぞと思ってもらい，Bがこちらの土俵

に乗ってからのほうが何かとスムーズにいくと思います〉［わかり
ました。よーく，わかりました。お話を聞いていただいてよかった
です。先生にＢのカウンセリングもしてもらおうかな］〈いつでも
ご依頼ください〉

解説

　職員室の喧騒の中で始まったコンサルテーションである。可能な
かぎり即時即応を心がけるのは，コミュニティの中にあって行う支
援では既定路線である。ＳＣは「プロからみてどうですか」という
担任の発話からうかがわれる【専門家の知見を知りたい】，そして
それとセットになっていると思われる【具体的な対策を知りたい】
という要望に応じるために，まずは状況をスタックさせているシス
テムに目を向ける。①Ｂに関するコンサルティの認識は，②コンサ
ルティの行動を規定し，③Ｂがコンサルティの行動をどう認識する
かによって，④Ｂの行動が決まる，そして①に戻る。このパターン，
すなわち問題維持システムについて仮説的に把握できたら，それを
コンサルティとシェアしておくと，システムの変更についての話題
に進みやすくなる。

　幸い，担任には「Ｂの話を聞く」という新しいアイディアが生じ
ていた。担任の発想を活かすために，「Ｂは反抗的である→Ｂは防
衛的である」という言い換えを用いることができるのではないかと
ＳＣは考えた。

　以上の準備段階を経た後は，「助言的コミュニケーション」の出
番である。前掲の事例１と異なり，ＳＣはずらずらと言葉を並べ立
て，スプリッティングやホールディングといった専門用語を派手に
持ち出している。いずれも，【専門家の知見を知りたい】【具体的な
対策を知りたい】という担任の期待に応えることで悪循環パターン
に働きかけようとする動きである。

　最後にＳＣは，Ｂと面接をしてほしいという担任の意向に対して
前向きな姿勢を示している。今行っているのがコンサルテーション
だからといって，今後もずっと担任との二者関係に閉じ続ける必要

はない。「SCとBがカウンセリングを行う」というのはコンサルティ独自の発案であり，コンサルティの主体性は最後まで尊重する態度で臨んでいる。

事例3

高校2年生女子Cのことで，担任（40代，男性）は相談があるという。Cは部活動における活躍が校内に知れ渡っており，明るいキャラクターと相まって至るところで耳目を集めていた。ところが，今年に入って成績が急落。留年するわけにはいかない，どうしたら成績を伸ばせるか，という相談をやっとの思いで担任に持ちかけた。担任は，勉強の進め方について示唆を与えたが，そのときに語られたCの家庭環境のことを気にしていた。Cの両親は数年前に病気のため相次いで他界しており，その後Cは親類の家に身を寄せていた。担任は，[Cは親類の家で肩身の狭い思いをしているのだと思う。学校でも明るいキャラクターが裏目に出ていて，弱気な面を友人に出せていないようだ。Cの心理的ストレスは相当なものだと考え，SCとの面接をCに勧めた]と述べた。

SC（40代，男性）との初回面接でCは，最初こそにこやかにしていたものの，次第に涙ぐむようになった。「亡くなる前の親が最も頼れる人たちだった」「今は誰もあてにできない」と混乱した様子を示したが，「とはいえ，留年して親類に迷惑をかける，などということは，絶対避けたい」と述べるなど，Cにとっての重大事はやはり留年回避であるものと考えられた。ここでSCは，Cを取り巻くコンテクストについてあらためて仮説を立てた。するとそこに，2つの三角形が見えてきた。

Cは良好な関係であった両親を亡くしていて，親類とはうまくいっておらず，Cを取り巻く環境は率直な感情を抑えこまざるを得ない辛いものであることが推測される。これが「C－親類－両親」から成るひとつめの三角形である（図5-1の左）。しかし，Cが求めているのは勉強の仕方であり，少なくとも表向きは心理的ケアではない。SCの専門性からであっても，勉強の仕方について提案する

ことはできなくはないが，それはCのニーズとはずれている。Cは
もっと成績に直結するテクニックを欲している。

　Cはこうした状況において，担任に相談するという，人に弱みを
見せられなくなっているCにとってみれば思い切った行動に出た。
ところが，担任はSCにCを支援する役割を振った。担任がSCと
の面接をCに提案したことにより，「C－SC－担任」という2つ
めの三角形が形成される（図5-1の右）。

　2つの三角形は，相似形をなしている。SCがCとの面接を続け，
担任とはコンサルテーションを行うという体制を維持すれば，Cが
言いたいことを言えない親類との関係をSCとの間で再現し反復し
てしまう恐れがある。また，担任に相談するというCの解決努力を
無効化することにもなりかねない。だからといって，担任と相談す
るようCに勧めることで，「Cを差し戻された」という印象を担任
に残す展開は，Cと担任の関係性にも良くない影響を与えそうで，
気が進まない。必要なのは，C，担任，SCの意向をすり合わせる
ことである。そこでSCは，担任との三者面接を実施し，オープン
に方針を決定することをCに提案，Cは賛同した。SCはCのいる
その場から職員室に内線電話をかけ，担任からも承諾を得た。

　1週間後，三者は予定どおり集合した。Cはやはり心理面ではな
く成績面についての心配を示した。すると，担任は［私は勉強につ
いては専門家ですから］と言って，成績向上のコツを率先して述べ
始めた。そして，数十分が経過した後，こう締めくくったのであ

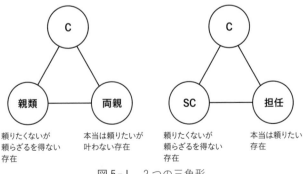

図5-1　2つの三角形

る。[何かあったら，いつでも頼ってもらっていいからな]。これに，Cはいたく驚いた様子を示した。急いで解説を付け加えると，この学校は生徒個人の主体性を尊重する校風で，教員は生徒への積極的な関与をあえて控えているところがある。このような人情味に溢れた教員の発言は滅多に聞けない。Cがびっくりするのも無理からぬことなのである。直後，Cの表情は，ぱあっと輝きを放った（ように見えた）。Cは明らかに笑顔が増え，冗舌になった。

　その後も担任の講話は続き，Cは嬉しそうに聞き入った。一方SCは，静かに関心を示すだけにとどめた。SCが非主導的な役割に移行することで，Cと担任の関係性がより緊密になることが期待できると思ったからである。面接終盤，野暮を承知でカウンセリングに対するニーズを確認すると，「カウンセリングは今回で終わりにします。勉強を頑張ってみます」とCは力強く述べた。担任は優しく微笑んだ。

解説

　ここでは，コンサルタントやコンサルテーションをシステムの一部としてとらえることの必要性について取り上げる。本事例では，人間関係を三角形化することで見立てる仕方（triangulation）をテコにしているが，これは家族療法の基本的認識のひとつである。2つの三角形を仮説として携えながらSCは，自らの関与によって悪循環パターンを強化してしまう事態を回避しようとした。そのようにしてもたれた三者面接では，担任のCに対する情緒的サポートが，まるでどこかで出番を待っていたかのように「登場」した。Cと担任，CとSC，それぞれの個人面接では起こらなかったことが，三者による新たなローカル・システムで発生したことに注目してみる。すると，三者面接において，Cの求めに適合しているのが担任だったことが判明した，のではなく，それがSCではなく担任だったという否定性の介在が担任の意欲をブーストし，そして校風を凌駕するサポートを引き出した，と考えることができる。「全体は部分の寄せ集めではなく，その総和以上となる」という**システムの創**

発性が想起される。本三者面接は，本事例において形成された新たなシステムである。新たなシステムの生成はときに，新たな展開を生む。「頼ってもらっていい」，担任の温かくきっぷの良いこの発言こそ，孤独なCが最も求めていたものではなかっただろうか。

「メタ・ポジション」のくだりで，システムの鳥瞰的把握を岡目八目になぞらえたが，それは実は「離見の見」でなければならない。岡目八目では，観察者は全体を見渡す特権的な位置におり，観察対象から除外されている。離見の見は，世阿弥（2012）が『花鏡』の中で我見（自己の視点），離見（他己の視点）に続けて述べている言葉であり，「自己観察する視点」を指す。システム論関連の術語では，**セカンドオーダー・サイバネティクス**が近い。この視点から，コンサルタント自身やコンサルテーション自体が諸システムの中で果たしている役割に注意を払い，悪循環パターンに加担しているようであれば，すぐさまその解消に向けて，コンサルタントはコンサルタント自身を変えるべく動く。

3 おわりに

システムズ・コンサルテーションは，コンサルテーションの中にエコシステムの視点を持ちこむこと，コンサルテーション自体をシステムととらえること，コンサルテーションを取り巻くより大きなシステムに注意すること等，関係性についての重層的な視点を提供する。また最初に述べたとおり家族療法と密接な関係にあるため，そこから派生した**ナラティヴ・セラピー**や**コラボレイティヴ・アプローチ**もあわせて学習することでより理解を深めることができるだろう。田中（2021）等を参照されたい。

■引用文献

田中 究 2021 心理支援のための臨床コラボレーション入門――システムズアプローチ，ナラティヴ・セラピー，ブリーフセラピーの基礎 遠見書房.

ウィン, L. 1990 精神分裂病に対する家族コンサルテーション――心理教育的アプローチとシステミック・アプローチの統合. 家族療法研究, **7**(2), 87-96.

Wynne, L. C., McDaniel, S. H., & Weber, T. T. (Eds.) 1986 *Systems consultation: A new perspective for family therapy.* Guilford Press.

吉川 悟・伊東秀章 2019 システムズ・コンサルテーション——より協働的な取り組みを
めざして.吉川 悟・赤津玲子・伊東秀章(編)システムズアプローチによるスクールカ
ウンセリング——システム論からみた学校臨床(第 2 版)138-150.金剛出版.

世阿弥(小西甚一[編訳])2012 風姿花伝・花鏡 たちばな出版.

5 システムズ・コンサルテーション

6 解決志向の コンサルテーション

黒沢幸子

1 解決志向とコンサルテーション

　解決志向は，**解決志向アプローチ**（Solution-Focused Approach）あるいは，**解決志向ブリーフセラピー**（Solution-Focused Brief Therapy）と呼ばれる心理療法（治療的対話技法）のモデルである。

　解決志向では，「クライエント自身が解決の専門家であり，そのための**リソース（資源）**，強さを必ず持っている」という発想の前提に立って進められる。

　心理療法では，一般に困難を抱えるクライエントのうまくいっていないところや弱いところに焦点を当てていきがちである。解決志向では，それよりもクライエントの内外のリソース（資源），強さに焦点を当て，それを活かすことで，クライエントの望む解決をつくっていく。クライエントが（自身の解決の）専門家であることに敬意を払い，クライエントの問題に深入りせず，クライエントが主体的に効果的な解決を得られるように，対話を通して「一歩後ろから導く」（De Jong & Berg, 2013）のである。クライエントが（自身の解決の）専門家として力を発揮していけるように支援する。

　ここでコンサルテーションの基本となる定義を見てみよう。「コンサルテーションは，二人の専門家―― 一方をコンサルタント（consultant）と呼び，他方をコンサルティ（consultee）と呼ぶ――の間の相互作用のひとつの過程である。そして，コンサルタントがコンサルティに対して，コンサルティの抱えているクライエントの精神衛生に関連した特定の問題をコンサルティの仕事の中でより効果的に解決できるよう支援する関係をいう」（山本，1986）。コ

ンサルテーションは，双方が「専門家」であるという前提で，その相互作用によって「仕事の中で」「より効果的な解決」を支援する関係である。

　解決志向の特徴を述べた上記の「クライエント」の部分を「コンサルティ」に置き換えてみると，（間接的援助の観点を除けば）コンサルテーションの特徴の描写に通じる。解決志向のスタンスは，「すでに持っている知識や情報を当面の課題解決のためにいかに有効に活用するか」（山本，2000）というコンサルテーションの基本姿勢に沿う実践にもつながる。両者は共通したパラダイムにあるといえる。

　クライエントの内外にあるリソースの有効活用と，クライエントのニーズに沿った具体的解決に向けた協働を志向する解決志向は（de Shazer et al., 1986），従来型の問題志向の心理療法とは異なる発想と技法を有しており，セラピーとしてだけでなく，コンサルテーションに有用なモデルとしての価値を有している。

2 「解決志向」アプローチとは

1 「解決志向」の誕生の経緯

　解決志向アプローチは，ド・シェイザー（Steve de Shazer）とバーグ（Insoo Kim Berg）によって1978年に開設された米国の短期家族療法センター（Brief Family Therapy Center: BFTC）において，1980年代に提唱された，ブリーフセラピー（Brief Therapy）の代名詞ともいえる革新的なモデルである。ブリーフセラピーは，20世紀の稀代の精神科医エリクソン（Milton Hyland Erickson）を源流とし，いくつかの流派があるが，どれもクライエントの力を活かし，協働的対話により効果性・効率性を高め，リーゾナブルなコスト（時間，経済，労力等）で終了することを目指して行われる心理療法である。

　短期家族療法センター（BFTC）では，物質依存やDV等，治療意欲が低く，従来型の心理療法では改善が困難な難治ケースの面接

を行っていた。そこでの膨大な数の面接をチームで観察し続け，肯定的変化が確実に持続的に生じた成功要因の検討をし，そこから開発されたのが，解決志向の技法である。

　解決志向は，まず1982年に，問題に対する「**例外**」の概念を確認し（de Shazer, 1982），それを契機に一連の革新的な技法を発展させた。「例外」とは，問題が起こらないですんだとき，少しでもうまくできたことであり，「すでに起こっている解決の一部」と定義される。うまくいっていることを増やすこと（例外の拡大）から，望む解決をつくっていく（de Shazer, 1985）。

　この徹底した実践主義に至る背景には，文化人類学のベイトソン（Gregory Bateson）のプロジェクトから発展した**コミュニケーション理論**，エリクソンの卓越した臨床，**システム理論**，ヴィトゲンシュタイン（Ludwig Josef Johann Wittgenstein）の言語哲学，**ポスト構造主義**，ブリーフセラピーという表現を生んだMRI（Mental Research Institute）等から，その思索や実践の影響を受けているとされるが，モデル自体は，効果的で実用的なセラピーのために，セラピストがどうすればよいのかをシンプルに記述／説明したものである。

2　問題志向からの転換

　解決志向と従来のモデルとの決定的な違いは，問題や原因に焦点を当てる「問題志向／問題維持モデル」ではなく，リソース（資源）や望む解決の状態に焦点を当てる「解決志向／解決構築モデル」であることである。依存や暴力等，来談意欲や問題意識が低く改善が困難とされてきたケースに対しても，「問題」を扱うのではなく「解決」をつくっていく解決志向によって，十分な治療成果がもたらされることになった。モデルの成立過程自体が実践的な成果に基づく解決志向によって心理療法に新たな地平を開いていったのである。

　解決志向では，クライエントを肯定的に見て深い敬意を払い，①望む解決と，②リソース・強さ・例外，この①と②に焦点を当て，クライエントの考えの枠組みに合わせて対話を続け理解を深めてい

く。**ソリューション・トーク**（Solution Talk）と呼ばれるこの対話技法は，シンプルで安全性が高く汎用性に富むものである。

　解決志向は，現在では，医療，福祉，教育，産業，司法等，広範な領域にまたがり，個人や家族，集団や組織を対象に，治療から個人や集団の成長，組織開発に至るまで利用されている。

3　「解決志向」の中心哲学と発想の前提

　解決志向では，技法よりも**プラグマティズム**の法則や発想の前提を重視し，技法はそれを具現化するツールととらえられている。

　まず，「**中心哲学**」と呼ばれる以下のようなプラグマティズムの3つの法則が根底にある。

　①うまくいっているのなら，変えなくていい（続けよ），②もし一度やってうまくいったなら，もう一度それをせよ，③うまくいっていないのなら，なにか違うことをせよ。

　この3つの法則は，治療，コンサルテーション，トレーニング，指導，モデルの構築等，あらゆる場面に活かされている。

　　すべてのクライエントは，自分たちの問題を解決するのに必要なリソース（資源）と強さをもっており，自分たちにとって何が良いことかをよく知っており，またそれを望んでいて，彼らなりに精一杯やっている（Berg & Miller, 1992／斎藤 [監訳], 1995, p.20）。

　これは，解決志向の発想の「前提」を代表するものであり，クライエントに向き合う本質的な姿勢である。この前提に立てば，「クライエントがもっている問題を解決するのに必要なリソース（資源）と強さは何か？」「クライエントは何を望んでいるのか？」「クライエント自身にとって何が良いことなのか？」「クライエントなりにどんなふうに精一杯やっているのか？」——セラピストは，これらについてクライエントから聞かせてもらう，教えてもらうという姿勢で，クライエントに向き合うことになる。

4 「解決志向」の代表的な技法

　次の問いは，**コーピング・クエスチョン**と呼ばれ，解決志向で用いられることの多い質問技法である。質問技法はどれも解決志向の「前提」に基づいている。

　「そのような大変な状況の中で，いったいどうやって投げ出さずになんとかやり抜いてこられたのですか？」

　問題や困難を抱え苦しんでいるクライエントは，この質問に戸惑うかもしれない。しかし，敬意をもって，純粋に丁寧に問うことによって，クライエントは対処してきた力について考え始めることになる。クライエントの答えに対して，傾聴したうえで，さらに質問を展開してクライエントから教えてもらう

　「辛いなか，どうやってそれができているのですか？　どんな力を使われているのでしょうか，どんなことが少しでも助けになっているのでしょうか？　どんなことが役に立っているのか教えていただけますか？」

　このように問いかけて，会話を続けていく。そして，「他にもありますか？」と尋ねて，自分を支える力や資源，助けになることの発見をさらに促していく。

　解決志向の技法について，すでにいくつか述べてきたが，以下に代表的なものを簡単に紹介しておく。詳しくは，解決志向のテキストとされる書籍（例えば，De Jong & Berg, 2013; 森・黒沢, 2002等）を参照してほしい。

　①**内外のリソース（資源・資質）への注目**：ないものではなく，あるものに注目する。本人自身の資源（能力，特技，興味・関心など），周囲の資源（宝物，ペット，友人，家族，学校，職場，地域，外部機関など），あらゆるものが望む解決をつくるリソースとなりうる。

　②**「例外」を尋ねる質問**：その問題が起こらなかったとき，そこまで悪くなかったとき，少しうまくいったときについて教えてもらう。

　③**Howの質問**：それがどのように，どうやってできたのかを教えてもらう。「**成功の責任追及**」によって，見出された対処法，工

夫・努力，役立つ考え方・経験，周囲からの協力等はリソースであり，解決に役立つ材料となる。

④**コンプリメント**：ほめる，ねぎらう，称賛するといった，リソースを肯定的にフィードバックし承認することである。

⑤**コーピング・クエスチョン**：上記参照。

⑥**望む解決の状態や，ゴールを尋ねる質問**：どうなったらいいか，解決したらどうなっているか，今の状態が少しずつ良くなったら何が違ってくるかを教えてもらう。「寝ている間に奇跡が起こり，問題が解決していたら，翌朝，どんな一日になるか」を尋ねる「**ミラクル・クエスチョン**」は，解決志向に特有の質問技法である。また，ゴールを考える際，何かが「なくなる」のではなく，「その代わりに何をしているか」を教えてもらい，ともに考える。例えば「リストカットをしていない」という否定形でなく，「家族や友だちと一緒に過ごす時間が増えている」などの「〜している」という行動の形で表現されるゴールを見出す。

⑦**スケーリング・クエスチョン**：「10」を望む解決の状態や良い状態，「1」をその反対の状態（最低）として，今（最近）の数値がいくつかを尋ねる。現在の状態を知り，その数字まで至った内外のリソース（できていること，周囲の協力等）や強さを見出す。次に1つ進んだ状態について尋ね，一歩先のゴールを話し合って，そのために役立ちそうなこと，具体的で達成可能なことを見つけていく。答えた数値が高いか低いかではなく，数値の差違や変動を扱うことによって，一歩進むための具体的なアクションを見出すことがねらいである。

⑧**フィードバック・メッセージ／提案**：面接の終わりに，コンプリメントを伝え，クライエントの変化に役立つ具体的な行動を提案する。「少しでもよいときを観察する」と「役に立つ行動をさらに続ける」の2種が代表的な提案例である。

　ここまで紹介してきた解決志向の技法は，コンサルテーションを行う際にも活用することができる。

3 「解決志向」の学校コンサルテーション

1 欧米の学校コンサルテーションと解決志向

キャプラン（Gerald Caplan）のコンサルテーションが広まったのは，学校・教育領域で働く心理職だった。そのために，当初の精神分析的な技法が普及しなかった（Caplan & Caplan, 1993; 本書1章参照）。学校・教育領域では，主に内部コンサルテーションが行われ，それは外部コンサルテーションとは異なり，コンサルタントもその責任を共有することになるため，お互いをより尊重し合い，ともに解決に向かうことが求められる。また保護者などの教育専門職以外の関係者とのコンサルテーションにも活用できるモデルが必要とされる。

Wagner & Gillies（2001）は，英国の教育領域で心理専門職が対応すべき中心的な問題への解決策はコンサルテーションであると述べ，コンサルテーションは，その実践を，従来の個人の査定・診断を行う危機対応の仕事から，協働的で予防的な仕事にシフトさせる方法であるとしている。そして，解決志向は，コンサルテーションに持ち込まれる事柄に，例えば彼らの強さ，リソース，すでに起こっている成功といった価値を付与する非常に尊敬に満ちたアプローチであり，その考え方と質問技法はよい変化を生み出すために必要なものであると述べている。解決志向のコンサルテーションは，個人にも集団にも，教師，保護者，教育委員会などに対しても用いることができる柔軟なモデルであるとしている。さらに，学校や教師は改善への絶え間ない要求にさらされ，その努力に対して感謝されることはまれであると述べ，コンプリメントこそが教師コンサルテーションの基本であり，それを解決志向のコミュニケーションが可能にすると指摘している。

この指摘から，教育・学校領域では，コンサルティ中心のケース・コンサルテーションがより求められること，コンサルティの問

題領域の４つの欠如のなかで，「自信」の回復やすでに持っている「知識」や「スキル」を有効に利用できるようになる支援が重要であることが読み取れる。教育・学校領域のコンサルテーションに，解決志向が有望視されている。

Brigman et al.（2005）は，米国の学校コンサルテーションのモデルを構成し提供している。そこではいくつかの理論が統合されているが，解決志向の構成要素がそのコンサルテーション・モデルに埋め込まれている。解決志向は，問題を抱えている子どもの強さや長所を探すように教師や保護者に働きかけることで，彼らが子どもや状況に対する受け止め方を変化させ，前向きになれるように促せる。どんな小さな改善であれ，その兆しを見つけることを大切にするのは，肯定的な努力を強化し，自信を築く上で有益な視点である（Brigman et al., 2005）。また，解決志向は，問題よりも解決に焦点を当て続け，未来志向的であることを評価している。このモデルは，教師や保護者へのケース・コンサルテーションの基本モデルとして利用されている。

2 日本における解決志向の学校コンサルテーション

日本でも，解決志向を取り入れたコンサルテーションの事例研究が認められる（例えば，津川，2003; 相模，2004; 吉田・若島，2005等）。また，解決志向の発想を盛り込んだコンサルテーション実施手順として「コンサルテーション・解決志向モデル」（全8ステップ; 黒沢，2004, 2008）が提示されている。黒沢（2008）では，教師や学校相談・援助職者を対象とした研修内で行われた「コンサルテーション・解決志向モデル」を用いたコンサルテーション・ワーク3事例が逐語で紹介され，ワーク体験者の感想から，コンサルティの自信・客観性の増進，事例対応への具体的指針の得やすさ等について示唆が得られている。

続いて，実践にも訓練にも有用なものとなるように改良された「解決志向の学校コンサルテーション11ステップモデル」が発表され（黒沢・森，2009），そのワークシートも提供されている（黒沢，

表6-1　「解決志向の学校コンサルテーション11ステップモデル」の手順

ステップ	手順	ねらい
ステップ1	学校や登場人物の基本属性の収集	事例の問題状況の把握
ステップ2	事例とのかかわりの経緯	
ステップ3	事例内外にあるリソースの聴取	事例の肯定的側面の理解
ステップ4	事例の「例外」探し	
ステップ5	上手くいったかかわりとそうでないかかわりの聴取	コンサルティに関する情報の収集
ステップ6	コンサルティ内外のリソースの共有	
ステップ7	ニーズの再確認	
ステップ8	当面の目標についての話し合い	ニーズとゴールについての話し合い
ステップ9	当面の目標の達成に役立ちそうなことの話し合い	
ステップ10	事例とコンサルティに対する肯定的フィードバック	対応方針の意味づけと具体的提案・エンパワーメント
ステップ11	方針の提示と具体的提案	

2012)。この11ステップモデル（表6-1）による学校コンサルテーション訓練ワークを，約30名のスクールカウンセラーが参加する研修内で行ったところ，コンサルティが自ら事例を整理して解決策や具体的方針を案出できるとの感想が得られた（黒沢・森，2009）。また保護者と担任教師へのコンサルテーション事例での11ステップモデルに沿った検討が報告されている（黒沢，2011）。

3 「解決志向の学校コンサルテーション11ステップモデル」の手順と効果

　11ステップモデルの全体の構成を概観すると，まずステップ1から6までは，事例とコンサルティ双方に関する情報収集を行う。ステップ1と2は事例の問題情報，スッテプ3と4は事例の肯定的情報，ステップ5と6はコンサルティ側の対応やリソースの情

報を収集し整理する（スッテプ3・4・5・6は順不同でかまわない）。次にステップ7でコンサルティのニーズをあらためて尋ね，ステップ8と9でそれに沿った当面の目標とそれに役立つ手立てを引き出す。ステップ10と11は，ここまで質問と傾聴を中心に行ってきたコンサルタントが，今度は自身の専門性を発揮しながら，リソースや提案を伝え，コンサルティをエンパワーする。

　以下に，「解決志向の学校コンサルテーション11ステップモデル」の各ステップを紹介する（黒沢ら，2015）。各ステップで聞く内容や留意点を示すが，本章2節3項・4項にある解決志向の前提や技法を参照すると取り組みやすいだろう。

ステップ1：学校や登場人物の基本属性の収集

　コンサルティと事例イメージを共有するために必要な事実情報を収集する：［年齢，性別，家族構成，外見的特徴，問題の種類（一言で），学校の状況・特徴，コンサルティの立場等］

ステップ2：事例とのかかわりの経緯

　コンサルティがかかわり始めから現在までの経緯を時系列で簡潔に確認する：［経過の方向性（漸進，悪化）を見極め，提案の指針（うまくいっていることを続ける，何か違うことをする）につなげる。膠着状態なら，少しでも変化していることを探す］

ステップ3：事例内外にあるリソースの聴取

　すでにある内的資源・外的資源を少なくとも5つは探索して共有する：［得意なこと，興味関心，強さ，売り，特徴，友人，家族，ペット，親戚，先生，部活動，塾や習い事，外部機関等］

ステップ4：事例の「例外」探し

　事例の肯定的側面をなるべく多く引き出して共有する：［問題が起こらずに済んでいる状態，少しでも悪くない状態，うまくやれている状態について尋ね，それがどんなとき，どうやって，どんなふうに起こっているのか，何が役立っているのかを探索する］

ステップ5：上手くいったかかわりとそうでないかかわりの聴取

　コンサルティや周囲の人たちが事例に対してかかわってきたことについて，うまく機能したことと機能しなかったことを整理す

る：［事例に役立っているか否かの観点から，これまでのかかわり
の試行錯誤を整理する。うまく機能したことを少しでも多く見出す
ことで，ステップ8，9，11を考える際の視野が広がる］

ステップ6：コンサルティ内外のリソースの共有

事例対応に直接関係ないことも含めて，幅広くコンサルティのリ
ソースを聞き出す：［友人，同僚，家族，心の支えになる人，趣味，
特技，落ち着ける場所，大事にしている想い等。コンサルティが自
身の力やサポート・ネットワークを自覚し活かすことは，当該事例
への対応だけでなく，他の事例へのよりよいかかわりにつながる］

ステップ7：ニーズの再確認

今日ここでどんなことが話し合われたらよいかを再確認する：
［状況の整理や肯定的側面の共有を経てからあらためて問うことに
よって，当初意識されていたニーズとは異なる，より現実的で妥当
なニーズが表明されやすい。再表明されたニーズは解決につながり
やすい］

ステップ8：当面の目標についての話し合い

とりあえずどうなればよいのか，それがいつまでに起こればよい
のかについて尋ね，今の状況から少し改善した際の違いや状態を話
し合う：［当面の目標が，①小さい，②具体的，③肯定形で語られ
る（〜する等）の3つの条件を満たすように話し合う。ステップ8
では，1-10の数字を用いたスケーリング・クエスチョンが活用で
きる。とりあえず望む状態を10とした場合，今の数値はいくつか，
数値が1つ上がったらどんな状態で何が違うのかについて話し合
う。そこから機能する当面の目標が見出される］

ステップ9：当面の目標の達成に役立ちそうなことの話し合い

ここまでの流れを踏まえてコンサルティが思いつくアイディア
を引き出していく：［互いにもう十分と確認し合えるまで聞き続け
る］

ステップ10：事例とコンサルティに対する肯定的フィードバック

事例およびコンサルティ内外のリソースやこれまでやってきた
ことを，専門的見地から肯定的に意味づけて伝える：［すでに持っ

ているものや行ってきたことが今後に活かせると肯定され励まされ
ることで，コンサルティの自信や対応へのモチベーションが高めら
れる〕

ステップ11：方針の提示と具体的提案

　コンサルティから引き出された対応や方針をコンサルタントの
専門的見地から裏付ける：〔ステップ9で語られたアイディアを支
持する具体的な手立てを，専門的に意味づけながら提案する。コン
サルティが，提案された手立てを「実際にできる」「役に立つ」と
納得できたら終了。納得されない場合には，別の方針や提案を提示
する〕

　コンサルテーションのフォローアップなどは，コンサルティの
ニーズや状況に応じて提案する。

　解決志向の11ステップモデルは，教師にとって有効で機能的な
学校コンサルテーションの実現に貢献することが確認されている
（黒沢ら，2015）。具体的には，解決志向の11ステップモデル，ある
いは，同数のステップからなる問題探究型のコンサルテーション
（対照用）の，2種のワークシートを用意し，それに沿ったコンサル
テーションを27名の教師に行い，両者の効果を群間比較した。統
計的検討の結果，「事例困難度」の減少，「コンサルテーションに対
する有効感」の下位因子〈得られた考えや手立ての役立ち感〉，お
よび「コンサルタントの問題解決スキル」の下位因子〈（事例につい
てともに考える）作戦会議〉に有意な群間差があり，解決志向コンサ
ルテーションは，問題探究型のそれよりも高い効果を持つことが明
らかとなった（黒沢ら，2015）。もちろん臨床上の有用性を実証する
には，追跡調査を行い，コンサルテーションが現場実践に役立った
か否かを検証することが求められる。

　解決志向の11ステップモデルは，効果研究の成果からも示唆さ
れたように，コンサルティに有用な協働的コンサルテーションを実
現する上でわかりやすい指針となる。11のステップに沿うことで，
初学者でも一定の貢献を果たせる実用性が高いモデルと考えられ
る。

4 おわりに

　本章では，学校コンサルテーションについて多くを述べたが，解決志向のコンサルテーションは，その他の領域でも同様に活用できる。

　コンサルティは，解決志向のコンサルテーションのなかで，コンサルタントに問題状況を理解してもらいつつ，事例およびコンサルティ自身のリソース，強さ，「例外」を次々に発見していくことになる。悩んでいた問題から少し距離が取れて，希望や可能性の兆しが感じられるようになる。そこで，あらためてどうしたいのか，どうなればよいのかという，ニーズと当面の目標が見出せる。コンサルタントとの肯定的な対話から，コンサルティは自分とかけ離れたことではなく，これまでの実践や経験を活かした実行可能な具体的な手立てが立案できるようになる。そこにコンサルタントの専門性から意味づけが加えられ，知識やスキルも再確認でき，安心と癒しも得られて実践への活力が生まれる。解決志向のコンサルテーションを通して，コンサルティもコンサルタントもともに元気に前を向けることが，現場で実感できる最大の利点である。

■引用文献

Berg, I. K. & Miller, S. D. 1992 *Working with the problem drinker: A solution focused approach*. Norton. [斎藤 学（監訳）白木孝二・田中ひな子・信田さよ子（訳）1995 飲酒問題とその解決――ソリューション・フォーカスト・アプローチ 金剛出版.]

Brigman, G., Mullis, F., Webb, L., & White, J. 2005 *School counselor consultation: Skills for working effectively with parents, teachers, and other school personnel*. John Wiley & Sons, Inc. [谷島弘仁（訳）2012 学校コンサルテーション入門――よりよい協働のための知識とスキル 金子書房.]

Caplan, G. & Caplan, R. B. 1993 *Mental health consultation and collaboration*. Jossey-Bass.

De Jong, P. & Berg, I. K. 2013 *Interviewing for solutions, 4 th edition*. Brooks/Cole, Cengage Learning. [桐田弘江・住谷祐子・玉真慎子（訳）2016 解決のための面接技法第4版――ソリューション・フォーカストアプローチの手引き 金剛出版.]

de Shazer, S. 1982 *Patterns of brief family therapy*. Guilford.

de Shazer, S. 1985 *Key to solution in brief therapy*. Norton.

de Shazer, S., Berg, I. K., Lipchic, E., Nunnally, E., Molnar, A., Gingerich, W., & Weiner-Davis, M. 1986 Brief therapy: Focused solution development. *Family Process*, **25**, 207-221.

黒沢幸子 2004 コンサルテーション面接．楡木満生・松原達哉（編）臨床心理面接演習 188-205．培風館．

黒沢幸子 2008 学校コンサルテーション・解決志向モデルの利点と課題──訓練ワーク3事例から．ブリーフサイコセラピー研究，**17**(1)，18-36．

黒沢幸子・森 俊夫 2009 学校コンサルテーション11ステップモデルの開発と検討．日本心理臨床学会第28回秋季大会発表論文集，130．

黒沢幸子 2011 "反抗" と "ずるさ" の境界にゆれる──保護者コンサルテーションのすすめ．臨床心理学，**11**，729-737．

黒沢幸子 2012 解決を導くコンサルテーション──学校コンサルテーション11ステップモデル．黒沢幸子（編著）ワークシートでブリーフセラピー 74-77．ほんの森出版．

黒沢幸子・西野明樹・鶴田芳映・森 俊夫 2015 事例とコンサルティを活かす解決志向ブリーフセラピーのコンサルテーション──11ステップモデルの効果研究と実践への誘い．コミュニティ心理学研究，**18**(2)，186-204．

森 俊夫・黒沢幸子 2002 森・黒沢のワークショップで学ぶ解決志向ブリーフセラピー ほんの森出版．

相模健人 2004 スクールカウンセリングにおいて複数の問題行動児童を抱える担任教師にコンサルテーション行った一事例──Solution-Focused Therapyを用いて．愛媛大学教育実践総合センター紀要，**22**，83-92．

津川秀夫 2003 ブリーフセラピー・モデルによる学校コンサルテーション．心理臨床学研究，**21**(1)，45-55．

Wagner, P. & Gillies, E. 2001 Consultation: A solution-focused approach. In Y. Ajmal & I. Rees（Eds.）*Solution in schools: Creative applications of solution focused brief thinking with young people and adults*. 147-162. BT Press.

山本和郎 1986 コミュニティ心理学──地域臨床の理論と実践 東京大学出版会．

山本和郎 2000 危機介入とコンサルテーション ミネルヴァ書房．

吉田克彦・若島孔文 2005 小学校における心因性発熱へのブリーフ・コンサルテーション．臨床心理学，**5**(4)，513-523．

6 解決志向のコンサルテーション

7 アドラー心理学的 コンサルテーション

浅井健史

　アドラー心理学は，オーストリア出身の医師**アルフ
レッド・アドラー**（Alfred Adler/1870-1937）が創始し
た人間理解と援助のための心理学である。子どもの教育とメンタル
ヘルスに強い関心を持っていたアドラーは，1920年に児童相談クリ
ニックをウィーンに開設した。彼はそこで子どもへのカウンセリン
グに加え，教師や親への心理教育的な面接を精力的に行った
（Hoffman, 1994）。これは重要な他者を通して間接的に子どもを支援
しようとする点で，現在のコンサルテーションに近い実践形態であっ
た。こうした伝統は，アドラーの没後もアメリカで引き継がれた。
1960年代後半以降，**ドン・ディンクマイヤー**（Don Dinkmeyer,
Sr.）や**ジョン・カールソン**（Jon Carlson）を中心に，アドラー派
の臨床家はスクールカウンセリングと親教育の分野を中心にコンサ
ルテーションの理論と方法論を発展させた（Dinkmeyer & Carlson,
1973; Dinkmeyer, Jr., Carlson, & Michel, 2016）。

　こうしたアドラー心理学に基づくコンサルテーションを，**アド
リアン・コンサルテーション**と呼ぶ。本章ではその理論と実践方
法を概説する。

1 アドラー心理学の基本概念

　アドレリアン・コンサルテーションの前提となる，アドラー心理
学の基本概念を説明する。

1 社会的目的論（Social Teleology）

　人間は意識していなくても，心的世界に思い描いた「**人生目標**」

を追求しながら生きる。「人生目標」とは個人が究極的な理想とする幸福，所属，自己価値などのイメージであり，幼児期から児童期にかけての生活環境の中で設定される。「人生目標」をどんな方法で追求するかは個人ごとにユニークなパターンがあり，それは「**ライフスタイル**」と呼ばれる（野田，1986）。

アドラー心理学はこうした視点から，人間の行動を目標追求のプロセスとして理解しようとする。目標に向かう行動のダイナミクスが明確化されると，支援のための方略を立てやすくなる。

また，人間は他者との関わりの中で生きる社会的存在であり，個人が人生目標を追求するプロセスでとる行動も，ほとんどが家庭，学校，職場などの対人関係で生起する。そのためアドラー心理学は他者との社会的相互作用というコンテキストで，特定の行動の目的やライフスタイルのパターンを理解しようとする（Adler, 1969）。

2　共同体感覚（Community Feeling）

「**共同体感覚**」とは，アドラー心理学の実践における中核概念である（Sweeney, 1998）。研究者により定義は異なるが，自分が大きな「**共同体**」の一部であり，その中で支え合い，生かされている感覚と浅井（2016）は述べている。ここでの「共同体」とは，現実世界における特定の集団や社会を指していない。むしろ，個人が心的世界に抱くつながりの認識や仲間意識を，比喩的に「共同体」と表現している（一次的な共同体感覚）。

上記の一次的な共同体感覚が高くなると，私たちが生活する現実世界の「共同体」に対する認知や感情として反映される。例えば家庭，学校，地域社会などへの所属感や貢献感，他者への信頼感，共感，感謝などである（二次的な共同体感覚）。それにより個人のメンタルヘルスは良好になるだけでなく，支援，貢献，協力など，他者や社会の幸福に寄与しようとする行動をすすんでとるようになる。

共同体感覚は人間が生得的に備えている特性だが，周囲の重要な他者からの適切な働きかけにより，その発達は促進される。そのためアドラー心理学は，家庭教育や学校教育を通して子どもの共同体

感覚を育てることを重視してきた。

　共同体感覚には、「人間としての健全なあり方」という倫理的価値の側面もある（野田，1986）。すなわち個人が共同体感覚を発達させ、それを日々の対人関係や行動に表現しながら生きているかが、パーソナリティの健全性を測る指標となる。

　これは個人の集合体である社会にも当てはまる。人々が協力して共通の課題に取り組むならば、社会全体の共同体感覚も発達する。その帰結として、人々が互いに敬意を払い、思いやるような健全な社会が構築されていく。このプロセスをアドラーは、「人類の進化」と呼んだ（Adler, 1957）。逆に共同体感覚が未発達なまま、人々が自己の利益や幸福のみを追求しつづければ、やがて人類は衰微と終焉を迎えよう。

　アドラー心理学はこうした視点に立ち、実践活動を通して個人と社会の共同体感覚の発達を促進し、両者の幸福が高い次元で調和した状態を創出しようとする。

3　認知論（Phenomenological Framework）

　個人は各々に固有の「認知」された世界に生きている。すなわち私たちは判断の枠組みである「**統覚スキーマ**」（Adler, 1969）を通して経験を解釈し、意味を与える。そして主観的現実を、あたかも客観的な現実であるかのように見なして行動する。

　こうした個人に特有の認知のスタイルには、幼少期からの生活環境を通して形成された価値観や**ビリーフ（思い込み）**が大きな影響を与えている。アドラー心理学では高い共同体感覚を伴い、自己を含めた人々の幸福を志向するビリーフを「**共通論理**」、そうではない独善的なビリーフを「**私的論理**」という（Sweeney, 1998）。

4　勇気（Courage）

　「**勇気**」とは、建設的にライフタスクに取り組むために必要な心的エネルギーである（浅井，2016）。ここでの「建設的」とは、高い共同体感覚を伴い、自己だけでなく人々の幸福も思いやりながら人

生目標を追求することを意味する。

　人間は不完全な存在なので，ライフタスクに取り組む際には失敗も避けられない。また，現実世界は個人の期待や都合に沿って動いていないので，思いどおりにならないことも多い。そうした事実は，現実と理想の状態に距離があるという感覚をもたらす。アドラー心理学はこの感覚を「**劣等感**」と呼ぶ（野田，1986）。

　劣等感を受け入れて建設的に生きるには，共同体感覚を伴う心的エネルギーである「勇気」が不可欠である。そのためアドラー心理学の実践では，相手に「勇気」をもたらすような関わり（**勇気づけ**）を志向する（Sweeney, 1998）。

5　創造性（Creativity）

　本来の人間は創造的な存在であり，遺伝的・環境的条件がもたらす種々の制限を受けながらも，自分がどう思考し，どんな態度や行動をとるかを自己決定できる（Ansbacher & Ansbacher, 1956）。

　とはいえ劣等感により勇気をくじかれると，新しい行動への挑戦を躊躇するようになる。また，年齢とともにライフスタイルが固定すると，同じ思考や行動パターーンばかりを使うようになる。こうして，私たちが持っている豊かな創造性は抑制されてしまう。アドラー心理学の実践では，思考や行動の柔軟性を高めることで，創造的な自己決定と目標追求ができるように支援する。

2　アドレリアン・コンサルテーションの進め方

　アドレリアン・コンサルテーションの標準的な進め方を，ステップに分けて概説する。段階の命名や分け方は文献により異なるが，おおむね「関係づくりと面接の構造化」「アセスメント」「目標開示」「再方向づけ」「フォローアップ」の5ステップで構成される。この段階モデルは，アドラーの後継者の一人であるDreikurs（1967）が提示したアドレリアン・セラピーの4ステップ，すなわち「関

係づくり」「アセスメント」「目標開示」「再方向づけ」に準じている。

　アドレリアン・コンサルテーションの段階モデルは，コンサルタントが俯瞰的な視点を持ち，効率的にコンサルテーションを進めるためにきわめて有用である。したがって，これらを踏まえたコンサルテーションを自然に行えるように，コンサルタントは訓練を積む必要がある。

　もっとも，実際のコンサルテーションでは段階の境界が不明瞭だったり，順序が入れ替わったりする場合もある。コンサルタントは 5 段階モデルを念頭に置きつつ，個々のケースに即して臨機応変に対応する。

　以下に，各段階で取り組むべきタスクと留意点を概説する。なおアドレリアン・コンサルテーションの実践例については，浅井(2015) や Kottman (2000) の報告を参照されたい。また，クラス運営に関わる教師コンサルテーションやグループ形式のコンサルテーションもよく行われる。これらの詳細は Dinkmeyer, Jr. et al. (2016) に示されている。

1　ステップ 1：関係づくりと面接の構造化

　コンサルタントとコンサルティの関係性は，面接の成否を左右する (Brown et al., 1998)。この段階のタスクは，コンサルテーションの構造を明確化し，ラポールを形成し，相互尊敬に基づく共同作業の関係を構築することである。

(1) 安心できる雰囲気づくり

　初回面接におけるコンサルティは，勇気をくじかれていることが多い (White & Mullis, 1998)。例えば，クライエント（例：生徒，子ども）との関わりがうまく行かず，疲労感や無力感を抱えている。あるいは「自分には教師（親）としての資質に欠けるのでは」と感じ，自信を失っている。他者からコンサルテーションを勧められたコンサルティは，支援を受けることに抵抗があったり，自分の関わり方を批判されるのではと不安を感じたりするかもしれない。

そうしたコンサルティに安心感と信頼感を提供することが，最初の重要なタスクとなる。そのためにコンサルタントは，コンサルティが問題解決のためにコンサルテーションを求めた勇気を肯定するとともに，これまでにしてきた努力や苦労を十分にねぎらう。そしてアドラーが「相手の目で見て，相手の耳で聴き，相手の心で感じる」（Ansbacher & Ansbacher, 1956）と表現したような，非審判的かつ共感的姿勢でコンサルティの話を傾聴する。

⑵ コンサルテーションの目標設定

　コンサルテーションは，設定された目標を達成するためにコンサルタントとコンサルティが力を合わせる，共同作業のプロセスである。コンサルタントはコンサルティのニーズを明確化し，それに基づいてコンサルテーションの目標を話し合い，合意に至る。こうした「目標の一致」の作業が不十分だと，やがて各々の目指す方向性にズレが生じて面接は停滞に陥る（Dreikurs, 1967）。

　最初に設定した目標は暫定的であり，面接の進行に伴って修正できる。また，設定した目標が曖昧にならないよう，折に触れてコンサルティと再確認する。

⑶ 共同作業の関係づくり

　コンサルタントは，対等性と相互尊敬に基づく「ヨコの関係」をつくり，コンサルティと力を合わせて問題に取り組む風土を醸成する。そのために，コンサルティの専門性や経験に十分な敬意を払う。

　コンサルティが依存的になり，コンサルタントに問題解決の代行を期待する場合もある。とはいえ肩代わりの要請に応えると，結果的にコンサルティやコミュニティが有する解決力を低下させてしまう。コンサルタントはそうした気持ちを汲み取りながら，コンサルテーションは共同作業による問題解決の場であり，コンサルティのコミットメントが不可欠であることを伝える（Carlson et al., 2008）。

⑷ 面接の構造を取り決める

　様々な構造的な条件に支えられて，コンサルテーションは可能となる。コンサルテーションの目的，場所，頻度，時間，守秘，キャンセル，連絡方法などについて，コンサルティと話し合って合意に至る（Brigman & Webb, 2008）。

2　ステップ2：アセスメント

　この段階は，ステップ1と同時に進行する。コンサルティ，クライエント，およびそれらを取り巻く状況に関する情報を収集・総合し，何が起こっているかを社会的目的論の視点から説明する「**暫定仮説**」（Kern & Mullis, 1993）を生成する。この暫定仮説は，後のステップ4「再方向づけ」で代替案を検討するための下地となる。

　収集する情報は多岐にわたり，ケースによっても異なるが，特に重要となる領域を説明する。

⑴ コンサルティのアセスメント

　コンサルティにとって，「何が【問題】なのか？」を説明してもらう。そして「どんな【解決】を望んでいるか？」「コンサルテーションに何を求めているか？」などを話してもらう。コンサルテーションは，コンサルティの「ニーズ」に応えるように目標を設定して進められる。その際に，「もしこの問題がなかったら，何ができますか？」など，コンサルティの望みを明確化するために「**最重要質問**」（Dreikurs, 1967）という技法を用いることもある。

⑵ コンサルティの対処行動

　コンサルティは「問題」にどう対処してきたか，その対処法はどのような結果や影響を生じているかを明確化する（Brigman & Webb, 2008）。

⑶ コンサルティのビリーフ（私的論理）

　人間は主観的に意味づけられた「認知」の世界に生きている。そ

れゆえコンサルティが経験している「問題」も，その個人に独自の意味づけのパターンを持っている。こうした意味づけのパターンに影響を与えるのが，人生経験を通して獲得された価値観や思い込みである「ビリーフ（私的論理）」である。話し合いを通して，「問題」と関わっていそうな，コンサルティに特徴的な意味づけやビリーフを明確化する（Kottman, 2000）。

Dinkmeyer, Jr. et al.（2016）は，教師のフラストレーションを高めやすい「ビリーフ（私的論理）」として以下のような例を挙げている。「生徒は教師に協力すべきだ」「全ての生徒と状況をコントロールしないと，教師として失格だ」「私の計画は，常に成功しなければならない」「言うことを聞かない生徒には，罰を与えるしかない」「クラスと生徒をコントロールしていないと，自分がコントロールされる」「不幸は外部の出来事がもたらす」「人間は遺伝と生育環境により形成されるので，変化させることはできない」などである。

コンサルティのビリーフを扱う支援は，ライフスタイル（パーソナリティ）の変容を志向するサイコセラピーの要素を含み，時間を要することも予想される。そのため，あえてコンサルティのビリーフには立ち入らず，クライエントの理解と支援に面接の焦点を絞る場合もある（Sweeney, 1998）。

⑷ コンサルティのリソース

コンサルティが持っている内的・外的リソースを明確化し，肯定的に指摘する（White & Mullis, 1998）。**内的リソース**として，努力，挑戦，長所，得意分野，成功・克服の経験，進歩・成長などが挙げられる。**外的リソース**として，利用可能な社会資源，社会的ネットワークなどが挙げられる。これらはコンサルティへの勇気づけや再方向づけに活用できる。

⑸ 「問題」となるクライエントの行動と目的

コンサルティが「問題」と感じているクライエントの行動を説明

表7-1 子どもの不適切な行動の4つの目標
(Dreikurs & Soltz,1964/早川[訳],1993)

目標	信念	行動	大人の感情反応
注目	注目されているときだけ,自分は重要な存在だ。	可愛らしくふるまう。 ・優等生,模範生になる。 ・無能さ,弱さ,不器用さを示す。 ・問題児になる。	苛立ちと困惑。不満がつのる。
権力闘争	人に従わないときだけ,自分は重要な存在だ。	反抗と不服従。頑固な行動。口論。	怒り。挑発された。敗北感。
復讐	自分は誰からも好かれないし,深く傷ついている。せめて自分の痛みを他人に思い知らせよう。	相手を傷つけて,自分と同じ気持ちにさせようとする。	深い傷つき。
無力の誇示	自分は無力で,何をやってもダメだ。	無力さを理由に,努力や挑戦を避けて引きこもる。	絶望。無力感。

してもらう。最近起こった具体的なエピソードを挙げてもらうことで,その行動が生じた状況や相互作用を明確化する(Dinkmeyer,Jr. et al. 2016)。

　次に目的論的な視点から,その行動の意味を検討する。その際に,Dreikurs & Soltz(1964)による「子どもの不適切な行動の4つの目標」という類型がよく利用される(表7-1)。この類型は子どもの行動をアセスメントする際に役立つが,クライエント像を単純化しやすいので注意する必要がある。

(6) クライエントのリソース

　クライエントが持っている内的・外的リソースをコンサルティに尋ね,明確化する(Brigman & Webb, 2008)。コンサルティはクライエントに否定的感情を持ち,リソースに目が向いていないことも多い。それゆえクライエントの健康的な側面を見出したり,「問題」行動の建設的な意味にも着目したりすることは有用である。コ

ンサルティがクライエントを新たな視点で見るようになったり、「再
方向づけ」段階で代替案を生成したりするためにリソースを利用で
きる。

(7) コンサルティとクライエントの相互作用

「問題」についてコンサルティとクライエント（あるいは、クライエ
ントと特定の他者）の間でどんな相互作用が生じているかを、目的論
の視点から明確化する（Dinkmeyer, Jr., 2006）。すなわち「クライ
エントはどんな行動をとっているか？」「それに対してコンサルティ
（あるいは、それ以外の他者）がどんな感情を抱き、どう対応している
か？」「その結果、どんな結末が生じ、クライエントは何を得てい
るか？」などである。

3 ステップ3：目標開示

目的論的な視点から、クライエント、コンサルティ、およびコン
サルティとクライエントの相互作用について生成した仮説をコンサ
ルティに伝える。

コンサルタントの仮説が誤っている可能性もある。コンサルティ
が異論を述べやすいように、コンサルタントは専門家による結論で
はなく、「暫定仮説」として理解を伝える。そのため断定的な言い
方を避け、「もしかしたら、Aくんは先生にもっと注目してほしく
て、授業中にいたずらをするのかもしれません」のように控え目な
言葉を用いる（Kern & Mullis, 1993）。

Dreikurs（1967）は子どもへのセラピーについて、提示した仮
説が的を射ていれば、子どもは即座に微笑や驚きの表情などの非言
語的反応を示すと述べている。これを「認識反射」という。大人の
コンサルティの場合も、仮説を提示した際の言語的・非言語的反応
は妥当性の指標として有用と思われる。

コンサルティにとって、自分自身の認知や対人行動のパターンと
向き合うのは、ときに苦しいことである。それゆえ、コンサルタン
トによる勇気づけを志向した関わりが大切になる。

4　ステップ4：再方向づけ

　再方向づけ段階では，アセスメント段階で生成された暫定仮説を踏まえて，新しい対処法を検討し，実行に向けた計画を立てる。**代替案**は行動方略による場合が多いが，問題の新しい見方を生成することもある。コンサルティが代替案を実行し，次回に結果を報告してもらう。

　代替案の創出はコンサルタントとコンサルティの共同作業として行い，コンサルタントだけで担わないようにする。コンサルティが代替案を考えることで，実行への動機づけが高まる。コンサルティが代替案を思いつかない場合に，コンサルタントが提案する (Kern & Mullis, 1993)。

　代替案を生成する際の留意点は，次のようである (Kern & Mullis, 1993)。①具体的な行動とすること。②複数ではなく，できるだけ1つの代替案を課題とすること。③コンサルティのスキルやパーソナリティに照らして，無理なく実行できる課題とすること。④クライエントに勇気をもたらしたり，共同体感覚の育成につながったりする代替案とすること。

　コンサルティはそれまで用いてきた関わり方を変化させ，新しい対処法に挑戦する。こうした変化は強い不安や抵抗感を伴うので，コンサルタントは勇気づけを志向した関わりを入念に行う。

　アドラー心理学の心理教育で用いる方法を，代替案とすることもある。例えば，論理的結末と自然な結末，クラス会議や家族会議，読書などである。

5　ステップ5：フォローアップ

　ステップ4の代替案を実行した結果を次の面接で報告してもらい，進展を検討する。それをもとに，引き続き新しい対処法への取り組みを促したり，別の問題への取り組みを開始したりする (Crothers et al., 2008)。コンサルティが目標を達成できたと感じたなら，コンサルテーションは終結となる。

　もし代替案を実行しなかったり，良い結果が得られなくても，コ

ンサルティが遠慮せずに報告したりできる雰囲気づくり，関係づくりが大切になる。従来の行動パターンを変化させるには勇気が必要であり，コンサルティへの勇気づけ的な関わりを継続する。

3 おわりに

　本章ではアドラー心理学に基づくコンサルテーションについて，理論と実践の枠組みを概説した。もとよりアドラー心理学とコミュニティ心理学には人間観や実践観の共通性が指摘されることから（King & Shelley, 2008），アドラー心理学はコンサルテーションとの親和性が高い理論といえる。それゆえ，今後も理論面・実践面でアドレリアン・コンサルテーションには発展の余地が多くあると筆者は考えている。

　なお，アドレリアン・コンサルテーションのほとんどの先行文献は，教師や親をコンサルティとしている。しかし，アドラー心理学は様々な年齢層の人々に適用可能であり，勤労者や高齢者など，大人への支援ニーズに応えていくことも課題となろう。また，日本と海外では文化的風土や臨床現場の実情が大きく異なる。そうしたコンテキストの違いを考慮し，わが国の文化・風土や臨床現場に適合したアドレリアン・コンサルテーションの実践方法を工夫していくことが求められる。

■引用文献
Adler, A. 1957 The progress of mankind. *Journal of Individual Psychology*, **13**(1), 9-23.
Adler, A. 1969 *The science of living*. Anchor Books. [岸見一郎（訳）1996 個人心理学講義——生きることの科学　一光社．]
Ansbacher, H. L. & Ansbacher, R. R.（Eds.）1956 *The Individual Psychology of Alfred Adler*. Basic Books.
浅井健史 2015 アドレリアン・コンサルテーションの理論と実践．コミュニティ心理学研究，**19**(1)，94-111.
浅井健史 2016 アドラー心理学の中核概念と心理援助モデル．箕口雅博（編）コミュニティ・アプローチの実践——連携と協働とアドラー心理学　45-57．遠見書房.
Brigman, G. & Webb, L. 2008 An Individual Psychology approach to school counselor consultation. *Journal of Individual Psychology*, **64**(4), 506-515.
Brown, D., Pryzwansky, W. B. & Schulte, A. C. 1998 Adlerian consultation. In D. Brown, W. B. Pryzwansky, & A. C. Schulte（Eds.）*Psychological consultation: Introduction to theory and practice (Fourth Edition)*. 69-81. Allyn & Bacon.

Carlson, J., Dinkmeyer, D., Jr., & Johnson, E. J. 2008 Adlerian teacher consultation: Change teachers, change students! *Journal of Individual Psychology*, **64**(4), 481-493.

Crothers, L. M., Hughes, T. L. & Morine, K. A. 2008 Adlerian consultation. In L. M. Crothers, T. L. Hughes, & K. A. Morine (Eds.) *Consultation: A resource for school psychologists, school counselors, special educators, and other mental health professionals*. 123-144. Routledge.

Dinkmeyer, D., Jr. 2006 School consultation using Individual Psychology. *Journal of Individual Psychology*, **62**(2), 180-187.

Dinkmeyer, D. & Carlson, J. 1973 *Consulting: Facilitating potential and change processes*. Merrill.

Dinkmeyer, D., Jr., Carlson, J., & Michel, R. E. 2016 *Consultation: Creating school-based interventions (Fourth Edition)*. Routledge. [浅井健史・箕口雅博(訳) 2019 学校コンサルテーションのすすめ方──アドラー心理学にもとづく子ども・親・教職員のための支援 遠見書房.]

Dreikurs, R. 1967 *Psychodynamics, psychotherapy, and counseling*. Alfred Adler Institute.

Dreikurs, R. & Soltz, V. 1964 *Children the challenge*. Hawthorn Books. [早川麻百合(訳) 1993 勇気づけて躾ける──子どもを自立させる子育ての原理と方法 一光社.]

Hoffman, E. 1994 *The drive for self: Alfred Adler and the founding of Individual Psychology*. Addison-Wesley. [岸見一郎(訳) 2005 アドラーの生涯 金子書房.]

Kern, R. M. & Mullis, F. 1993 An Adlerian consultation model. *Individual Psychology*, **49**(2), 242-247.

King, R. A. & Shelley, C. A. 2008 Community feeling and social interest: Adlerian parallels, synergy and differences with the field of community psychology. *Journal of Community & Applied Social Psychology*, **18**(2), 96-107.

Kottman, T. 2000 Adlerian case consultation with a teacher. In A. M. Dougerty (Ed.) *Psychological consultation and collaboration: A casebook (Third Edition)*. 48-62. Brooks/Cole.

野田俊作(監修) 1986 アドラー心理学教科書──現代アドラー心理学の理論と技法 ヒューマン・ギルド出版部.

Sweeney, T. J. 1998 *Adlerian counseling: A practitioner's approach (Fourth Edition)*. Accelerated Development.

White, J. & Mullis, F. 1998 A systems approach to school counselor consultation. *Education*, **119**(2), 242-253.

第 **3** 部
様々な領域における
コンサルテーションの実際

　　第 2 部で解説した諸理論を基に第 3 部では，教育，医療，産業・労働といった様々な「場」や「状況」あるいは「対象」におけるコンサルテーションの実際を呈示する。できれば全部に目を通してほしいが，まずは関心のある章を読み込んでみることをお勧めする。現在，コンサルタントとして勤務している読者にとって，今後の業務の遂行に関してヒントとなることが数多く発見できるであろう。

8 小・中学校、高等学校におけるスクールカウンセラーの実践

萩原豪人

　1995年に始まった文部省（現文部科学省）の**スクールカウンセラー**活用調査研究委託事業（現スクールカウンセラー等活用事業）では、全国154校にスクールカウンセラー（以下、SC）が配置された。その後年々拡充が図られ、現在の配置校の数は3万を超えている（文部科学省, 2021）。この文部科学省主導による事業のほかに、市区町村の「心の教室相談員」などの制度や私立学校SCも存在する。

　日本におけるコミュニティ心理学の発展に大きな足跡を残した**山本和郎**が日本のスクールカウンセリング制度の立ち上げや発展に中心的役割を担った専門家の一人であったことで、コミュニティ心理学の理論や技法がSCの在り方に大きな影響を及ぼしている（村山・山本, 1995）。

　コミュニティ心理学の目標のひとつは「**個人と環境の適合性（fit）**」の増大である（植村, 2012; 山本, 2001など）。問題が生じているときは個人と環境の間にずれが生じていると考える。問題は必ずしも個人内の病理として扱うとは限らず、両者のずれが減少するならば個人が変わっても環境側が変わっても、両者ともに変わっても構わないというスタンスを取る。この姿勢は、学校臨床に非常に適している。仮に発達障害児が学校で不適応を起こしているときに、その子の変化や成長を促すだけでなく、教職員、保護者、友人、教室、校舎などといった環境に働きかけることが有効なことは容易に想像がつくだろう。

　また、コミュニティのリソースを活用して個人を支えるというコ

ミュニティ心理学の発想を持つことは，児童生徒の生活の場で活動するSCにとっては大いに力になる。また，環境を調整したり，変化させていくコンサルテーションやコラボレーションの技法は，学校臨床を担う心理専門職必携の素養のひとつといえるだろう。

1 学校コミュニティにおける スクールカウンセラーの役割

SCの職務内容は，以下のように示されている（文部科学省, 2017）。

①不登校，いじめ等の未然防止，早期発見及び支援・対応等

(ア) 児童生徒及び保護者からの相談対応

(イ) 学級や学校集団に対する援助

(ウ) 教職員や組織に対するコンサルテーション

(エ) 児童生徒への理解，児童生徒の心の教育，児童生徒及び保護者に対する啓発活動

②不登校，いじめ等を学校として認知した場合又はその疑いが生じた場合，災害等が発生した際の援助

(ア) 児童生徒への援助

(イ) 保護者への助言・援助

(ウ) 教職員や組織に対するコンサルテーション

(エ) 事案に対する学校内連携・支援チーム体制の構築・支援

SCの職務として，①-(ウ) と②-(ウ) に教職員や組織に対するコンサルテーションが明記されている。注意すべき点は，教職員や組織に対しては，「相談対応」という言葉を使っていないことである。基本的に教職員や管理職本人の悩みごとの相談対応（カウンセリング）は職務に含まれず，あくまで児童生徒の問題に対するコンサルテーションを行うという認識である。東京都教育委員会も同様の姿勢であり，教職員自身のカウンセリングが必要な場合には，SCが行うのではなく，地域の適切な専門機関につなぐことになっ

ている（ただし，地方自治体によっては，専門機関の数が十分にないなど様々な事情から，教職員のカウンセリングもSCの職務に含む場合がある）。

　また，「未然防止，早期発見及び支援・対応」（①），「学級や学校集団に対する援助」（①-（イ）），「児童生徒への理解，児童生徒の心の教育，児童生徒及び保護者に対する啓発活動」（①-（エ）），「学校内連携・支援チーム体制の構築・支援」（②-（エ））という文言があるように，児童生徒に対して個別の支援をするだけでなく，学校コミュニティ全体のメンタルヘルス向上が大きな役割であることがわかる。週1回や隔週の勤務で時間的に制約のあるSCが個別のカウンセリングにばかり時間を費やしてしまうと，学校コミュニティ全体への波及効果は小さくなる。極端な例であるが，一日約8時間の勤務時間を，毎回同じ児童生徒8名の面接で埋めてしまうと，1年間の勤務による影響は8名のみに留まるかもしれない。そうではなく，仮に4枠の面接をして，残りの時間は教職員とのコンサルテーションにあてるとする。教職員1名あたり10分〜1時間と想定してみると，一日8〜10名の教職員と話ができる。また，1名の教職員が話題とする児童生徒の名は多く，また頻繁に入れ替わる。その場合，間接的支援を含め，一日でSCが影響力を及ぼす人数は数十人となり，また年間で換算すると格段に多くなる。

　このように，学校コミュニティ全体のメンタルヘルス向上にとって，コンサルテーションの意義は非常に大きく，コンサルテーションによってSCが影響を及ぼすことができる範囲は広い。間接的な支援の影響を広げるのはもちろん，持続的に影響力を及ぼすことが可能となる。コンサルテーションを通じて，教職員の問題対処能力が上がれば，その教職員が教職員を続ける限り，影響力は持続する。

　また，コンサルテーションを通じて，教職員が問題への理解を深めることや様々な協力者の**サポート・ネットワーク**が校内外に形成されることで，「不登校，いじめ等の未然防止，早期発見及び支援・対応等」（①）が実現しやすくなる。まさに**一次予防**（発生予防）と**二次予防**（早期発見・早期介入）が実現できる。さらに，学校内で危機や災害などが生じた際（②）には，教職員に対するコンサルテー

ション（②-(ウ)）やコラボレーション（②-(エ)）は，非常に重要な
役割を担うこととなる。

2 スクールカウンセリングにおけるコンサルテーションの特徴

1 外部コンサルタントと内部コンサルタント

　まず，SCは外部コンサルタントなのか，内部コンサルタントな
のか，という点を考えてみたい。**キャプラン**（Gerald Caplan）の
コンサルテーションの考えが学校内部の心理専門職に広まったこと
で，外部の専門家が行うコンサルテーションとそぐわない部分が出
てくることになり，改訂版を執筆したというエピソードは大変興味
深い（Caplan & Caplan, 1993）。日本のSCは常勤職が少なく，勤務
日数も週数回〜月1回など，地域や学校ごとにかなり幅がある。
配置の方式は，**配置校方式**だけでなく，**拠点校方式**（配置された学校
を拠点として，その周辺のいくつかの学校もその対象）や**巡回方式**（いくつ
かの学校を定期的に巡回）もあり，その学校の内部の人間かといえば，
そうとも言い切れない面がある。また，緊急支援の際は外部の心理
臨床家が期間限定でSCとして入ることが多い。

　日本におけるSCは，「**外部性**」の意義を認められてきた面があ
る（文部科学省, 2007）。「児童生徒と教員とは別の枠組み，人間関係
で相談することができる」「教育の専門性を持っている教員とは異
なる，臨床心理の専門性を生かすことができる」などがその理由で
ある。教員との関係に上下関係や利害関係が絡まないように，また
一部の教員との距離に偏りが生じないように，適切な「外部性」を
保持し続けるという大きなメリットがある。一方で，近年は学校内
におけるSCの存在も常態化し，「内部」としての感覚が増してい
る。「**チーム学校**」の一員であるという自覚を求められている。

　このようにSCは，外部性と内部性のメリット・デメリットと自
分の立ち位置や姿勢を認識しておく必要があるが，ここで問題とな
る点がクライエント（児童生徒）の問題に対する責任の所在と**守秘**

義務の範囲である。この2点は扱いが難しい場面が多い。学校内では，児童生徒の問題に対する責任の所在は対等ではなく，SCよりも担任や管理職に重心がかかるのが一般的である。守秘義務については，SCは一人で抱え込まず，学校組織の一員として**集団守秘義務**が生じるとされる。基本的には相談者や相談内容について，管理職への報告義務がある。ただ実際には，情報共有の内容や範囲は，問題の性質や状況等に応じて使い分ける必要がある。「チーム学校」として様々な立場の人が関わる場面は，さらに守秘義務の扱いが難しくなる。校内の外部性と内部性にまつわる問題は，その見極めや取り扱い方において，今後いっそうSCの力量が試されるようになると考えられる。

2 SCの相談活動の異同

カウンセリング，コンサルテーション，コラボレーションは，その定義や構造，目的，進め方などに相違があり，それぞれを効果的に行うには，SC側や場合によっては相談者側が意識して使い分ける必要がある。しかし，学校内には数多くの利害関係者が存在し，相談者の人数やメンバーの組み合わせが無数に存在する。しかも，互いにその違いをあまり意識せずに，あるいは混同しつつ相談が進むことが多いように思われる。実際，SCが行う相談活動には，明確に分類できない事例も少なくない。また事例の経過によって，その組み合わせは変化していくことが多い。

以下に，いくつかのパターンを示しながら整理してみたい。

⑴ **カウンセリング**

相談者自身（児童生徒あるいは保護者）の問題を扱う場合は，カウンセリングである。ただし，保護者の場合には，基本的に児童生徒の問題について来談するので，コンサルテーションとしてとらえる立場もある（黒沢・森・元永, 2013; 黒沢・中釜, 2004など）。筆者は，保護者自身の心理的問題にカウンセリング的にアプローチする必要がある場合には，基本的に外部機関にリファーするほうがよいと考え

ている。教職員のカウンセリングも同様である。

　相談者が複数でも，それぞれ本人自身の問題であれば，カウンセリングとなる。例えば，部活動の部員同士が連れ立って部活動内の問題について相談しに来る例がそれに当たる。

(2)コンサルテーション

　SC（コンサルタント）が行うコンサルテーションの対象者（コンサルティ）は，保護者および教職員（担任，学年の教員，部活動の顧問，養護教諭，特別支援教育コーディネーター，特別支援教育支援員，SC以外の相談員，管理職など）である。問題を抱える児童生徒の友人に話を聴いたり，何かしらの協力を仰いだりすることもあり，その場合にはコンサルテーション的な関わりになる。

　事例に関するコンサルテーションだけでなく，**管理的コンサルテーション**に当たるものも少なからずある。初めてSCが配置される学校では，管理職（校長，副校長，教頭）と相談室運営や仕組みについて相談することから始まる。不登校やいじめ防止対策，特別支援教育，学校危機，災害時の対処などのプログラムや対応への体制を考える際に管理職や各部門の責任者と意見を交わす場合もこの範疇であろう。

　SCのコンサルテーションは，相談者が複数（集団コンサルテーション）のことが多く，組み合わせも多彩である。保護者と担任とSCというパターン以外にも，問題の内容や時期によって，様々なメンバーが構成される。面接時には，**集団力動**を見極め，理解し，それを動かす力が必要である。システム論的な理解や**システムズ・アプローチ**が役に立つことが多い。

(3)コラボレーション

　SC自身も問題を抱える当該児童生徒に直接関わりつつ，他の専門家・非専門家とともにその児童生徒を支援していく場合には，コラボレーションと呼ぶ。SCがその児童生徒のカウンセリングをしている場合や相談室登校で関わっている場合，その保護者や教職員

との相談は，コラボレーションということになるだろう。コラボレーターには，外部機関の専門家や地域の非専門家も含まれる。

　現在，SCは「チーム学校」の一員として位置づけられている。学校現場における不登校やいじめなどの心理教育的な課題は，複雑化・多様化し，教職員のみによる従来型の指導では解決が難しい場面が増えた。また，特別支援教育の充実，貧困問題や虐待，学校危機への対応など，学校に求められる役割が拡大の一途をたどっている。その中で，「心理や福祉に関する専門スタッフ（SCやスクールソーシャルワーカー）」を含む様々な専門スタッフが学校教育に参画することで，教職員がより教育指導や生徒指導に注力でき，学校マネジメントについては地域との連携やコラボレーションの中で組織的に行われるというのが「チーム学校」である（文部科学省，2015）。その文脈では，SCはコンサルタントの役割というよりは，コラボレーターの一人としての役割が求められており，その傾向は今後いっそう強くなっていくであろう。

3　コンサルテーションの枠の柔軟さ

　SCが担うコンサルテーションの特徴のひとつに，**枠の柔軟さ**，**枠の多様さ**がある。学校内では，しっかりとした時間と場所の枠組みの中でコンサルテーションを行えることは，あまり多くない。例えば，授業の合間の10分休みに，ひと気のない廊下の片隅で，偶然会ったある教職員から相談とも雑談とも取れるような形で，最近休みがちな児童生徒の話を聴くことがある。そしてその短時間に，SCはあれこれ質問をして情報収集しつつ，SCなりのケース理解や対応のヒントについて話し合うこともある。また別の例では，SCが放課後に職員室にいる場面で，複数の教職員による雑談の中で気になる児童生徒の話題が語られ始め，ある教職員から「発達的な問題ですかね？」と急に話を振られたりする。そしてその場で複数の教職員とともに情報交換やコンサルテーション的な相談が行われることもある。

　このように教職員の何気ない日常の振る舞いの中にコンサル

テーションが溶け込んでいるような場合がある。これは統計的に1件のコンサルテーションとカウントできるのかどうかは議論の余地があるが，自然な形で複数の教職員や学校コミュニティ全体に変化を及ぼすことが可能であるという点で意義は大きい。もちろんそういった関わりが契機となり，時間を定めて相談室で会うという枠組みの明確なコンサルテーションにつながることも多い。

このようにSCは時間的，空間的な枠組みも，また相談内容や開始と終了に関する契約のような枠組みも，多様な形があり得る。この自由度の高さは，SC側からすると自分の仕事の難しさや疲労感の一因にもなり得るが，反面，コンサルテーションをどう行うかの戦略を練る余地が大きいという意味では，腕の見せどころともなる。

4 学校内外におけるリソースの豊富さとその利用

学校でコンサルテーションを行う上での最大の利点は，学校内外の豊富な**リソース**を活用できることである。学校は，児童生徒の生活の場であり，日々生きている環境そのものである。SCは家庭との連携も比較的容易に行いやすい立場にある。これは，クライエントを取り巻く環境に関する情報が豊富に得られ，その情報をもとにクライエントを全人的にアセスメントできるというメリットにもつながる。

SCは本人だけでなく，家族，友人，担任，養護教諭，部活動の顧問，管理職，地域の関係機関の専門家など，多くの**人的資源**にアクセスしやすい。そのほかにも学校には，学級，各教科，学校行事，給食，部活動，習いごと，趣味，遊び，教室，保健室，相談室，校庭，教材，IT機器など，リソースになりそうなものであふれている。SCはこのような恵まれた環境にいるので，周囲のリソースを総動員してクライエントの成長をサポートしていくことができる。クライエント本人にとって，週に1時間会うカウンセラーからのサポートよりも，毎日関わる人たちからの適切なサポートのほうが，よほど心強いのではないだろうか。

SCのコンサルテーションとコラボレーションは，環境にあるリ

ソースをいかに見つけ出し，そこから最大限のサポートをいかに引き出せるか，という発想をもって行われるのが望ましい。学校におけるリソースの発見とその利用については，黒沢ら（2013）などに詳しい。

3 SCによるコンサルテーションの事例：中学1年生男子の不登校

　筆者がSCとして行った中学校でのコンサルテーションの事例を紹介する。中学1年生の7月に不登校となった男子生徒Aの母親および教員へのコンサルテーションの事例（内容は，本章の趣旨を損ねない範囲で改変した）である。

　本人は「俺は病気じゃない」「相談室なんか行きたくない」と言うため，筆者との直接的な関わりは1回もなかった。相談室に行くこと自体が自尊心を傷つけることになるために，SCが本人に会えない事例は珍しくはない。

【担任とのコンサルテーション】（X年7月〜）

　担任からSCに相談したいとの申し出があり，コンサルテーションが始まった。1回目は1時間程度，その後は不定期（2週間〜1カ月に1回程度）に，1回10〜30分程度となった。担任の話をまとめると，下記のとおりである。

　Aは5月よりときどき学校を休むことが増え，現在不登校になっている。本来は真面目で，明るく，周りの子にも人気がある。友人関係は良好。運動神経もよい。練習の厳しい部活動に所属。熱心に参加し，顧問はリーダー候補と考えるほどであったが，ときどき部活動も休むことがあり，結局リーダーは他の生徒に任せた。小学校の頃にもときどき学校を休むことがあったらしい。

まずSCは，担任が普段からよくAを観察し，熱意をもってポジティブに接している点を褒め，労った。そして，「Aは頑張り過ぎて，疲れがたまると息切れするタイプではないか」との見立てと，早めに疲れに気づき，休みを入れることで，不登校の長期化を予防するように注意したほうがよいのではないかと伝えた。目標が欲しい生徒であるので，担任としては，「頑張るな」という姿勢ではなく，「適度に休むことを頑張る」ためのサポートをするという一見矛盾するような関わりを提案した。その後，担任は頻繁に家庭と連絡を取り，母親との信頼関係作りに努めた。

【母親とのコンサルテーション】（X年9月〜）

　彼の母親は，家の中で部活動を辞めるかどうかの話でもめたり，毎朝登校するかどうかで喧嘩になったりしたことで，非常に疲れ，対応に苦慮していた。担任の勧めで母親とのコンサルテーションが始まった（1時間程度）。その後は，月1回程度SCに話をしにくるようになった。以下は，Aに関する母親からの情報である。

> 　学校に行くなら丸一日出たい。遅刻早退は嫌だ。部活動の朝練に出られないと授業にも出られない。朝グダグダしている姿を見て，母親がイライラし，怒る。そうなると，長時間の喧嘩となり，お互いに心身ともに消耗してしまう。期待をかける部活動の顧問と部活動を諦めさせようとする厳しい父親の間で苦しそうである。
>
> 　小学生の頃，病院で施行した知能検査の結果，能力の凹凸が激しく，学習障害（限局性学習症）の診断を受けた。ときどき学校を休むこともあったが，友人たちの誘いのおかげで登校を続けた。

　以上のような母親の話をもとに，このコンサルテーションでは次のようなSCの見立てと今後の方針について話し合い，その内容を担任とも共有した。

- 目標は，「自分で疲れに気づき，早めに休めるようにする（それにより休みの長期化を予防する）」と「得意なところを見つけ，等身大の自信が持てるようにする」という2点とした。
- 周囲から優秀で頼り甲斐があるように思われているが，期待に応えようと苦手なものも無理して頑張り過ぎるところがある。適度な自信・自尊心が持てないでいるのかもしれない。退部するかどうかは本人の選択を最優先し，いずれの場合も両親が認め，支持する。
- 起床時の母親の声かけの回数を本人とあらかじめ決める。
- 学校を休む日は，Ａの得意な料理の腕を活かし，夕食のおかずを一品作る。家事をして，褒められる場面を増やす。
- 友人とは普段から自由に連絡を取り，一緒に遊ぶ機会を増やす。また学校との連絡は，友人を通じて毎日行う。
- 部活動や授業で関わりのある先生にも可能な範囲で（特に得手不得手についての）情報を伝え，対応に関する協力を仰ぐ。

【2学期の様子】

本人が部活動継続を決め，友人の誘いで参加が増えた。顧問も無理しないよう注意して見守った。体育祭への参加を目標に，ときどき登校。担任がＡの得意な役割を振り，当日はよい働きができた。しかし，定期試験をきっかけにまた休みが続いた。その後，部活動は続けられないと自分で判断し，退部をした。

【3学期の様子】

3学期は小さなきっかけで，家にこもりがちになり，友人の訪問にも，布団を被り，返事すらできない状態になった。担任が仲のよい生徒たちと手紙を書き，「心配はしているが，無理はさせたくない。元気になることを待っている」と伝えた。その後，ときどき学校に来られるようになった。担任から，本人の得意なクラス内の仕事を他の生徒と一緒に担当するよう依頼し，Ａは喜んで引き受けた。クラスの役に立つことでいきいきと活動し始める。もともと責

任感は強いので，役割のある日は学校に休まずに来られた。

　3学期後半は，学校に登校する日が多くなった。学校行事などには比較的参加することが多いので，行事にもうまく参加できるよう，適切な役割が与えられていくことがポイントになった。学年末の試験が大きな山になるため，それに向けて早めに準備を始め，授業担当の教員，家庭のサポートを得られるよう支援体制を整えた。

【2年生以降】

　2年生になってからは，疲れがたまってくると自分で早めに休む日を決めて一日休むが，次の日からまた登校できるようになった。2年生の2学期以降は，卒業までほとんど休まず登校した。不登校が始まった頃は，本人を叱咤激励し，頑張らせることが多かった母親が，3年生の頃には，毎日の登校が続くと，「休まなくていいの？」と声をかけるようになったと笑いながらSCに報告した。

4 スクールカウンセリングにおけるコンサルテーションのコツ

SCのコンサルテーションのコツ①：みんなで関わる

　紹介した事例をもとに，SCが行うコンサルテーションのコツを考えてみたい。ひとつめのコツは「いかに多くの協力者の力を引き出せるか」である。本事例では，担任や母親はもちろんのこと，部活動の顧問などAと関係のある教員，父親，友人など多くの協力者を得た。協力を得るためには，適切で明確な共通目標を掲げるとうまく行きやすい。本事例の目標は，「自分で疲れに気づき，早めに休めるようにする」と「等身大の自信が持てるようにする」であった。原因探しは，誰かを犯人としてしまい協力関係が築けない方向に陥りやすいので，注意を要する。

　また，目標達成に向けて一番その力を持っているのは，その児童生徒本人である。ときには，「問題児」としてのレッテルを貼られがちであるが，本人を「目標達成のためのキーマン」という位置づ

けにできるとうまく進めやすい。SCは，自身の力を発揮することも大切だが，むしろ黒子として，児童生徒本人やその周囲の人々の力を引き出すような工夫や姿勢を心がけると事態が好転しやすい。

SCのコンサルテーションのコツ②：ポジティブに関わる

2つめのコツは，SCはすべての関係者に対して，基本的にポジティブに関わるということである。**リソース**や関係者の**ストレングス（強み）**や**コンピテンス（能力）**を見つけ，引き出すことに注力する。本事例では，本人の明るさ，責任感，対人関係の力，運動能力の高さ，料理の腕，学校行事好きなどを活かすことができた。また，担任が，鋭い観察力により本人に適切な役割を見つけること，友人たちの協力をうまく引き出すことが功を奏したといえる。母親は，自身の気持ちをコントロールしながら，Aとその状況の理解に努め，父親とともに支え続けた。SCとしては，クライエントやコンサルティの力に敬意を払い，信頼することが重要であった。

しばしば学校では，関係者同士がネガティブな感情を抱き，協力体制が取れない状態に陥りやすい。本事例は，不登校状態になると，家庭内での原因追及と叱咤激励が激しくなり，悪循環が生じていた。悪循環脱出のポイントのひとつは，朝の母親の声がけの回数をあらかじめ決めたことである。親子とも登校が無理な日は早々に諦め，気持ちを切り替えることができるようになった。もうひとつは，登校できない日は，Aがおかずを一品作るというルールである。両親が仕事から疲れて帰宅すると，おかずが一品ある。不登校への不満ではなく，褒め言葉が出る。本人にとっても自分の居場所や自尊心が保障されたのかもしれない。

このように，SCとしては，ポジティブな関係性の循環（協力体制）を構築していくことに気を配る。児童生徒を取り巻く**サポート・ネットワーク**がうまく機能していくと，あとは自然と解決の方向に動き出す。コンサルテーションでは，ときどき一緒に振り返る時間を取り，よかった方法を確認し，うまく行かなかった方法を別の方法に切り替えるお手伝いをしていく。

SCのコンサルテーションのコツ③：多様なアプローチ

　心理専門職は問題解決の方法として，「本人へのカウンセリング」を第一に考えがちである。しかし，カウンセリングはあくまで支援方法の選択肢のひとつであり，絶対に必要なものではない。コンサルテーションやそれを通じた多様な支援方法の活用は，SCの大きな力となる。臨床心理的な技法の効果と限界を知りつつ，他の関係者の専門性や対処方法を活かすことを考えられるとよい。

　不登校の場合，友人の誘いがプラスになるときもマイナスになるときもある。対面から手紙というコミュニケーション手段に即変更したように，タイミングや方法を柔軟に変えるなど，すべて撤退してしまうのではなく，様々なアプローチを探っていくことが大事である。特に不登校への対応に唯一絶対の正解はない。そのときどきの本人の反応（表情や言動など）をよく確認しながら，よいと思われる関わりは多方面からしていくことになる。

■引用文献

Caplan, G. & Caplan, R. B. 1993 *Mental health consultation and collaboration*. Jossey-Bass.

黒沢幸子・森 俊夫・元永拓郎 2013 明解！スクールカウンセリング 金子書房.

黒沢幸子・中釜洋子 2004 家族に関する支援．倉光 修（編）学校臨床心理学 誠信書房.

文部科学省 2007 児童生徒の教育相談の充実について——生き生きとした子どもを育てる相談体制づくり（報告）2 スクールカウンセラーについて．https://www.mext.go.jp/b_menu/shingi/chousa/shotou/066/gaiyou/attach/1369846.htm（2021年5月1日閲覧）

文部科学省 2015 チームとしての学校の在り方と今後の改善方策について（答申）．https://www.mext.go.jp/b_menu/shingi/chukyo/chukyo0/toushin/__icsFiles/afieldfile/2016/02/05/1365657_00.pdf（2021年5月1日閲覧）

文部科学省 2016 不登校児童生徒への支援の在り方について（通知）．https://www.mext.go.jp/a_menu/shotou/seitoshidou/1375981.htm（2021年5月1日閲覧）

文部科学省 2017 児童生徒の教育相談の充実について——学校の教育力を高める組織的な教育相談体制づくり（報告）．https://www.mext.go.jp/component/b_menu/shingi/toushin/__icsFiles/afieldfile/2017/07/27/1381051_2.pdf（2021年5月1日閲覧）

文部科学省 2021 スクールカウンセラー等活用事業 スクールカウンセラー等配置箇所数，予算額の推移．https://www.mext.go.jp/a_menu/shotou/seitoshidou/20201223-mxt_kouhou02-1.pdf（2021年5月1日閲覧）

村山正治・山本和郎 1995 スクールカウンセラー——その理論と展望 ミネルヴァ書房.

植村勝彦 2012 現代コミュニティ心理学 東京大学出版会.

山本和郎 2001 臨床心理学的地域援助の展開 培風館.

9 特別支援学校における学校コンサルテーション

菅井裕行

1 はじめに

　近年，特別支援教育領域でも学校コンサルテーションの取り組みが進んできている（岡本, 2017）。2007年に**特別支援教育**が制度化される前後から，地域の通常学校において発達障害を有する児童生徒やその疑いのある児童生徒への対応が困難な課題としてクローズアップされるようになり，この課題への対応としてスクールカウンセラーや特別支援教育の専門家・研究者等が支援要請を受けて学校に介入することが増加し，取り組みの報告も少しずつ蓄積されてきた（奥田, 2018; 篠倉・納富, 2019）。また，**特別支援学校**が地域の特別支援教育のセンターとして機能するという位置づけ（中央教育審議会, 2005）になって以来，特別支援学校教員が地域の小・中学校等に対してコンサルテーションを行うことが増えてきているが，コンサルタントとしての専門性が必ずしも養成されてきてはいないため，その報告には理論的にも概念的にも曖昧さが残るものが少なくない。そもそも学校教育へ心理専門職が介入する土壌がすでに100年前からある欧米と異なり（Oakland & Jimerson, 2007），わが国ではコンサルテーションの概念自体が十分に認知されておらず，学級担任以外の資源が支援的に教育実践に関わることをすべてコンサルテーションと捉えるかのような見解も散見される状況にあり，今後の充実を図るためには，コンサルテーションの枠組みの整理やコンサルテーション過程のさらなる検証が必要であろう。

　筆者は，2000年代初めから特別支援教育における学校コンサルテーションに取り組み，コンサルテーションを通じた問題解決過程において，学校現場での研修（**オンサイト研修**）機能によって教師の

専門性向上のための支援ができることに注目してきた（菅井・川住，2004）。元来，筆者は視聴覚の障害とともに，他の障害も併せ有する**感覚重複障害**のある子どもへの教育的支援に関する教育心理学的研究に取り組んでいる。盲重複，ろう重複，盲ろうと呼ばれる子どもたちには，単に視覚障害教育や聴覚障害教育による教育的対処だけではなく，その複雑・多様で独自なニーズに対応した支援が必要である。しかしながら，従来わが国では**ろう重複障害，盲重複障害，盲ろう障害**を重度・重複障害という大きな枠組みの中で捉えてきたため，その独自性や教育課題の重層性に十分対応しきれていない現状がある（永石，2007）。それだけに，感覚重複障害教育の領域における教師の専門性支援は非常に重要性が高いものと考え，筆者はコミュニティ心理学の視点を活かしつつその支援に取り組んできた。

　特別支援教育領域で実践されてきた学校コンサルテーションとしては，バーガン・モデルといわれる子どもの行動変容を目指した行動コンサルテーションによるものが多い（大石，2015）。特別支援教育対象の子どもに，いわゆる行動上の問題が多く見られることは事実であるが，特別支援教育領域におけるコンサルテーションの主要な課題は，子どもの行動変容だけに限定されるわけではなく，教師のメンタルヘルスの問題，教師と子どもとの関係形成やコミュニケーションの形成・促進に関する問題，教育課程の適合性の問題，指導体制（組織論）と幅広く存在する。

　本報告では，ろう重複障害のある子どもをめぐって特別支援学校に対する学校コンサルテーションを実践した経過を取り上げる。ここで課題となったことは，障害特性の理解とろう重複の子どものコミュニケーション支援のあり方（コンサルティのコミュニケーションアプローチ）であった。本報告は，特定のコンサルテーションモデルに基づくものではないが，方略を決定していく際には**キャプラン**（Gerald Caplan）の理論と方法（Caplan, 1970; 山本，1986）に依拠するところが多かった。

　なお，本稿の事例は対象児の保護者および学校の了解を得ている。

特別支援学校での支援事例

1　コンサルテーション関係を構成する要員

(1)ケース（対象児童）：先天性の感覚重複障害のある女児A

　コンサルテーション開始時2歳。CHARGE症候群との診断がある。聴覚障害の他に視覚障害や知的障害を併せ有し，**医療的ケア**も必要としている。病名および関わり当初に得た情報は，以下のとおりである。重度聴覚障害と診断され，音への気づきを目標に両耳補聴器装用を継続しているが，日常的に音の活用はほとんど見られていない。1m先の視標を捉える視力がある。視界の端の動きへの対応が遅いことから視野狭窄が予想される。身体を動かすことには積極的だが，バランスの悪さが見られ，転倒や衝突による怪我を防ぐための配慮が必要である。

(2)コンサルティ：P聴覚支援学校幼稚部での担任教員Y

　Yは，大学では視覚障害教育を専門に学び，教師になってからは知的障害教育現場で実践を行ってきた経験があり，特別支援教育の実践的力量としてはベテランの域にある。聴覚障害領域での仕事はP聴覚支援学校が初めてであり，教育実践への手話の導入，特に「ろう重複障害教育への手話導入」については未経験であった。

(3)コンサルタント：筆者

　P聴覚支援学校とはすでにこのコンサルテーション以前に毎年のように訪問し，校内研修講師を担当したり在籍児童に関するケース会に参加したりするなどの経験があった。Yとは県主催の研修会ですでに出会っており，Aについても就学前にAの地域の養育相談（知的特別支援学校主催）で出会った経験があった。

2　主訴・課題

　筆者に対する相談依頼は，Aの保護者と担任の双方からあった。

依頼内容は，保護者からは，障害が重複しているＡの生活やコミュニケーション，学校との連携について，担任からは，視覚聴覚の二重障害であるＡに対する教育支援をどのように進めていけばよいか，特にその障害特性に対する配慮とコミュニケーション方法について相談にのってほしいとのことであった。

3 介入方法

コンサルタントによる学校訪問を実施した。毎回の訪問時に，Ａの学校生活（授業・休み時間・昼食等）を参与観察し，放課後にコンサルティと前回訪問時以降の経過報告・確認に続いてその日の取り組みのリフレクションを行い，このカンファレンスの中で，問題点の整理や働きかけの評価，および新たな方法や知識の提供等を行った。次の訪問までの期間に，必要に応じてメールによって情報共有を行った。カンファレンスには希望に応じてコンサルティの同僚や管理職が参加し協議した。このコンサルテーションは，対象児の行動を修正すべきものとして捉え行動変容を図っていく行動介入ではなく，教師・児童間のコミュニケーションの不全状況を対象とし，その不全状況からの立ち直りための対処の仕方を発見し，学校コミュニティの中でその実行を支援することである。したがって，介入の記録はフィールドである学校コミュニティにいる人々のふるまいについての「文脈を込みにした行為の記述」（松嶋・田畑，2007）に依った。また介入計画は，時宜に応じた柔軟な修正と必要に応じた展開を前提とした。

4 コンサルテーションの実際

今回のコンサルテーションはＡの成長・変化をどのように捉え，いかに支援するかというケース中心のケース・コンサルテーションとして開始された。学校ですでに実施されていたアセスメントの情報を参考にしつつ，まずはＡの学校生活の様子を観察することから始めた。Ａの聴覚活用は，検査結果からみても，あるいは日常行動観察から考えてもかなり厳しい状態にあった。また視覚活用につ

いても，通常の視力・視野を保有できておらず，そのために情報入力については相当の配慮が必要であり，これを日常環境，特に学習環境でどのように保障していくかという課題があった。同時に感覚活用が制限された状態でいかなるコミュニケーションを展開するか，これらの課題が学習を行う基盤の課題として認められた。

〈クライエント中心のケース・コンサルテーションの過程〉

　入学当初は，Aが学校生活に慣れ，学校環境を把握する様子を確認し，担任教員Yから提起される課題や問題点を協議することがコンサルテーションの中心であった。最初の話題は，Aが聴覚の障害以外に有する障害についてどのように捉えるかという問題と，障害が重複していることから考えなければならないことであった。これについては，感覚機能評価の方法を紹介するとともに，筆者自身のこれまでの感覚重複障害に関する実践研究の紹介や関連する資料の提供などを行った。また，視覚支援学校との連携をすすめ，視機能評価等は行えるようになった。医療的ケアについては，授業に同行する看護師とそのつど情報交換を行うこととした。

〈コンサルティ中心のケース・コンサルテーションの過程〉

　次第に幼稚部での授業内容に関する話題が増えるようになり，コンサルテーションは，Aの授業場面の振り返り（**授業リフレクション**）を担任教員Yと行うことが中心になっていった。Aとのコミュニケーション状況を検討の素材として，Yから報告されたエピソードや筆者が訪問時に観察した内容をめぐってYと一緒にそこで何が起きているのか，相互に通じ合っている場面と，通じ合いが成立せずそのことによって両者が困惑する場面，およびYがそのことに気がつかないまま次の話題へとコミュニケーションを進めてしまっている場面に分けて検討し，そのときどきのAやYの行動の意味を状況との関連に基づいて分析する作業を行った。

　以下は2019年10月15日に実施された学校訪問の記録と授業リフレクションの例である。

【註】記載にあたっては，AとYが手指や手話（Yが用いる手話は成人ろう者が用いる日本手話とは異なり，日本語に対応させた手指日本語である場合が主であるが，位置や方向性など日本手話の表現形式が応用される場合もある）によって発信することを「手指発信行動」「手話発信行動」とする。このとき，交信される項を松﨑（2018）に依ってそれぞれ「手指信号」「手話信号」と呼ぶ。音声言語は「　」で，手指・手話・指さしは〈　〉で表し，特に手話信号を/　/で，指文字を//　//で，指さしをPT，その他の行動を［　］で表記する。

　この日は，Aの学級の在籍児が1名欠席したため，AとYのマンツーマン形式による授業であった。最初に紙芝居の読み聞かせ（Yは音声言語と手話を併用）を行い，次にカレンダーワークを行うという流れで，筆者は紙芝居が始まるところから参加した。AとYは対面し，Yの右横に紙芝居を載せたイーゼルが置かれ，AはYの身体（顔，上半身）と紙芝居を左右交互に見比べながら読み聞かせに集中していた。基本的にYが絵の内容を語って聞かせる流れであったが，ときおりAが話を遮り，質問する場面が見られた。この日の授業について，放課後にYと協議した内容の一部は次のとおりである。

　最初に，筆者はAの表現力が以前と比較して格段に成長していることに対する驚きと，その成長はYの日頃の支援の成果であることを伝え，Yの苦労をねぎらった。加えて，以前よりもYの手が動き，Aとの会話の中に手話をはじめとする視覚信号が増えてきていることを指摘した。その上で，上記の場面に言及して紙芝居の活動についてのYの自評を尋ねた。Yは，まだまだ手話を十分に添えられていないこと，それでもAが集中して読み取ってくれるのでかろうじて会話になっていることを述べた上で，もっと手話単語の語彙数を増加させることが課題だと思うと述べた。筆者は，手話単語を増やすことの重要性に共感しつつも，問題はそれだけではないのではないかと疑問を投げかけることにした。そのことを具体的に検討するために話題にしたのは以下の場面である。

【会話】

　紙芝居は「浦島太郎のお話」で主人公の太郎が浜辺にいる場面の1枚が提示されている。左上に青く塗られた部分があり，Aはその1枚を見てすぐに立ち上がった。

A：青い部分を〈PT〉しながら〈/なみ/〉と発信した。

Y：「そうそう，それは」〈/うみ/〉「だね」と返した。

A：〈/海（海面）/から/下へもぐる/〉と発信した。

Y：「そうそうそう，そうだよね，海から」〈/もぐる/〉「だね」

A：[Yの顔を見ながらうなずく]。

さらに紙芝居が続き，竜宮城に到着する場面になった。

　AとYとの会話は，一見，問題なく展開しているように見える。けれどもAの側にたってその会話プロセスを振り返ってみると，自分の発信に対するYの理解が不十分であり，YがAに対して伝達しようとしている内容の一部が残念ながら伝わっていない。そのため，Aの状況理解はかなり未消化の状態になっていることを告げた。筆者とYとで授業内容を振り返り，どのようなコミュニケーション状況であったかを同定し，今後の指針（代替案やヒント）を協議した。その内容は以下のとおりである。

　会話について：Aは，絵の青い部分を指さしして/なみ/と表現した。Yがすぐに話をいったん止めて，このAの発信に注目できたことは適切であった。このとき，Aが注目した箇所はどこだったか。青い部分であれば，それはその場所の名称として「海」という表現を添えたYの返答は適切だったが，もしその輪郭の部分（ちょうど，デザイン・文様名称でいう「青海波」）に着目していたのであれば，それはまさしくAの発信した/なみ/で正解であった。子どもがポインティングする箇所・部分・全体を確認することとその確認作業が，そのまま子どもとの会話を膨らませる機会になり得る。例えば，「この青いところの名前は何だっけ？　そうそう『うみ』だよね。

じゃあ，この部分は，そう——波の身振り——，これの名前は『なみ』だね……」などが考えられる。ここでは子どもの発信を注意深く読み取ることの重要性が確認された。

　Aが表現した海の中へもぐっていく様子は，動きを的確に捉えていて素晴らしい。左手で海面を表現し，そこは動かさないで（動作の基準を作り，空間内に設定できている），右手（動作主体）が下向きの運動をする。これはAが手話で動詞の表現をしているともいえる（手話言語学でいうCL動詞の使用で，ここでは人を表すCLが使われていて，主語の役割をするCLと動詞が組み合わされていると予測できる）。このとき，応答が動詞の部分だけの反復になっている点が惜しまれる（せっかくのCL発信の確認ができていない，confirmationの必要性）。Yの音声言語では確認ができているのだが，残念ながらその音声がAには受信されていない。即時反復もひとつの方法であるが，その際表現している内容の要素にも注目してみたい。

　以上が，コミュニケーションの分析を中心とする授業リフレクションの実際例である。ここではAに見られた行動一つひとつを状況との関連の中で捉えること，すなわち行動体制としてみる見方（梅津，1976）や，そこに生じているつまずきや滞りを解消するための工夫としての心理学的輔生（梅津，1978）が話題となった。毎回このようなリフレクションを繰り返す中で，次第にYの発信に変化が見られるようになり，教室内に視覚信号として用いられる教材・教具が増え，YとAとのやりとりはいっそう進展していった。家庭における手話を中心とする会話の活発化にも強く支えられて，Aの会話力は飛躍的な伸展が見られるようになった。

〈プログラム中心の管理的コンサルテーションへの発展〉

　P聴覚支援学校への学校コンサルテーションを開始して3年目に，春の教員人事異動を契機に保護者から教員の手話コミュニケーションの課題が提起された。筆者は，保護者からその情報を得て，対保護者問題で学校内のチームワークが崩れないように，むしろこ

の機会に教員個々が弱点をカバーしあい，チームとしてシステムが機能するために研修会を企画することを発想した。そして学内の特別支援教育コーディネーターに率直に保護者たちの不安を説明し，その不安解消のためにも学校と協力して打開策を検討したい旨を告げた。検討の結果，これまでの担任Ｙとの検討をさらに拡大し，全職員が参加できる研修会を企画することとなり，管理職からも強い支持を得ることができた。

　2学期に校内に付設されている地域支援を行うセンターが主催するという形で，「手話学習会」と題して研修会を実施することとなり，Ｙとコーディネーター教員とともに会の目的・プログラムを設定した。計画の段階から，複数回にわたって実施することで合意し，1回目としては「日本手話と日本語対応手話　〜日本手話の構文を中心に〜」というテーマを設定することになった。また，講師として筆者以外に，筆者と共同研究を行っている手話学研究者（ろう者）にも参加を要請した。研修会を含んだ学校コンサルテーション当日の内容は，①授業参観（ＡとＹの授業を参観し，ビデオ撮影する），②テーマに即した小講義（「日本手話と日本語対応手話〜日本手話の構文を中心に〜」についてのパワーポイント資料を用いた講義：筆者担当），③授業についての協議（撮影したビデオ，担任Ｙが提供する記録ビデオをもとに，Ａのコミュニケーションの具体的様子を分析検討し，課題を掘り下げる：共同研究者担当），④全体の質疑応答，である。この試みについての評価としては，次のような伝信や受講教員の感想に有効性を見て取れる。「終了後，職員室では『勉強になったね』という声が盛んに聞こえた」「『今日，○○ちゃん，こうやってたんだよね。何が言いたかったんだろう』という会話が始まった」「とても私たちに響く話だった」「内容的にわかる話だった」。

　その後，教員集団が手話活用について積極的に研修に向き合っていることが保護者にも知れ渡り，肯定的に受け止められるようになった。さらに，3学期に2回目の研修を行うこととなった。2回目の内容は，目的等は同様であったが，ＡとＹとのコミュニケーション内容の分析を1回目よりさらに緻密かつ詳細に行った。そ

こでは，共同研究者からろう者ならではの視点や手話学に基づく仮説が披露され，参加者はＡが発信している内容の豊富さに圧倒される思いであった。そのことは次のような２回目についての評価に色濃く表れている。「Ａがあれほどたくさんの内容を伝えていたことに初めて気がついた」「とても反響があり，先生方よりぜひ継続したいとの強い希望があった」「来週から手だてとして考えたいことが見えてきた」「参加した全員にとって有意義な時間だった」。

　このようにＹや，頻繁に授業リフレクションに参加していた特別支援教育コーディネーター教員が研修の中心的役割を果たすようになり，学校コミュニティの中に，ろう重複障害児のコミュニケーション課題に取り組もうとする下地が形成されるに至った。

3 学校コンサルテーションの意義と課題

1 オンサイト研修システムとしての意義

　筆者は，これまで自身が取り組んできた学校コンサルテーション実践の研究を通じて，対象や方法がそれぞれ異なってはいても，その多くが研修の性格を有しており，そこには４つの機能があることを見出してきた（菅井，2006）。その４つとは，①共同分析，②新たな知識・技能の提供，③システム・ネットワークの活性化，④心理的支持である。今回報告したろう重複障害のある子どもを対象とした学校コンサルテーションを，この４つの機能に基づいて分析し，コンサルテーション実践との関連を示したものが表9-1である。今回の取り組みは，特に子どもとのコミュニケーション状況に関わる協議に重点がおかれ，それだけに子どもとのコミュニケーションをどのように分析的に捉えるかを，担任教員と共同して行う作業が中心であった。そこでは，必要に応じてろう重複障害のある子どもとの手話を用いるコミュニケーションの形成・促進に関して筆者が有する知識や技能の提供を行った。この実際のコミュニケーションの成長過程をたどる営みは，その形成・促進に関わる実践的

表 9-1　研修機能とコンサルタントの要件および実践との関連

研修機能	コンサルタントの要件	教育実践への つながり
共同分析	行動観察と行動体制の視点，コミュニケーション（信号系活動）の把握，手話コミュニケーション	授業研究・授業 リフレクション
新たな知識・技能 の提供	心理学的輔生の工夫，コミュニケーション学，手話学，発達心理学，教育方法学，カリキュラム研究	個別指導計画・ 教育カリキュラム
システム・ネット ワークの活性化	コミュニティアプローチ，学校心理学	個別の教育支援 計画・支援ネットワーク形成
心理的支持	心理学的輔生工作，臨床心理学	教員個人の自信 ・自己成長

見識をコンサルティであるＹとコンサルタントである筆者にもたらしてくれた。今回の取り組みは，教育実践の現場にコンサルタントが赴き，その場で（オンサイト）コンサルタントが実際的問題解決の協力者として，教員と共に相互がもっている資源力を共同化することで問題解決を図るという営みであった。その過程を通じてお互いの専門性の向上をもたらすものであるという学校コンサルテーションの意義が確認されたと考える。また経過が示しているように，身近な教育実践を題材にした実際上の課題をめぐっての協議は，担任教員はもとより，その実践を間近で見ている教員にとっても関心の高いものであった。それまでの協議を下地としてさらに全教員による研修会が共同で企画立案できたことは，このコンサルテーションの成果が教員集団によって評価されていることのひとつの証左であると考えられる。

2　ろう重複障害教育の専門性

　本報告は，コミュニケーションをめぐる課題解決を目指した取り組みであった。聴覚障害教育に関わる研究を進める上で，コミュニケーションについての検討は避けて通れないテーマである。特にろう重複障害教育においては，そのコミュニケーション課題を，単に手話を導入することだけで片付けることはできず，人間行動の成

長・変化の視点から再考し，方法論を越えて検討しなければならない。松崎（2018）は，ろう重複障害児とのコミュニケーション形成に関与する視点として，子どもの発信行動における些細な変化を観察することの重要性をあげ，その観察した事象について「子どもの『わかりかた』を仮定できる」としている。今回のコンサルテーションで示したエピソード分析において，コンサルタントが果たした役割のひとつがまさにこの子どもの行動を状況との関連の中で捉え（行動体制）た上で「わかりかた」についての仮説を提言することであった。ろう重複障害教育の専門性は，コミュニケーションという切り口ひとつを取ってみても，行動の心理学的捉え方やコミュニケーションの理論，手話学など多様な知識体系を背景にして成立しており，それだけに様々な連携の元で追求されていくべきものであろう。本取り組みでは，筆者が手話学の専門家との連携をコンサルテーションの過程に加えたことが，課題解決の一層の促進になった。本取り組みで見られたコンサルティの専門性向上は組織にも影響を与えることとなり，組織の問題解決へと向かうこととなった。

3　コンサルテーションプロセスに関与するスキル

　コンサルテーションを実効性あるものにするために，問題解決力はもちろんであるが，同時にコンサルティのメンタルヘルスの維持が重要である。問題が顕在化する時点でその中心にいるコンサルティは，しばしば集団の中で孤立し，あるいは自らの指針に対する自信を失いつつある場合が多い。志向性を保ちつつもすぐに効果があがらなければ保護者から批判を受けることもある。コンサルタントの介入と援助がかえってコンサルティの孤立を際立たせてしまう危険性がある。学校組織内への参入は，教員同士の同僚性を維持し，協働体制を強める方向へと機能することが基本であろう。2項で述べたように，コンサルティは連携先とのコミュニケーションによって自らの実践的見識を高めていくことから，コンサルタントには，コンサルティへの心理的支持を基盤とした「コンサルテーションプロセスに関与するスキル（対人関係スキル）の重要性」（脇・須藤，

2020）が求められている。したがってコンサルタントの立場にある研究者は，あくまで「黒子的存在」（吉武・菅井，2004）に徹するべきであり，活用資源として自らを位置づける必要がある。

　本報告では，コンサルティの成長・変化とコンサルタントに求められる態度・行動について考察した。コンサルティに加えコンサルタント自身の変化やその影響を評価する適切な方法，コンサルテーションによって得られた知見を学校全体で共有化していくための方途についてはさらに検討を加えなければならない。

■引用文献

Caplan, G. 1970 *Theory and practice of mental health consultation*. Tavistock publications Ltd.

中央教育審議会 2005 特別支援教育を推進するための制度の在り方について（答申）

松嶋秀明・田畑 治 2007 質的研究法．日本コミュニティ心理学会（編），コミュニティ心理学ハンドブック 413-425．東京大学出版会．

松﨑 丈 2018 ろう重複障害児との手話を主とするコミュニケーションの形成を目指した実践研究．宮城教育大学紀要，**52**，243-259.

永石 晃 2007 重度聴覚障害をかかえる児童・青年期の人々とその家族への支援——子どもと家族への教育的・心理的支援の実践と展開 日本評論社.

Oakland, T. D. & Jimerson, S. R. 2007 School psychology Internationally: A synthesis of findings. In S. R. Jimerson, T. D. Oakland, & P. T. Farrell, (Eds.) *The Handbook of International School Psychology*, 501-509. Sage Publications, Inc.

岡本邦広 2017 障害のある子どもの指導・支援に関する研修の研究動向．特殊教育学研究，**55**(4)，233-243.

奥田健次 2018 教師と学校が変わる学校コンサルテーション 金子書房.

大石幸二 2015 行動コンサルテーション——実践と研究の現在位置．コミュニティ心理学研究，**18**(2)，175-185.

篠倉麻美・納富恵子 2019 発達に課題のある児童生徒の不登校予防と改善につながる個に応じた支援のシステムづくり——学校の実態に応じた校内研修とコンサルテーションを通して．福岡教育大学紀要，**68**(4)，123-132.

菅井裕行・川住隆一 2004 障害児教育における学校コンサルテーションの展望．東北大学大学院教育学研究科研究年報，**53**(1)，299-309.

菅井裕行 2006 学校コンサルテーションによる特殊教育教師の専門性支援——視覚聴覚二重障害教育を担当する教師を支援した事例．コミュニティ心理学研究，**9**(2)，134-148.

梅津八三 1976 心理学的行動図．重複障害研究所研究紀要，**1**，1-44.

梅津八三 1978 各種障害事例における自成信号系活動の促進と構成信号系活動の形成に関する研究．教育心理学年報，**17**，101-104.

脇 貴典・須藤邦彦 2020 特別支援教育コーディネーターへの集中トレーニングによるコンサルテーションスキルの獲得と維持．教育心理学研究，**68**，33-49.

山本和郎 1986 コミュニティ心理学——地域臨床の理論と実践 東京大学出版会.

吉武清實・菅井裕行 2004 学校コンサルテーションにおけるコンサルタントの働き．平成13年度～15年度科学研究費補助金研究（基盤研究c2）学校コンサルテーションによる重複障害教育担当教員の専門研修支援に関する研究，44-47.

10 外国籍の子どもへの支援

胡　実

　　2019年の在留外国人統計（法務省，2019）によると，7歳（日本の小学1年生に当たる）〜15歳（日本の中学3年生に当たる）の外国人在留者は約19万人である。そのうち，中国人在留者は約6万人で最も多い。したがって，日本の小中学校には数多くの中国籍を持つ児童生徒（以下，中国人児童生徒）が在籍していることが推測される。外国籍を持つ児童生徒（以下，外国人児童生徒）への教育は日本の教育現場では大きな問題となっており，取り組むべき重要課題のひとつとしても認識されてきた（林，2017）。

　　本章では，胡（2020）をもとにスクールカウンセラー（以下，SC）としてどのように中国人児童生徒の支援に当たるべきかを論じるが，いずれ増加するであろう中国以外の国からの外国籍を持つ子どもに対する支援について考える際のヒントとなることを期待している。

1 外国人児童生徒の心理的支援ニーズ

　　外国人児童生徒への支援は日本語教育に関連するものが中心であると思われやすいが，言語面だけではなく心理面でも支援を行うことが必要とされている。なぜなら，人間は新しい環境へ移行した後，環境との快適な関係を保つために適応問題に直面するからである。特に「**異文化**」という環境である場合，自分のなじんだ文化や習慣とは異なる環境に適応していかなければならず，大きな心理的負担を伴う（劉・服部，2012）。文部科学省（2019）が作成した「外国人児童生徒受入れの手引」によると，外国人児童生徒は学校の中で

日本語の学習や学力の向上だけでなく，学校への適応，居場所の確保，自我同一性の確立，母語・母文化の保持などメンタルヘルスに関する様々な課題にも直面しうるとされている。

　さらに，たとえ日本語学習支援が適切に行われたとしても，外国人児童生徒が心理的な問題を抱える場合，学習面にも悪影響を及ぼす可能性がある。二井・緩利（2013）は，外国人児童生徒の場合，文化的背景の違いに起因する心理的不調が学習困難をはじめとする各種困難の形で表に現れる場合が多いと指摘している。また森田（2011）は，外国人児童生徒が抱える心理的な問題は，言語・文化的背景の違いに起因する部分や個人的・家庭的背景の違いに起因する部分とも多重に絡み合うことが多いため，たとえ日本語習得が順調だとしても，それだけでは必ずしも他の側面においても適応的とは限らないと論じている。

　したがって，外国人児童生徒が適応し，日本での充実した学校生活を送るには日本語学習支援のみでは限界があるといわざるを得ない。さらに，外国人児童生徒の中には，来日した時点ですでに何らかの心理的な問題に悩まされながら学校生活を送る子どももいることも忘れてはならない。そのため，教職員や保護者が外国人児童生徒の抱える心理的な悩みを理解し，適切な関わりを持つことが重要であるといえよう。とりわけ，外国人児童生徒の中で人数が最も多い中国人児童生徒に関する心理的支援について検討していくことは急務である（孫，2013）。

　学校現場で心理的な問題に悩まされる児童生徒を支援する方法は，カウンセリングのように該当児童生徒を直接的に支援する方法と本章で取り上げるコンサルテーションのように教職員や保護者といった関係者たちを支援することにより間接的に該当生徒を支援する方法に大別される。外国人児童生徒への支援にもこの2種類の支援の実施が必要であることはいうまでもない。しかし，実際のところ言葉の壁や異文化への理解不足といった事情によって，外国人児童生徒の心理的問題に対してSCをはじめとする学校現場の心理職は適切な支援が実施できない場合も少なくない。

筆者は，中国の大学を卒業した後に来日し，大学院で臨床心理学の学位および臨床心理士の資格を取得した。また，2015年から現在までSCとして公立小中学校に勤務している。その間，中国人児童生徒が多い複数の小中学校を担当し，数多くの中国人児童生徒自身から相談を受けてきた。こうした直接的な支援のほかに，担当校の教職員や児童生徒の保護者，また必要に応じて他校の日本人SCにコンサルテーションを行ってきた。以下では，こうした筆者の経験を踏まえながら，中国人児童生徒と関わる関係者にコンサルテーションを行う際に必要な心得を紹介する。

2 コンサルテーションを行う前に

中国人児童生徒と関わる関係者にコンサルテーションを行う前に，心理学の知識はもちろん，中国人児童生徒が日本の学校生活に適応する際の影響要因について把握したうえで，中国人児童生徒と関係を持つことが望ましい。以下に，学校適応に影響を及ぼす要因と筆者が普段行っている支援について紹介する。

1 知っておきたい影響要因
(1)来日についての意思決定

中国では可能なかぎり家族団欒を図るように努める。そのため，保護者は経済状況の改善を図るべく来日し，日本で安定した生活を送れるようになると子どもをそばに置きたいと中国から呼び寄せることが多い。その際，来日という決断の中に子どもと保護者の意思がどのような割合で反映されているかは適応を予測する上で重要なポイントである。来日の意思決定に関しては以下の4つのタイプがみられる。

①保護者から日本に呼び寄せられることを子どもが承諾する。

②子ども自らが来日を希望する。

③保護者が子どもの意思を無視して自分の都合で子どもを呼び寄せる。

④保護者も子どもも来日を望んでいないが保護者が呼び寄せざ
るを得ない。

　特にタイプ④の場合では子ども自身だけではなく保護者にも大
きな負担が生じるため，支援が得られない場合，子どもが来日後の
学校と家族生活の両方において不適応に陥る可能性が高くなる。
　また，子どもの来日について，両親の間でいつも意見が合致する
とは限らない。例えば母親が子どもの来日を望んでいても，父親が
経済状況をはじめとする様々な状況を考慮し反対する場合もあり，
逆の場合もありうる。最終的には賛成しない側が妥協することが多
いが，子どもが来日した後で何かの危機に直面した際に，当時の決
断についての対立が蒸し返され，子どもの対応をめぐり両親の間に
トラブルが起きてしまう。それにより中国人児童生徒の状況がさら
に厳しくなる可能性がある。

(2) 発達特性と環境変化

　中国人児童生徒が生得的に持っている特性で，**発達障害**を疑わせ
るもの（以下，本田［2017］にならい**発達特性**とする）が来日という環境
変化により来日前より顕著になる場合には，以下の４つのパター
ンが見られる。
　１つめは，言葉の壁や生活環境の変化により，発達特性がいっそ
う目立つようになるパターンである。例えば，軽度知的障害を持つ
中国人児童生徒の場合，言語の問題がない母国でさえも勉強につい
ていくのが大変であるのに，外国語である日本語を基礎から学びな
がら勉強を進めなければいけないとなると，早い段階から脱落する
リスクがある。
　２つめは，その発達特性に由来する行動が母国ではさほど問題視
されなかったにもかかわらず，日本で問題行為としてみなされるパ
ターンである。例えば，知的に問題ない注意欠如・多動症（ADHD）
の傾向を持つ子どもの場合，母国では成績が良かったため，その子
の特性がそれほど問題視されてこなかったものの，日本の学校に編

入した後，日本語学習の影響で「成績が良い」という認識が来日初期には得られず，多動性・衝動性から来る不適切な行動に周りが注目してしまう場合である。

　3つめは，環境適応の**コーピング**が来日により破綻するパターンである。それまでに環境に適応するために身につけていたコーピングが来日により使えなくなり，新たなコーピングもまだ見出せていないため，発達特性から生じる行動が再び表面化することがある。例えば，読字障害の傾向を持つ中国人児童生徒は母語の環境においてはかろうじて破綻せずにすんだものの，来日後に日本語を勉強し始めたところ読字障害の傾向が顕著になる場合がある。

　4つめのパターンは，母国では生活上の破綻を誘発するような刺激がなかったか，あるいは周りから十分な支援を受けていたため，発達特性による不適応がなかったが，来日後は今までと同じような支援が得られないため，発達特性が顕著になった場合である。例えば，母国では人間関係上の変化が少なく，祖父母など周りからのサポートを受けながら成長していた自閉スペクトラム症（ASD）の傾向を持つ中国人児童生徒が，来日後，周囲からのサポートが喪失し，日本での生活という新しい環境になじむことに苦痛や戸惑いを感じる場合がある。

(3) 中国人児童生徒同士の関わりの影響

　日本では，地域により中国人児童生徒が多く在籍する学校がある。このような学校の中国人児童生徒は日本の学校制度に慣れ，日本人生徒との関係を構築するのに加えて，中国人児童生徒との関係も築かなければいけない。中国人児童生徒同士の関係は，児童生徒が学校生活に慣れるのに最も大きな影響力を持つときもある。同じ中国人といっても，来日年数，日本語能力，家庭状況，育った環境など様々な側面において相違があり，子ども同士は必ずしも仲良くなれるとは限らない。

　途中から編入してきた中国人児童生徒にとって，学校の中にすでに中国人児童生徒同士のグループがあることは，自力で日本での学

校生活に適応できるようになるまでの間の「**移行域**」となる。この
ような「移行域」があるため，来日当初に起きやすい新しい環境へ
の不慣れや戸惑いがある程度軽減されるが，その一方で時間が経っ
ても「移行域」から出ようとせず，日本語の学習や日本人児童生徒
との友だちづくりといった，日本社会との接触をしようとしない児
童生徒がいることも事実である。また，中国人のグループでは所属
メンバー間に緊密性がある反面，ちょっとした刺激でも大きな変化
が生じる易刺激性も持っている。例えばメンバー同士の喧嘩により
グループが分裂し，どちらの側に入るのかを選ばなければならず，
不安になる子どもが出てくることもある。

⑷ ２つの言語能力

　二言語を併用する環境にある子どもの言語能力を捉えるには，
Cummins（1982）の考えが参考になる。Cumminsによれば，言
語能力には場面への依存度が高く認知的要求の少ない生活場面での
会 話 を 中 心 と し た **生 活 言 語 能 力**（Basic Interpersonal
Communication Skills: BICS）と，場面や文脈への依存が少なく認
知的要求の高い**学習言語能力**（Cognitive Academic Language
Proficiency: CALP）の２つの側面があるという。生活言語能力は
日常生活の中で獲得していく言語能力であり，具体的なものごとを
表すものである。一方，学習言語能力は置かれた環境の中では自然
に獲得できず，学習活動によってしか獲得されない言語能力であ
り，抽象的・概念的なことがらを表し，認知能力を発達させる上で
必要とされるものである。

　一般的には生活言語能力は２～３年と比較的速く獲得されるのに
対して，学習言語能力の獲得には５～７年かかるとされている。中
国人児童生徒は日本の学校生活に適応するために，生活言語能力の
みならず学習言語能力の学習も求められる。日常会話などの日本語
によるコミュニケーションは取れるが，日本語を理解し日本語で文
章を作ることには困難を感じる児童生徒もまれではない。

2 普段の支援

⑴中国人児童生徒への個別の関わり

　筆者は普段から昼休みや放課後といった面談以外の時間を利用して，各学年の中国人児童生徒と関係性をつくるよう，アウトリーチを意識して活動している。また中学校の場合では可能なかぎり，中国からの編入生や1年生の中国人生徒と面談できるように学校側の協力をお願いしている。このような関わりの利点として，以下のような点が挙げられる。

①早いうちにSCが中国人児童生徒と関係をもつことによって「環境変化」のストレスがある程度軽減されうる。

②SCが，早期に子ども本人や家族の情報を入手したり，本人が抱える悩みやリスクをアセスメントしたりすることが可能となり，それによって教職員との情報共有・交換がよりスムーズになる。

③たとえ一回だけの面接であっても，いざ問題が起きた際にSCが介入しやすく，つながりやすくなる。

④SCと関係性を結ぶことによって，問題に直面した際に中国人児童生徒が自ら来談を希望する動機が高められる。

　また，中国人児童生徒と関わる際には「普段接する大人と違う大人」であるように心がけている。今まで生活していた環境を離れ，異国の日本に来させられた中国人児童生徒は，周りの大人たちを「自分のことを考えてくれない理不尽な人」と警戒する場合がある。また，中国では受験競争が激しく，来日した中国人児童生徒の中には，以前の「厳しい先生」との関わりで苦しい体験を持ったため，来日後も同じような「先生」と会うことを避けようとする子どもも少なからずいる。そのため，SCとして仕事をする際には，中国人児童生徒にとって，「先生」でありながらも彼らのことに関心を持ち，彼らの言い分や悩みに共感を示した上で問題解決へ導くという「生徒の立場に寄り添う」スタンスでいることが重要な意味を持つ。

(2) 中国人児童生徒グループへの関わり

中国人児童生徒同士間の関わり方について，子どもたちから相談を受けることが比較的多い。本人の辛い気持ちや不安感をしっかりと受け止めた上で，情報確認をし，緊急度の判断を行って，本人の力でできることはないか一緒に検討している。その後，必要に応じて教職員に情報提供し，教職員からも情報を収集すると同時に，助言を行う。状況によっては，教職員に見守ってもらう場合もあれば，教職員と連携しグループのなかのキーパーソンである子どもにアプローチをする場合もある。

複数の児童生徒が同じ主訴で来談することもあるが，その場合，SCの立場から助言を行ったり，直接アプローチしたりすることもある。中国人児童生徒同士の関係は，それぞれの子どもに大きな影響を与えるため，子ども自身の成長につながるようにグループ全体に働きかけることもある。逆にグループ全体が不安定になりかけた際には核となるメンバーに働きかけることが重要である。

3 コンサルテーションを行う際に心掛けるべきこと

1 教職員へのコンサルテーション

多くのコンサルテーションは，国際教室の担当者やクラス担任，あるいはその他の教職員から相談を受けることから始まる。主な相談内容としては，勉強したがらない，教えた内容をすぐ忘れるなどの学習に関すること，他者とのトラブルなどの人間関係，遅刻や持ち物の紛失などの自己管理の問題である。コンサルテーションでは，そういった問題の背後に発達の偏りや日本の学校生活への不適応がないか検討してほしいとか，子どもへの支援のヒントを教えてほしいとか，子どもの情緒面のサポートを行ってほしいというようなことが要望される。緊急でなければ，相談を受けてからまず当該の子どもの様子を観察したり，子どもと母語で雑談したりすることから始めるが，そこでヒントが得られることも少なくない。その後

に，あらためて時間を設定し，事前に得た情報を念頭に置きながら，子どもと面談を行う。その際，来日の経緯，現在本人が置かれている状況，教職員が問題視することに対する本人の捉え方などについてできるかぎり詳しくアセスメントすることを心がける。

コンサルテーションでは，日本での生活において本人が困っていること，本人の状態や問題についてのSCの見立て，コンサルティである教職員が問題視していることへの生徒の捉え方，本人と接する際の注意事項，外部機関との連携の必要性といったことについて助言する。また，必要に応じて，来日経緯，本人の普段の生活状況，家族関係，来日への思いについても情報共有を行うことがある。言語の問題などにより，教職員が捉える事態が子どもの実際の状況と必ずしも合致するとは限らず，子どもの現状が知られていない場合が少なからずある。教職員と情報共有することにより，教職員が当該の子どもについて理解を深めることができれば，最終的に中国人児童生徒全体の学校生活にプラスに作用すると思われる。

2　中国人保護者へのコンサルテーション

子どもの対応を知りたくて自ら来談を希望する保護者がいる反面，子どものことについてSCと相談したほうがいいという教職員の勧めで不本意のまま来談する保護者もいる。後者の場合，円滑に関係性を築くために，面談の際に以下のようなことを心がけている。

①感謝の気持ちを伝え，子どもに関する情報提供および家族の協力をお願いしたいために面談を設けたことを説明し，保護者の安心を図る。

②学校で問題視されている子どもの行動を伝え，それについて保護者がどのように捉えるかをアセスメントする。

③情報収集として，子どもの家での過ごし方や幼少期の様子，親子間のコミュニケーションの頻度や内容，日本に呼び寄せた理由などについて尋ねる。

④保護者の思いを尊重した上で，SCの意見を呈示し，家庭でも

協力してほしいことを伝え，子どもの接し方について助言する。必要があれば，医療機関やその利用方法についても紹介する。

⑤時間があれば，保護者の来日経緯や生活状況，保護者のソーシャルサポートの有無などについても尋ね，保護者の困り感に積極的に理解を示し，苦労を労う。

⑥もし可能であれば，担任など子どもと関わる教職員にも面談に参加してもらい，教職員と保護者との相互理解が深まるように働きかける。

　子どもの発達特性に関するコンサルテーションを求める保護者に対しては特別な注意を払う必要がある。なぜなら，中国人児童生徒が来日するまでの間，子どもと一緒に暮らす期間が短く，特に幼少期の様子を知らないという保護者がいるためである。子どもの幼少期について保護者に尋ねても答えが得られないことも少なくない。特に子どもの幼少期に来日した中国人保護者の場合では，「子どもが幼いときに自分がそばにいなかったから」とか「そばにいなかった上，無理やりに日本に連れて来たから」というように自責傾向が顕著となる。この場合，どこかのタイミングで，発達障害に関する丁寧な説明を保護者に行い，自責感の緩和を図ることが必要となる。

　多くの中国人保護者は発達特性のアセスメントや支援に協力的であるが，そういったアセスメントや支援としての合理的配慮を子どもの自尊心を傷つける行為と見なしたり，知能検査についての提案を差別であると捉えたりして，非協力的になる保護者もいる。発達特性により学校生活に適応できない子どもの場合，適切な知識を持たない保護者は，子どもの不適切な行動を日本語能力の不足や環境への不慣れに帰属させようとする傾向がある。この場合，知能検査を受けさせることができたとしても，その結果は信憑性が低く，信じるに値しないと保護者が捉えがちである。もし性急に学級移動などの支援計画を提案しようとすると，保護者は強引だと認識して

しまい，学校側との信頼関係を損なう恐れがある。

　したがって，子どもの発達特性について，保護者にコンサルテーションを行う際には，子どもの日本語能力や生活への適応といった要因からの影響を十分配慮しつつ，保護者の立場に寄り添いながら子どものためにすべきことについて一緒に検討することができるように根気強く関係性を築いていくことが重要となる。保護者の意思を尊重したうえで，日本の学校における発達障害への支援体制，受診することの利点，家庭での対応の仕方について丁寧な心理教育を行うことが必要となる。

3　日本人SCへのコンサルテーション

　回数は少ないが，中国人児童生徒の対応について他校の学校長の要請により日本人SCの相談に乗ることがある。この場合，広い意味ではSC同士の話し合いとなるが，筆者は「**多文化カウンセラー**」として当該校のSCと会うことがほとんどであり，専門性の異なるカウンセラーへのコンサルテーションといっても差し支えないだろう。以下に，外国籍の子どもの支援を考える際に重要と思われる点を紹介しておきたい。

　日本人SCとは，まず電話で来日年数や家族構成などの基本情報や学校で問題視されている行動について教えてもらうことから始まる。そのうえで後日その学校に赴き，そこで日本人SCや当該の子ども，そしてもし可能であれば保護者にも会うようにしている。まず子どもとの面談を行い，その後に引き続き日本人SCと会うことが多いが，子どもとの面談の内容，来日に関する本人の思い，問題行動についての本人の捉え方などについて日本人SCと情報共有を行う。その際，子どもに関する認識がより立体的になるために，その子が来日する前の生活の様子や日本での生活への思いについても可能なかぎり詳細に伝える。

　情報共有の後，母語で会話する際の本人の様子，保護者が同席した場合に観察できる親子関係の特徴，問題発生についての筆者の見立てなどを伝える。問題をもたらす要因が複数存在することも多

10
外国籍の子どもへの支援

3

147

く，すぐに判断できない場合が少なくない。例えば，日本語の勉強が進まない子どもの場合，背景のひとつに発達特性があるケースもあるが，その他，例えば知的に問題がないものの勉強の習慣を身につけていないことや，本人の意思に反して日本に連れて来られたために日本語を学ぼうとする意欲が低いといった要因も考えられる。したがって，日本人SCに見立てを伝える際に，多方面から検討できるように，考えられる影響要因をなるべく多く挙げることにしている。

さらに，日本語教室や外国語が利用可能な医療機関など，現状で利用できる資源を紹介し，得られた情報と見立てに基づいて，SCの立場からどのような支援ができるかを日本人SCと一緒に検討する。その際に，例えば描画を介する交流，翻訳機を用いた会話，あるいは日本人SC，通訳としての筆者，該当児童生徒との三者面談といった日本人SCと子どもの間に「言葉の壁」があっても関係性をつくることができる方法について検討することが多い。特に来日した当初では，子どもだけではなく家族も互いの接し方で戸惑うことが多いため，家族への支援についても一緒に検討する。

なお，発達障害の疑いがある中国人児童生徒への支援がSCに求められることがしばしばあるが，外国語対応可能なアセスメントの手段や支援資源が限られているのが現状である。発達障害の疑いがある中国人児童生徒を学校の中でいかに支援するかは，日本人SCとの面談の中で話し合うことの多いテーマのひとつである。筆者が強調して伝えているのは「自尊感情の低下や周囲への認知の歪みなどといった**二次障害**への支援」である。特に来日して間もない子どもの場合，二次障害があると，自分自身や周りに関する偏った認識が言葉の壁と相まって，これからの日本の学校生活に対する感じ方に大きな影響を及ぼす恐れがある。一方，二次障害にきちんと対応することができれば，その影響が弱まっていき，日本での生活への適応レベルが高まることも数多く経験している。したがって，発達障害の疑いがある中国人児童生徒への支援においては，二次障害への対応は欠かせない。

4 おわりに

　本章では，筆者が中国人児童生徒と関わる関係者にコンサルテーションを行う際に心掛けているポイントを紹介した。中国人に限らず，外国人児童生徒と関わる関係者に対するコンサルテーションを有効に行うには，語学力や心理学の知識のみならず，異文化適応や母国の事情，学校の事情などについて知ることが不可欠である。コンサルテーションを含め外国人児童生徒およびその関係者に対して支援を行う際に最も重要なことは，彼らのことをもっと知りたいという強い気持ちを持つことだといえよう。

■引用文献

Cummins, J. 1982 Tests, achievement, and bilingual students. *Focus*, **9**, 1 - 7.

二井紀美子・緩利 誠 2013 外国人児童生徒に資するアセスメントの枠組の提案——不就学児調査を通して．生涯学習・キャリア教育研究，**19**，1 - 12.

林 恵 2017 外国にルーツがある子どもの就学に向けた子どもと保護者への支援——外国人保護者への調査．帝京短期大学紀要，**19**，33-42.

本田秀夫 2017 大人になった発達障害．認知神経科学，**19**，33-39.

法務省 2019 在留外国人統計 国籍・地域別 在留資格（在留目的）別 在留外国人 2019年6月末．http://www.moj.go.jp/isa/policies/statistics/toukei_ichiran_touroku.html （2020年5月20日閲覧）

胡 実 2020 日本の公立小中学校における中国につながる生徒への心理的支援についての考え——スクールカウンセラーの視点から．コミュニティ心理学研究，**24**(1)，27-40.

文部科学省 2019 外国人児童生徒等の多様性への対応．外国人児童生徒受入れの手引 第1章．https://www.mext.go.jp/component/a_menu/education/micro_detail/__icsFiles/afieldfile/2019/04/22/1304738_003.pdf（2020年5月20日閲覧）

森田京子 2011 ブラジル人児童と多様化する教室のマイノリティー．多文化関係学会（編）多文化社会日本の課題——多文化関係学からのアプローチ 79-99．明石書店．

劉 音・服部 環 2012 在日中華系留児童生徒における異文化適応の促進要因について．筑波大学心理学研究，**43**，9-14.

孫 暁英 2013 在日中国人児童の生活実態及び今後の課題に関する一考察——留学生支援者の報告書の分析から．早稲田大学大学院教育学研究科紀要別冊，**21**(1)，47-57.

11 大学の 学生相談における コンサルテーション

菊住　彰

　大学などの高等教育機関の学生相談室では，学年が上がるにつれ
て主訴（相談の内容）も多岐に，複雑に，そして専門的になっていく。
もちろん日々の授業についていくことや課題の提出が間に合わない
という嘆きも寄せられるが，その背景に専門家集団ならではの「師
弟関係」のしがらみが潜んでいたり，専門的な学びや技術を習得し
た末に自分の望んだ将来があるのかという不安が生じたりすること
は，読者の多くが経験したことではないだろうか。それらは青年期
の精神的自立ゆえの葛藤であり，待ち受ける次のライフステージで
のステップアップを企図するからこその逡巡である。

　学生からの主訴が自我の形成に伴う個人的な葛藤として表現さ
れると，教員は学生が納得できる単純明快な解答を授けることが難
しくなる。よほどのカリスマ教師でない限り，青年期の若者に対し
て一般論で諭しても説得力を持たなくなるからである。学生支援に
熱心な教員ほど，試行錯誤した末に他の職務に割くエネルギーまで
も枯渇して「**燃え尽き症候群**」に陥る例を数多く見てきた。

　学生相談室がコンサルテーションによって教員のニーズに応え
得るのは，カウンセラーの持つ専門性が教員の試行錯誤に方向性を
もたらすからである。教員にとって，日頃から青年期の学生と向き
合ってきたカウンセラーの経験を生かさない手はない。一方カウン
セラーにとっても，学生に直接関わる教員をコンサルティとして，
学生に対して間接的に介入できるというメリットがある。コンサル
テーションはコミュニティ心理学の「最も重要なサービス方法であ
るだけでなく，コミュニティ心理学の根本的な姿勢を技術的に表し

たもの」（山本, 1986, p.87）であるなら，大学など学校の規模が大きくなればなるほど必要不可欠な支援の形態であると言っても過言ではないだろう。

【註】大学の他に日本の高等教育機関には，短期大学や専門学校を含むことが一般的であるが，本章では特に断りがない限り「大学」を念頭において論じる。また，学生相談機関の名称も様々であるが，すべて「学生相談室」と表記する。

1 学生相談におけるコンサルテーションの意義

全国の学生相談室における来談者に占める教職員の割合は年々増加傾向にある（齋藤, 2015, p.16）。X大学の学生相談室も例外ではなく，来談者の分類のうち学生本人ではなく保護者や教員を表す「その他」の割合が増えて今日に至っている。特に研究室の担当教員や学習指導主任と呼ばれる教員の来談が急増した。指導教員が学生から不調の訴えを受けたり様子の変化を案じたりして，学生本人に来談を促し，ときには同伴して来てくれる場合もある。学生との面談が終結となった後も，指導教員として研究室で見守る学生の心身の調子の変化や研究の進捗の節目に際して，その学生への関わり方の助言を求めて来室する教員もいる。さらには登校できなくなった学生への対処方法について，保護者との連携を取るべきか否かを含めて教員が相談に来る場合もある。その背景にあるのは教員と学生相談室カウンセラーが毎年1回定期的に情報交換を行う懇談会である。

1 コンサルテーションが学内ネットワークを育む

図11-1はその懇談会で用いた資料の抜粋である（菊住, 2016）。相談の受け付けから終結までの流れや，教員が勧めて来室した学生がどのように面談を始めて，学生生活に再びなじんでいくのかを解説してある。教員からは，困り事を抱える学生が相談室の利用対象として適当かどうかといった質疑が寄せられた。学生の相談室利用

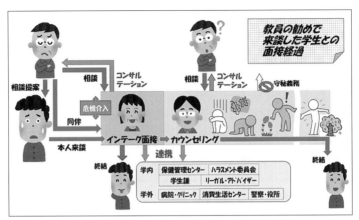

図11-1　教員の勧めで来談した学生との面接経過（菊住，2016）

の実像を伝えることによって，教員が学生に相談室を勧めてくれる
機会が飛躍的に増えた。

　ただし，教員が学生に来室を勧めても，学生本人が応じなければ
カウンセラーは会うことができない。この相談室では学生の**自主来
談**を掲げており，呼び出しをかけて来室を強要することは決してし
ない。しかしその場合でも，教員がその学生に適切な介入が必要と
考えるときは，教員自身がコンサルテーションを求めて訪ねてく
る。カウンセラーは教員をコンサルティとして，当該学生にどのよ
うな留意や配慮が必要かについて話し合う。これが前述の「その他」
の件数増加の最大の理由である。

　ひきこもりの学生への介入の場合は，教員だけではなく研究室の
先輩や保護者など，プライベートなネットワークを動員することが
功を奏す場合もある。学生をとりまく複数の人々の力を集結してコ
ンサルテーションを行うことによって，解決に向かうこともある。
コミュニティ心理学では，こうした**サポートネットワーク**を構築す
ることも臨床家の役割としており，筆者はその関係構築の可能性を
探りながらコンサルテーションを行っている。

2 学内の多職種非専門家によるサポート力を高める

コンサルテーションではクライエントを支えるのはコンサルティである。内的自己を見つめるだけではなく，社会適応や生活管理も含めた支援を目的とする現代の学生相談において，心理専門職以外がキーパーソンとなって解決に至るケースは多い。一人の心理の専門家が援助の担い手となるのではなく，コミュニティにいる**非専門家**をコンサルティとして活用することによって，より多くのクライエントに心理的援助が可能になるという，コミュニティ心理学のひとつの理念に叶う発想である。コンサルティとなった教員が大学コミュニティのサポート資源として残るだけでなく，大学というシステム全体を変えていくことにつながる。山本（1986）がコミュニティ心理学者の役割のひとつとして掲げた，個人だけでなく，家族，集団，コミュニティの変革の促進をするという責務を果たすための基本姿勢でもある。

3 【事例】口下手なA君は卒業できないのか

サポートネットワークを味方にして研究のモチベーションを維持した事例を紹介する（菊住，2015）。本稿における事例はすべてプライバシーに配慮して論旨に差し支えない範囲で内容を改変している。

X大学4年生のA君は集団の中で会話することが苦手で，ゼミの後に不定期に誘われる飲み会には欠席が続いた。卒業研究の進捗度は中間発表までは他の学生より高かった。ところがその頃，指導教員のB先生から「ゼミ内での和を乱すようでは，社会人として失格。研究室の活動にコミットすることもキミの評価につながる」と言われた。コミュニケーション不足により卒業が危ういと指摘されたと捉えたA君は，極度の不安から音信不通になった。心配した助教が自宅を訪ね，不眠などの状態を見かねて相談室を訪れた。筆者は助教を通じてA君に来室を勧め，指導教員以外に相談できる教員を探すように助言した。直ちに相談室を訪ねて来た准教授のC先生が，以後コンサルティとなる。

受診の結果，うつ状態であることと自閉症スペクトラム障害の可能性が指摘された。服薬により通学を再開したが，筆者はそれから1年近くC先生と面談を続けた。C先生はA君の卒論指導に直接関与する立場ではなかったが，A君とは何気ない世間話ができていた。その雑談の折に得たA君の状態をC先生は筆者に伝え，筆者からはA君の認知の偏りを解くための助言をした。

　卒論の審査は複数の教員が行うこと，その教員たちがA君の研究の完成度を卒業認定に値する水準と見なせば，A君が飲み会に行くか否かは評定に影響はしないこと，研究室の人間関係が生涯にわたってA君の生活に影響するとはいえないことなどを，C先生から伝えてもらい，A君も自身の不安が軽減するのを感じ取っていった。さらにA君自身の希望もあって，定期受診している保健管理センターの医師や学生課の就職担当の職員に筆者から事情を説明し，発達障害でも得意分野を生かして志望した企業で働く卒業生がいることを聞くことができたC先生から，それらをA君に伝えてもらった。その後，A君のモチベーションは回復し卒業に至った。

　この事例は研究室内で孤立した学生の立ち直りのために，コンサルテーションを通してコンサルティがネットワークを築いた例である。この事例を経て学生課の職員と教員との間では，疾患を抱えた学生の修学と就職に関して，積極的に両立を促したほうがよいか，それとも卒業を優先して，その後に就活を始めることを勧めたほうがよいかなどを話し合う機会が増え，A君が卒業してからも相談室との関係が築けた。ひとつの事例が終結しても，サポートネットワークが残ったことになる。

2 コンサルテーションは体制変革のアクセル

　山本（1986）はコミュニティ心理学者の役割として，①**変革の促進者**，②**コンサルタント**，③**評価者**，④**システムオーガナイザー**，⑤**参加的理論構成者**を掲げた。このうち①変革の促進者と④システ

ムオーガナイザーとしての役割は，既存のシステムを活性化した
り，新たに作ったりすることによって，利用者のニーズに合った支
援システムをもったコミュニティにしていくことである。臨床家と
してのカウンセラーがそれを大学側に働きかけるうえで，②のコン
サルタントとしての実践と分けて考えることはできない。Y大学で
の変革の事例を掲げて説明したい。

1 治療モデルから発達成長モデルへの改組

　大学組織の中で学生相談室がどの位置に配置されているかは，開
設経緯や組織管理上の事情もさることながら，その学校が学生相談
室にどのような支援のあり方を使命として課しているかを表してい
る。いわば学生支援に関する理念が示されている。

　以下に挙げる学生相談室も，従来は医務室と並んで健康管理セン
ターの傘下にあった。相談室カウンセラーの仕事として，新入生が
健康診断時に問診票を提出する際にストレスチェック表も記入さ
せ，その点数をもとに個別に呼び出しをかけて心の健康状態を尋ね
る作業があった。うつなどの疾患のある学生のスクリーニング調査
である。しかしその呼び出しに応じる学生は少なく，来室予約をし
ても無断キャンセルすることもあった。それでも修学困難な学生の
早期発見および相談室の利用啓発という名目で，このスクリーニン
グは継続して行われていた。

　筆者が着任して間もない頃，教職員から「個人情報保護の権利教
育もなされていない新入生に精神状態の記入を実質的に義務づけ
て，相談室がデータを把握するのは人権侵害の恐れがある」との指
摘があった。筆者自身もそれ以前から，「相談室に行ったら病人扱
いされた」「相談室なんかに行ったらおしまいだと担任から言われ
た」という声を学生から聞いていた。利用機会の促進どころか，
「行ってはならないところ」「内緒で行く場所」になっていたのであ
る。こうした訴えは，古典的な「**治療モデル**」としての介入姿勢が
現代の学生のニーズと乖離していることの表れである。すでにス
クールカウンセラーの全校配置が進んだ中高生時代を経て学生は入

学している。本当に心理療法等による治療が必要な場合は精神科に相談するという使い分けを，学生自身が理解している時代である。相談室に学生が求めるニーズは治療ではないにもかかわらず，学生相談室とそれを統括する健康管理センターが学生の病理に着目して，相談室で心理療法を施すような長期の関わりを志向する固定観念があることに，筆者は違和感を覚えた。

「**発達成長モデル**」への転換を筆者が訴えたのは，着任して２カ月後である。すでに現状を憂えていた現場の教職員に対して理念のズレが背景にあることを具申すると，意見交換に臨んだ学校運営幹部からもエールを送ってもらえたのは心強かった。大学を含む学校法人が動き，組織改革が断行された。健康管理センターをはじめとする医療機関は総務部内の一部門に移動し，医療から独立した学生相談室は学生交流支援室・障害学生支援室と並ぶ３組織として，新設の学生生活支援室の中に包括された。その学生生活支援室は就職支援室と対になり，学生が自らの長所を伸ばして将来に生かすためのサポートに専念する理事長直轄の付属機関として位置づけられた。３室を管轄する学生生活支援室は新たな規程を制定し，これによって学生相談室は名実ともに発達成長モデルの実践機関の窓口として再出発することとなった。チェックシートによるスクリーニングも撤廃した。

2 「奥の院」からアウトリーチへ：支援活動の可視化

相談の主訴が個人の性格や適性である場合，来談した学生は自分の短所・欠点を強く意識し，自己効力感が低いことが多い。個人の弱さに注目し，その原因を成育歴から究明し修復することは，伝統的な心理臨床では一般的に行われてきたことである。こうした治療モデルに対して，コミュニティ心理学で重視する発達成長モデルは，人が本来持っている「健康的な部分や強い部分に働きかけることで，**コンピテンス**（有能さ）を発揮・向上させることに重きを置こうとする」（植村, 2012, p.12）介入方法である。

筆者の携わった組織と活動の改革例に話を戻そう。発達成長モデ

ルを遂行する新しい体制のもとで，学生相談室の活動は**アウトリー
チ**を志向するように変えていった。学生が内緒で通い，1対1の面
接を繰り返す「奥の院」と揶揄された印象を払拭しなければならな
かったからである。それまでは，カウンセラーという肩書を持つと
はいえ，何者かもわからない大人と密室で初めて会うのが相談室
だった。この印象を温存すると，心のバランスを崩した重篤な学生
や学業の継続が困難になり休退学直前の学生が，藁をもすがる状態
になってようやく来室することが多くなる。旧態依然の治療モデル
を貫きたいカウンセラーからすれば，その印象を貫くほうが得意の
心理療法を施す機会が得られることになる。カウンセラーが相談室
を聖域化するかぎり，「病んだ人が行くところ」と忌避される印象
は払拭できないことは明らかであった。そこで相談室スタッフが自
ら学内に出向いて活動領域を広げ，学生との接点を室外に設けて，
その過程で得る教職員との協働の機会がコンサルテーションの契機
になるように業務内容を見直した。

　例えば，入学オリエンテーションやガイダンス授業にはカウンセ
ラー全員が分担して登壇し，文字どおり「顔」の見える相談室を印
象づけた。カウンセラーの人柄と合わせて相談活動を伝えること
は，学生に「相談にいけばこんなふうに接してくれるんだ」という
想像を抱かせる効果もある。どんな人がいるのか敷居をまたいでみ
ないとわからないのでは，かなり行き詰まってからでなければ訪れ
てはくれないだろう。オリエンテーションの目的は**一次予防**であ
り，どんな人が相談相手になるのかを知らせることによって敷居を
下げることは啓発の一環である。このほか，スタッフの似顔絵とプ
ロフィールを廊下に掲示して，学生のほうが相談相手を選べるよう
にした。学生主体の自主来談を促すためである。入口ドアも透明ガ
ラスにして，密室カウンセリングの印象からの脱却を図った。その
ような改革の結果，2019年度のこの大学の学生来談件数と実人数
は，その前年度に比べて倍増した。

3 コンサルテーションが定着する 大学の基盤とは

1 ネットワークづくりこそコンサルテーション普及の条件

　心病んだ学生の隠れ家という印象を払拭する改革が残した最大の効果は，単なる相談件数の増加ではなく，コンサルテーションとコラボレーションの機会の急増に表れている。

　上記のようなガイダンス講義の依頼を受ける場合，可能なかぎり多くの相談室カウンセラーに出講を割り振り，それぞれが依頼主である学科教員と事前に内容を調整する機会を持てるようにした。教員から求められる授業の主旨を聞くことは教員とカウンセラーの持つ学生像を交換する機会となる。このコミュニケーションが教員からのコンサルテーションのニーズを引き出すための一歩になる。カウンセラーは学生だけでなく教員の視界の中にもいて，教員が呼べば応える存在なのだと伝えることが重要である。

　かつて縁のあった某大学で，こうした依頼への登壇を極度に嫌い，「心理職の仕事ではない」とまで言い放ったカウンセラーがいた。密室で学生と対面する時間だけが専門性を発揮する場と信じているならば，たまたま訪れた学生に相対しているだけであり，教職員の背後にいる多くの学生には関心を持てない人であろう。カウンセラーが相談室外の様々な活動を通して教職員との信頼関係を築くことは，コンサルテーションの機会を増やし定着させるうえで重要である。そのコンサルティは学生にとってコミュニティの中で最も身近にいる存在であり，学生の困り事が深刻化する前に早期に解決を促してくれる二次予防のキーパーソンにもなり得るからである。

2 平時に築く信頼関係がコンサルテーションを可能にする

　カウンセラーと大学教職員とが日常の活動をともにして信頼関係を築くことが，問題が生じてからのコンサルテーションの成否を左右する。ただしガイダンス講義やオリエンテーションを請け負う

ことは，カリキュラムの事情などで叶わないこともある。以下に前述したＸ大学での活動例を紹介する。学生指導教員などと相談室スタッフとが情報提供と意見交換をする「懇談会」を2001年から定期開催している取り組みである（菊住，2012）。

　このキャンパスは実験を必須とする学科が多く，朝から深夜まで研究室にこもって成果を出さなければならない風土が根付いている。留意すべきなのは，学生の実情をうかがい知る最も身近なキーパーソンは研究室の教員だということである。教員が学生支援に理解を持ち，平時から相談室と協働できる信頼関係を築いていれば，ソーシャルサポートを求める学生に対して相談室へと背中を押してもらうこともできる。

　ただし，古典的な心理専門職の中には，面接構造と治療契約を学校に持ち込んで個室内でのカウンセリングを偏重し，コンサルテーションを求められても守秘義務の名の下に積極的には応じようとしない人がいるのも残念ながら事実である。学生相談室は学内にネットワークを築いて学生を支え，コンサルテーションを前提とした対応に必然性があることをスタッフ間で意思統一しておく必要がある。

　また，学生に対して大学コミュニティの中でサポートネットワークを築く意思を育む姿勢は，コミュニティ心理学に基づく支援者の態度として欠かせない（菊住，2016）。そのため相談室スタッフは，常に味方が周りにいると学生が信じられるように配慮しながらネットワークを築くこともその使命である。例えば，教員が相談室への来室を学生に促した場合に，学生には見放されたと思わせてはならないし，教員にも相談室に丸投げにしておけばよいなどと思われてはならない。学生のプライバシーに配慮しつつも，３者が共同で問題解決に取り組んでいるのだと学生に理解してもらうことに意味がある。なぜなら学生は相談終結後も濃密な人間関係の研究室で過ごすのであり，大学に**ソーシャルサポート・ネットワーク**が残ることが望ましいからである。

　そのために「懇談会」ではカウンセリングの非専門家である大学

教員に対して，学生相談の現状と対応を理解してもらうセッションを毎回設けてきた。例えば，障害学生への支援が法的に要請される機運が高まった時期には，相談室からは当事者が指導教員に声をあげにくい本音を，一方教員からは他の学生との公平性を保ちながら行う合理的配慮の難しさを共有する機会を設けた。また，研究テーマを継承し実験技術を訓練するために師弟関係を優先せざるを得ない研究室の実情からハラスメントが起きやすくなる実態と改善策をグループで討論したこともある。こうして教員と相談室との問題意識を共有し合えたことは，それぞれの専門性を尊重したコンサルテーションが実現するきっかけになった。

　現在はコンサルティとしての経験が増すにつれ，教員からはより明確で具体的な介入を実践するためのコンサルテーションを相談室に求めてくることもある。それはコンサルティが大学コミュニティのサポート資源となりつつあるという点で，さらに心理専門職が「黒子」に徹することを理想とするコミュニティ心理学の理念に沿うという意味でも，ともに望ましい段階といえる。

4 相互の専門性を尊重することがカギ

1 【事例】発達障害の学生への指導に困惑する教員

　卒業が危ぶまれるZ大学4年生D君に対しての関わりに困って来室したE教員とのコンサルテーションの事例を紹介する。

　D君は卒業研究の進捗報告が予定されていた日にゼミを無断欠席して以来，音信不通になっていた。E先生はD君の進捗を気に病みながらも，口うるさく干渉することにためらいがあった。いよいよ年末休暇にさしかかって留年の可能性が濃くなり，D君本人の意思確認をどう行うべきかを学生相談室に尋ねてきた。

　筆者は直ちに複数の方法でD君に連絡を取ることを勧めた。E先生は自宅に電話して，母親が出たのを機にD君と連絡が取れた。自分の携帯電話は，話す相手がいないので着信履歴も留守電も確認

していないことや，大学から付与されたアドレスのメールは不急の
事務連絡が多いと感じ見ていないことがわかった。ゼミに出席しな
かった理由をE先生が尋ねると，D君は「研究は指示されたところ
まで完成しなければ報告できない」と思い込み，以前に「研究は一
人でするもの」とE先生が言ったことを鵜呑みにして，行き詰まっ
ても相談に来られなかったと言う。留年の可能性をE先生が告げる
と素直に受け入れ，中学時代に医師から勧められて発達障害の検査
を受けたことなどが語られた。

　E先生からこれらの報告を受けた筆者は，思考の極端さをはじめ
認知の歪みが多くの社会的場面で支障をきたしていると考え，課題
を細分化して示すことや，進捗状況によらず指定した日時に登校さ
せて指導をするようE先生に提案した。日程の変更は極力避けて，
やむを得ない場合は短時間でもオンラインで定刻に連絡を取り合う
ことになった。

　E先生はD君への介入のタイミングを逸した負い目があり，同僚
に頼るよりもカウンセラーに相談しようと思い立って来室したとい
う。発達障害の学生への対応も初めてであり，頻回にコンサルテー
ションに訪れて，詳細な対応を筆者と確認しながらD君を支え続
けた。結果的に研究論文の再提出を経たものの卒業が確定した。

2　コンサルティの持つプロとしての教育経験を生かす

　上記の事例は，コンサルテーションの内容を忠実に実践した教員
が，カウンセラーに経過を報告し，その場で「作戦会議」を開いて
再び学生対応に出ていくということを繰り返して，所期の目的を達
成したケースである。筆者はE先生に対して研究内容はもちろんで
あるが，指導の仕方にも触れず，生活上の関わり方の習慣づけなど
について助言しただけである。

　永年にわたって学生の勉強をサポートしてきたプロ教員が，これ
までの経験では対応し切れない状態に陥って，異なる視点から打開
のヒントを得ようと訪れるのがコンサルテーションである。その要
求に対して心理専門職がカウンセリングの知見や技法をもってすれ

ば魔法のように問題は解決できる，などと思って臨んではならない。

　ときに，カウンセラーのコンサルテーションを受けた教職員が相談室の管理職である筆者に苦言を呈することがある。心理職としての見立てを聞くばかりで実際の学生との関わりに対する有効な示唆がなかったり，教職員ができそうもない心理的な介入を提案されたり，専門知識がなく対処できなかったことを責められたりすることへの不服である。山本（1986, p.93）の言葉を借りれば，「コンサルティ側ですでに持っている知識や情報を当面の課題解決のためにいかに有効に活用するかということにコンサルテーションの目的がある」のであり，安易な分析によって教員に心理学的解釈を押し付けたり，心理専門職が行うような介入を求めたりすることは避けなければいけない。コンサルテーションはあくまでも異なる専門性を持った対等な関係にあるコンサルタントとコンサルティの間の相互作用なのである。

3　多くの他部署とのコラボレーションの契機に

　学生相談室をとりまく大学の環境は，幸いにもカウンセラーと指導教員という二者関係に事例を閉じ込めずに対処できる特徴がある。これを活かすことで**多重のコンサルテーション関係**が生じ，一方の専門家が圧倒的な優位に立つことがなくなり，それぞれの専門性から相互に意見を述べ合うことも可能になる。日本学生相談学会が編集した最新のハンドブックにも，大学コミュニティという視点をもって展開する学生相談活動の特徴として，学生の関係者（保護者や教職員）へのコンサルテーションや関係者の間での相互協力の重要性を挙げている（日本学生相談学会，2020）。

　コンサルタントである心理専門職は，コンサルティからフィードバックされた学生への介入やその反応などの内容をもとに，学内外からさらに必要な支援機関を掘り起こし，連携の層を厚くしていくことができる。例えば奨学金が大学院進学の意思決定に関わるなら学生課，就労やその適性への不安なら就職課，課外活動の役割負担

162

が過重なのであれば団体のリーダーや信頼できる同学年の学生，就職も進学も未決定だがそれを決める余裕もないなら上記のすべての人々と，次のコンサルテーション関係を結んでいって学生を間接的にサポートできる。大学はその資源を大量に内包した組織である。支援の実践者は当該学生の公私にわたるコミュニティを広く視野に入れ，そこに点在するキーパーソンに働きかけてネットワークを作り上げていくことができる。コンサルテーションは同時にコラボレーションの始まりでもある。

■引用文献

菊住 彰 2012 「矢上懇談会」の12年をふりかえって──学生相談室と理工学部教職員との連携の軌跡．慶應義塾大学学生相談室紀要，**42**，36-44．

菊住 彰 2015 理工系の研究環境で起こりやすいハラスメントと，学生相談室のかかわり方に関する考察．日本学生相談学会第33回大会発表論文集，66．

菊住 彰 2016 学生相談の臨床像とコミュニティ心理学的介入．慶應義塾大学学生相談室紀要，**46**，29-35．

日本学生相談学会（編） 2020 学生相談ハンドブック新訂版 学苑社．

齋藤憲司 2015 学生相談と連携・協働──教育コミュニティにおける「連働」 学苑社．

植村勝彦 2012 現代コミュニティ心理学──理論と展開 東京大学出版会．

山本和郎 1986 コミュニティ心理学──地域臨床の理論と実践 東京大学出版会．

11
大学の学生相談におけるコンサルテーション

12 医療現場における コンサルテーション

安田みどり

　医療現場において心理専門職は様々な職種の人々と共に患者を支えている。病気や怪我による身体的な苦痛は患者の心にも影響を与えており，なかでも命に関わったり長期の治療が必要であったりすればその負担はとても大きい。そういった状況において患者に直接心理的援助を提供することは重要であるものの，心理専門職が直接患者を支援する機会は限られている。そのため心理専門職には，患者に関わる様々な他職種が患者への心理的援助を行う際に，心理学の知識や技術を活用できるよう，コンサルテーションを行うことが期待されている。

　医療現場におけるコンサルテーションの実践は，医療機関の規模や診療科，心理専門職の職務や役割などによって状況が異なってくるが，ここでは筆者が経験した総合病院でのがん医療におけるコンサルテーションを中心に述べる。

1 医療現場におけるコンサルテーション

1 コンサルテーションの分類

　医療現場では様々な形態のコンサルテーションが行われている。以下に，本書1章で詳しく解説されている**キャプラン** (Gerald Caplan, 1970) の4タイプを参考にそれぞれの特徴について述べる。

　1つめは，患者や患者家族の問題についての「**クライエント中心のケース・コンサルテーション**」である。患者の心理的問題や精神症状，家族の問題などが対象となる。その際，もともと抱えていた心の問題や発達的な課題，家族の問題が影響を与えていることがあ

る。必要に応じて患者や患者家族に直接会ってアセスメント（心理検査を含む）を行う。

　2つめは，特定の患者についてではなく，同様の問題を抱える患者への対応に関する「**コンサルティ中心のケース・コンサルテーション**」である。コンサルティ自身の課題解決というより患者や患者家族が抱える心理的な問題における理解や支援の仕方に関するテーマが多いと思われる。

　3つめの「**プログラム中心の管理的コンサルテーション**」には，例えば，スタッフのメンタルヘルス対策に関わる担当者に対するコンサルテーションがある。スタッフのメンタルヘルス対策への助言を行う際は，**ストレスマネジメント**などのメンタルヘルスの知識やその職場の特性を理解しておくことが必要である。心理教育プログラムについての知識も求められる。

　最後の「**コンサルティ中心の管理的コンサルテーション**」は，メンタルヘルス対策に取り組んでいる他職種を対象に，コンサルティが抱える課題について行うこととなる。この場合も，職場のメンタルヘルスの状況や特徴，組織特性やメンタルヘルスに対する認識についての知識・理解，心理教育プログラムについての知識が必要である。

　実際には「ケース・コンサルテーション」を行うことが多く，身体疾患や治療，検査，薬など，様々な医学的知識が必要となる。他職種につないだり様々なサポートについて情報提供したりすることがあるため，組織の内外に存在するサポート資源について情報収集しておくことが必要である。また「管理的コンサルテーション」についても，スタッフのメンタルヘルスの問題についてインフォーマルに助言を求められることは少なくない。その後，フォーマルなコンサルテーションにつながることがあるため，医療現場においてはスタッフのメンタルヘルスの問題についても積極的に情報収集を行うことが重要である。

2 コンサルテーション・リエゾン精神医学

コンサルテーション・リエゾン精神医学においてもコンサルテーションという用語が用いられている。コンサルテーション・リエゾン精神医学が日本で最初に紹介されたのは加藤（1977）においてである（岸・黒澤, 2010）。加藤（1977）によれば「相談（consultation）とは，内科や外科など他の専門医からの求めに応じて，患者の精神状態や行動に関する処置について，診断的見解や適切な助言を行うことである。連結（liaison）とは，患者と治療チームの間を連結し，また精神科医と他の専門医を連絡することである」（p.1434）とされている。精神科医療でのコンサルテーションは，「精神衛生一般の相談，すなわち，学校や社会施設，矯正施設，工場などの非医学的施設で行われているものとは，仮説や方法の一部は共通しているとはいえ別のもの」（p.1434）という。かつては「他科依頼」と基本的にはかわらないものであった（小此木, 1984）。

現在のコンサルテーションは「非精神科患者の心理的・行動的問題について，主治医あるいは看護師からの相談にのること」（岸・黒澤, 2010; pp.147-148）とされている。しかしながら精神科コンサルテーションでは精神疾患の見逃し等の問題点が指摘されており，リエゾン精神医療により，患者一人ひとりのbio-psycho-socialな面に対するスクリーニングを行い，適切な職種（精神科医, 心理士, 看護師, あるいはソーシャルワーカー）が介入することで効果的・効率的な医療となることが提案されている（岸・黒澤, 2010）。リエゾンは，「特定の疾患・診療場面の患者全員に精神科医が関わる構造を予め構築しておき，心理的・行動的問題の予防・早期発見・対応をすること」（岸・黒澤, 2010; p.148）であり，近年では**精神科リエゾンチーム**に加わるなど心理専門職が**コンサルテーション・リエゾン活動**を行うことが増えてきている。例えば，冨岡・満田・中嶋（2013）は心理専門職の活動における困難と解決策について考察している。コンサルテーション・リエゾン活動においても，Caplan（1970）や山本（1986）が述べるようなコンサルテーションを枠組みに留意しつつ実施することは可能であろう。上田（2015）が紹介しているコ

ミュニティ心理学に基づいたコンサルテーション・リエゾン活動は参考になる。実際には，心理専門職の役割，問題の内容，コンサルティのニーズ等によって活動の枠組みが決まると思われる。チームで活動する際にはチームの動きを考えながら実施することが重要である。

3 看護師を対象としたコンサルテーションの実際

(1) 依頼方法

　筆者は緩和ケアチームおよびがん相談の担当として勤務しており，コンサルテーションは基本的にがん患者に関することについて，病棟看護師，緩和ケアチーム，主治医などから依頼されて行った。正式な依頼方法は電子カルテのフォーマットによるものであったが，実際はその方法による依頼は少なく，ほとんどが病棟での看護師からの直接依頼であった。

(2) 依頼内容

　筆者が行った看護師とのコンサルテーション147例の依頼内容を対象としKJ法を活用して分析を行った結果，10個のカテゴリーが得られた（安田，2012）。これらの結果をもとにどんな依頼内容があるのかについて説明する。

　①**患者からの訴え**：患者から訴えられる様々な不安や悩みに関して，その原因や対応の仕方などについての相談である。治療への不安，病気・病状への不安，退院に伴う不安，主治医との関係など，患者は様々な不安や悩みを抱えている。これらの相談では，患者側には看護師に話を聴いてもらいたいというニーズがあることが多いため，コンサルテーションが有効である。患者の訴えが頻回であったり，看護師に対しネガティブな態度であったりといった理由から，看護師が心理専門職の介入を希望するときもある。心理専門職が直接介入する場合はコラボレーションとなるが，コンサルテーションも継続しつつ看護師が主体的に対応できるよう働きかけを行う。

②**看護師によるアセスメント**：患者からの訴えがなくても看護師が問題に気づいて相談に至る場合がある。例えば，抑うつ，不安，不穏，希死念慮など患者に精神症状や心理的苦痛が生じていたり，精神医学的な問題が懸念される不眠や食欲不振が続いたりするときである。加えて心理的・身体的苦痛のアセスメントが困難なときの相談がある。こういったとき，患者は問題を抱えていても何らかの理由（例えば，遠慮や抵抗感，患者自身どうしてよいかわからない，認知機能の低下など）により，悩みや苦痛を訴えないことがある。緊急性にもよるが，患者自身に相談のニーズがない場合はコンサルテーションから始まることが多い。看護師からの情報収集のみでアセスメントが難しい場合はカルテでの確認や実際に患者の面接を行う必要がある。また精神医学的な問題が考えられる場合は精神科の診察につなげることになる。

③**予防的介入の必要性**：患者からの訴えや気がかりな様子はみられなくても，病名等の告知前やターミナルケアへの移行など今後の経過によって心のケアが必要になりそうな患者への対応を考えておく必要がある。また家族や周囲からのサポートが得られにくい患者についても同様である。このような「まだ起きていない問題」についての相談は，頻繁に病棟訪問を行い看護師との信頼関係ができた後から増えていくことが多い。患者自身はまだ困っていないので必然的にコンサルテーション中心に進めることになる。心理専門職から情報提供を行うことも多いため，がん患者の心理や利用可能なソーシャルサポートに関する知識が必要となる。

④**精神科依頼のニーズ**：精神科への依頼や受診が必要かどうかのアセスメントが求められることがある。また精神科既往や向精神薬服薬中の患者について，精神症状のアセスメントや対応について相談を受けることがある。

⑤**患者家族への援助の必要性**：患者の家族から訴えがあったり看護師からみて家族に気がかりな様子があったりすると，患者家族について相談されることがある。患者の病気をきっかけに家族の問題が表面化することも少なくない。患者が高齢者，子育て世代，

AYA世代（Adolescent and Young Adultの略で主に思春期［15歳］から30歳代までの世代）や子どもの場合など，それぞれにおいて家族への影響が異なる。患者だけでなく患者家族のライフステージについても理解した上で関わる必要がある。

⑶診療科や職種の違いによる留意点

当然のことながら，診療科によって依頼の内容やそのきっかけは異なってくる。したがって，それぞれの特徴を踏まえて患者や患者家族が抱える問題に対応しなければならない。

また看護師と他の職種ではニーズが異なる。職種の専門性によって患者に関する問題は異なるため，コンサルティの専門性が何であり，その専門性や役割において何にどのように困っているのかを正確に見極めることが重要である。特に医療現場は多様な専門職が働いており，コンサルティの強みを知るためにもそれぞれの専門性と役割，ニーズを理解し対応することが求められる。

2 実践における工夫

1 セッティング

医療現場におけるコンサルテーションは多様なコンサルティに合わせ，場所，時間，方法などを工夫しながら実施することが求められる。

組織内のあらゆる職種がコンサルティに該当する。専門職だけでなく事務職やボランティアが含まれることもある。

場所については，面接室や診察室を使用する場合もあるが，実際は落ち着いて話ができる場所を確保できないことのほうが多い。そのときは，個人情報に関して周囲の状況に気を配りながら，ナースステーション，外来の隅，廊下やエレベーターなどで行うことがある。時間は場所にもより，面接室や診察室できちんと時間を決めて行うものから廊下でのすれ違いの一言というものまで様々である。

方法は，直接会って行う場合もあれば電話やカルテ上で行う場合

もある。カルテに記載することで，コンサルティではない主治医や担当医，他の看護師などにも報告や情報共有をすることができる。カルテの記載に関する医療機関ごとのルールを理解したうえで，カルテ上でのコンサルテーションをうまく活用したい。

　他のスタッフへの報告という点では，コンサルティが看護師であると病棟のナースステーションでコンサルテーションを行うことが多く，近くに同じチームの看護師がいる場合がある。コンサルティのニーズにもよるが，内容によってはリーダーや病棟師長に加わってもらうこともある。一般に看護師はチームで動くため，必要に応じて複数のスタッフに対してコンサルテーションを行うことで患者へのより効果的な心理的援助につなげることができる。病棟でのコンサルテーションでは，対象の患者に関わっている看護師が途中で加わったり，看護師間で様々な意見が出てきたりする。コンサルテーションの途中で情報が増え，アセスメントや方針を変更したり，異なる意見に対してコメントをしたり，それぞれの看護師の立場や役割へのフォローをしたりなど臨機応変な工夫が必要となる。

　医療現場ではチームで対応することが多いため，コラボレーションとしてチーム内で相互に意見交換を行ったり，カンファレンスなどの場で複数のメンバーに対してコンサルテーションを行ったりする場合がある。また緩和ケアチームがコンサルタントとなり病棟スタッフに対してコンサルテーションを行う場合のように，コンサルタントチームの一員として活動することもある。

2　環境づくり

　組織においてコンサルテーションを行う場合，心理専門職に依頼しやすい環境づくりが重要である。そのためには，他職種との関係づくりやコンサルテーションについての広報活動などが必要となる。

　筆者の経験では，当初コンサルテーションの依頼内容は患者への直接介入が主であった。しかしながら，患者が心理専門職の直接介入を希望しなかったり，治療スケジュールの関係で必要な介入が行

えなかったりすることがある。そこで，看護師に心理的な援助を行ってもらうことにより効果的な援助が可能であることを示すことで，コンサルテーションの有効性を看護師側に伝えることができる。まだコンサルテーション自体になじみがない看護師には，心理専門職は直接介入だけではなくコンサルテーションという間接介入も行っていることを知ってもらい，実践を通して理解してもらうことが必要であった。

　最初に行ったことは，コンサルテーションの依頼がなくても病棟を訪問し患者の様子を聞くという「**御用聞き**」活動であった。筆者の場合は**緩和ケアチーム**に病棟看護師が所属していたため，まずはチームの看護師に声をかけることから始めた。病棟にチームの看護師がいない場合は病棟師長やチームリーダーに声をかけ，気になる患者について尋ねることを継続した。最初の頃は，該当患者はいないと言われることもあったが，徐々に様子を知らせてもらえるようになり，病棟で患者について話をするという環境が少しずつ整ってきた。

　病棟に訪問してコンサルテーションを行う場合，病棟師長との関係づくりが極めて重要である。患者や看護師への関わりをこまめに報告することで，心理専門職のスタンスを知ってもらうことができる。関係ができると師長からも情報を得られたり各看護師の様子をふまえて紹介をしてもらえたり，心理専門職からもお願いや提案をしやすくなったりする。病棟全体で心理専門職に相談するという風土ができると，気になる患者や対応に苦慮する患者の情報を共有しやすくなる。それにより，個々の看護師が対応すべきであるとか，自分で解決すべきだという雰囲気も緩和され，抱え込んだり引き受けすぎたりすることが減っていく。

　様々な診療科の医師との関係づくりも重要である。他職種が心理専門職に対して患者への介入を依頼するには主治医の了解が必要となるため，医師の理解が得られていると相談もしやすくなる。病棟や研修会等での挨拶など直接顔を合わせる機会を大切にし，接点がない場合は他職種から情報収集を行い関わる機会を工夫するなど，

医師にも心理専門職を知ってもらう働きかけが求められる。

3　ニーズの掘り起こし

　組織内でコンサルテーションを行う場合，**ニーズの掘り起こし**を行うことは予防的な介入につながり有効な援助となる。依頼されるのを待っているだけでは，コンサルティが問題だと気づいてからでないと依頼がこない。治療には時間的な制約があり，問題が大きくなってからでは対応が難しくなる。しかしながら心理専門職からよく起こる問題に対しどのような対応ができるかを提案することで，コンサルティ側も予防的な視点をもち，早期に介入したり相談したりといった行動につなげることが可能となる。

　一般に身体疾患の場合，心理的援助に対する患者自身のニーズはあまり多くない。身体疾患の治療が目的であるため心理的な援助が必要であると思っていなかったり受け入れたくなかったりするからである。そのため心理専門職の直接的な介入が必要だと思っても患者から断られることがある。そういった場合にもコンサルテーションであれば，他職種からの関わりにより患者への心理的援助を行うことができる。

　患者の心理的問題に関する他職種のニーズは様々である。それらのニーズを把握するためには，他職種との間で円滑にコミュニケーションを取る必要がある。その際，心理専門職側はできるだけ専門用語を使わないようにし，使う場合はわかりやすい説明を加えることが必要である。一方，医療の専門用語，例えば，病名や治療，症状などの専門用語やその略語について知っておくことが求められる。

　医療機関では，病棟も外来も他職種も非常に多忙である。関わっている患者の情報はカルテから常に収集し，気になることがあれば病棟訪問の際にこちらから声をかけるなど，心理専門職から積極的に働きかけることが必要である。

4 コンサルテーション関係のアセスメント

　組織内でコンサルテーションを行う際，患者の問題はあるものの，コンサルティ自身は問題解決に消極的なことがある。**解決志向ブリーフセラピー**では「クライアント－セラピスト関係」を３つのタイプに分類しており，黒沢（2002）ではこれを保護者コンサルテーションにも適用している。筆者は，医療現場においてコンサルテーションを行う際にもこれらのアセスメントを活用することが有用であると考えている。

(1) ビジター・タイプの関係

　これは，問題はあるもののコンサルティ（例えば看護師自身）は困っていないというような「問題を表明しない」関係性である。問題を大きく捉えていなかったり，患者への関わりが浅かったり，心理専門職の援助についてあまり必要性を感じていない場合などである。こういった場合，その看護師自身の問題意識を取り上げるのではなく患者のことを報告してもらえたことへの感謝や労いなどを伝え，その看護師の普段の関わりや病棟での様子など関心のあることについて話をしながら関係づくりに重点を置く。もし同じ患者への対応で困っている別の看護師がいればその看護師とのコンサルテーションを行い，報告などは最初の看護師にも伝え，今後のコンサルテーションにつながるような働きかけをする。

(2) コンプレイナント・タイプの関係

　これは，問題について自分以外に原因があると考えており，コンサルティ自身の関わりを変えようとは思わず「周囲に問題があると訴える」関係性である。この場合は，問題に気づいたことや対応していること自体についての労いを伝え，患者からネガティブな態度を向けられている場合はその大変さについても労う。そして引き続き状況を知らせてほしいと依頼し，そのコンサルティの気づきや問題の見方などを**リソース**として問題解決に活用してもらうよう働きかける。

⑶ カスタマー・タイプの関係

「自分に問題があるとする」関係性である。自分の理解や関わり方が不十分なのではと思っていたり，なかなか対応する時間がとれないことを気にしていたりする。この場合のコンサルティは自分自身でなんとか解決しようという気持ちが大きい。その気持ちを大切にしながらニーズを確認し，積極的なコンサルテーションを行う。

3 コンサルテーションにおける コミュニティ心理学的視点

コンサルテーションを行うにあたり，コミュニティ心理学における**危機介入**や**予防**，**ソーシャルサポート**，**エンパワメント**に関する基本的な考え方は重要である。患者は病気や怪我を抱えており心理的な危機状態にある可能性が高い。そのような患者への介入においては**危機理論**が有用である。また，患者や患者家族，スタッフのメンタルヘルスの保持・向上を検討する際は予防の概念と戦略が重要となってくる。いずれにしても患者の脆弱性のみに目を向けるのではなく，問題の改善や解決，スタッフに対する支援において，それぞれが持っている「**力**」に気づき，その「力」を支えることも忘れずにいたい。

1 患者や患者家族への援助

コンサルテーションを用いて患者や患者家族への援助を効果的に行うためには，コンサルティの態度や語りから患者や患者家族の状態を適切にアセスメントすることが必要となる。その際，病気の種類と経過，治療の侵襲性，仕事や生活への影響などが心理的問題に大きな影響を与えるため，それらについての知識が必要である。治療には時間的な制約があることが多く，患者の苦痛が治療の中断や拒否に影響を与えている場合は至急介入しなければならない。また精神医学的な対応だけでなく，不足しているサポートの提供やその人らしさを支えるという視点が重要である。病院は非日常的な場

所であるため，日常的なことができないことが心理的問題を大きく
するが，反面その人らしさを取り戻すことで問題が改善したりす
る。患者が自分の社会的役割が失われたと感じることが苦痛につな
がっている場合はエンパワメントの視点が役に立つ。

　さらに，起きている問題だけでなく，今後起こりうる問題の予防
や起きた場合の危機介入についても想定しておく必要がある。例え
ばがん患者の場合，告知や治療開始，症状の悪化や再発など心理的
に大きな苦痛を受ける「時」が多い。心理専門職が常に関わってい
るわけではないため，それらの「時」にスタッフ側が知っておくべ
きことや備えておくべきことなどについて伝えておくことが必要で
ある。患者自身の特性やサポートの状況によっては，苦痛が大きく
なったり回復が難しかったりする場合もある。そういった患者の情
報を収集し，対応するスタッフに伝えておくとよい。また病棟内で
は家族へのサポートを提供できる時間は多くはないが，家族に対す
るアセスメントや家族への声かけのポイントを伝えることで病棟ス
タッフによるその後の家族支援につながることがある。

2　スタッフのメンタルヘルスへの支援

　心理専門職には他のスタッフのメンタルヘルスへの支援も期待
されている。患者が心理的な問題を抱えていることにより治療を拒
否したり，スタッフに怒りなどのネガティブな感情を表出したりす
るとスタッフの疲労や傷つきにつながる。これらの問題に対しコン
サルテーションを通して，予防や危機介入，エンパワメントを心が
けることでスタッフの支援が可能となる。

　スタッフのメンタルヘルスに関する予防や危機介入を効果的に
行うために，患者のネガティブな感情の表出や希死念慮，自殺企図，
死亡などの心理的負担の大きい出来事がスタッフのメンタルヘルス
に与える影響について理解しておくことが役に立つ。起こりうる問
題の内容や時期，関わるスタッフなどについての把握に努め，必要
に応じて情報提供や介入ができるよう準備しておく。

　コンサルテーションでは，普段からエンパワメントを意識して行

うことが大切である。スタッフは患者の怒りや落ち込みを引き受け過ぎていたり，患者に依存されすぎていたり，心理的な負担を一人で抱え込んで困っていたりすることがある。そういった場合は患者の問題についてだけでなくスタッフの考えや気持ちなどを聴いて労ったり，他のスタッフや病棟師長にも関わってもらえるよう調整を行ったりすることが必要である。スタッフ自身の強みに気づいてもらい，それを活用できるよう働きかけることも忘れないようにしたい。

4 コンサルテーションにおける課題

1 コンサルテーションにおけるシステムづくり

コンサルテーションを実施するには，ふさわしい環境づくりが重要である。さらに心理専門職のコンサルテーションをどう組織に位置づけるかという**システムづくり**が必要である。医療現場は，組織の規模，診療科・病棟・外来などの部署，そして職種によってそれぞれ風土が異なり，原則として治療が最優先される。したがって，心理専門職の介入が治療に悪影響を及ぼしてはならない。まずは心理専門職が信頼されること，心理専門職へ相談しやすい環境にすることが大切である。そしてその組織に合ったコンサルテーション活動のあり方について検討し，活用しやすいシステムを創り上げていく必要がある。

コンサルテーション活動のしやすさには，他職種からのサポートの影響も大きい。専門性が重要なのはもちろんであるが，組織内であるからこそ，心理専門職の専門性と役割を知ってもらい患者についての相談をしようと思ってもらえるように，まずは関係づくりを第一に考えたい。

2 情報収集や評価

医療現場では，治療のスケジュールによっては適切なタイミング

で介入することが難しい場合がある。また看護師はチームで対応しているため，心理専門職が訪問したときに依頼した看護師や困っている看護師から話が聞けるとは限らない。そのため情報収集が難しかったりコンサルテーションが実施できなかったりすることがある。

さらに現場が忙しいとコンサルテーションの効果について確認できないという課題がある。心理専門職のコンサルテーション技術向上にとってもシステムづくりにおいても，何が有効で，何が課題として残ったのかについての振り返りが重要である。活動報告の活用や客観的指標の開発などに取り組むことが求められる。

最後に今後の課題として，①効果的なコンサルテーションを実践するための環境およびシステムの構築と，②心理専門職に必要なコンサルテーションスキルの検討を挙げておく。

■引用文献
Caplan, G. 1970 *The theory and practice of mental health consultation*. Basic Books.
加藤伸勝 1977 Consultation-Liaison Psychiatryの展望．臨床精神医学，**6**(11), 1433-1436.
岸 泰宏・黒澤 尚 2010 救急医療におけるコンサルテーション・リエゾン精神医学．日本救急医学会雑誌，**21**, 147-158.
黒沢幸子 2002 指導援助に役立つスクールカウンセリング・ワークブック 金子書房．
小此木啓吾 1984 心身医学の今日的課題――コンサルテーション・リエゾン精神医学への展開．順天堂医学，**30**(1), 39-58.
冨岡 直・満田 大・中嶋義文 2013 多職種協働のために精神科リエゾンチームの心理職に求められること――チームの内と外，二側面による検討．総合病院精神医学，**25**(1), 33-40.
上田将史 2015 心理臨床実践におけるコンサルテーション――医療領域からの報告．コミュニティ心理学研究，**18**(2), 229-235.
山本和郎 1986 コミュニティ心理学――地域臨床の理論と実践 東京大学出版会．
安田みどり 2012 緩和ケアにおける心理専門職に対するコンサルテーションニーズの検討．日本コミュニティ心理学会第15回大会発表論文集，88-89.

12 医療現場におけるコンサルテーション

13 従業員援助プログラム（EAP）による職場・勤労者支援

大林裕司・玉澤知恵美

　産業領域における心理支援においては，いわゆるバブル崩壊による経済の悪化に起因するストレスの増大や自殺者の増加（警察庁，2014によれば，1998年以降13年連続で3万人超の状態が続いた）から，「事業場における労働者の心の健康づくりのための指針」（労働省，2000）が示されたことを契機として，メンタルヘルス対策がその中心課題となっている。この指針は，「**メンタルヘルス指針**」とよばれ，**2008**年に**労働安全衛生法**に基づく「労働者の心の健康の保持増進のための指針」として改定されて現在に至っている（最新版は厚生労働省，2020）。

　この「メンタルヘルス指針」の中では，①セルフ（労働者自身による）ケア，②ライン（管理監督者）によるケア，③事業場内産業保健スタッフによるケア，④事業場外資源によるケアという4つのケアの活用が推奨されており，医師や保健師，心理・福祉職といった専門家を活用したメンタルヘルス対策の取り組みが急速に広がっていった。さらに，2015年には労働安全衛生法の改正により「**ストレスチェック制度**」が施行されるに至っている（厚生労働省，2015）。

　そして，ここ数年においては，いわゆる「**働き方改革**」として，「長時間労働の是正」「多様で柔軟な働き方の実現」「雇用形態にかかわらない公正な待遇の確保」を総合的かつ継続的に推進していくことが示されており（厚生労働省，2017），勤労者一人ひとりの支援に加え，職場環境の改善に向けた取り組みの必要性がより一層求め

られている。

　このような社会的背景の中で，先述した「メンタルヘルス指針」における「④事業場外資源によるケア」のひとつとして，**EAP**（Employee Assistance Program，**従業員援助プログラム**）というサービスを提供する専門機関が注目されるようになった。

1 EAPとは何か

　EAPとは，主に外部の専門機関によって提供されるサービスで，企業・団体との法人契約に基づき，従業員とその家族を対象とした総合的な対人援助サービスのことである（大林，2006）。

　図13-1にその枠組み，表13-1に主なサービス内容を示す。

　わが国においてEAPは職場におけるメンタルヘルス対策に主眼を置くサービス体系のイメージが強いが（例えば，休職者に対する職場復帰支援やストレスチェックなど），その本来の目的は，「業務生産性の維持・向上」である。この点も含めて，国際EAP協会によってガイドライン，コア・テクノロジーが定められており，その中で様々な視点によるコンサルテーションについて言及されている（表13-2参照）。

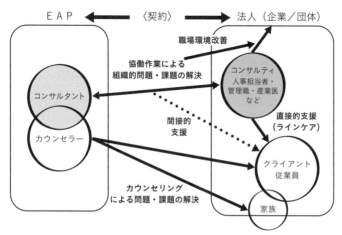

図13-1　外部専門機関としてのEAPの支援枠組み

表13-1　EAPサービスプログラムの例

1. 従業員とその家族を対象とした対面・電話・メールによるカウンセリングと専門機関の紹介
2. マネジメント・コンサルテーション
3. サービス利用促進のためのプロモーションや利用方法のオリエンテーション
4. 研修・セミナーの企画・実施
5. 災害や自殺などの事故発生時などにおける危機介入
6. 職場復帰支援
7. EAPの利用傾向報告と組織的改善策の提案
8. ストレスチェックの実施
※上記のようなサービスをパッケージとして，年間契約にて提供することが多い。

表13-2　国際EAP学会による定義（日本EAP協会，1998）

EAPの定義：Employee Assistance ProgramまたはEAPは以下の2点を援助するために作られた職場を基盤としたプログラムである。
1. 職場組織が生産性に関連する問題を提議する。
2. 社員であるクライアントが健康，結婚，家族，家計，アルコール，ドラッグ，法律，情緒，ストレス等の仕事上のパフォーマンスに影響を与えうる個人的問題を見つけ，解決する。

EAPのコア・テクノロジー（専門家の重要な諸技能）：
1. 組織のリーダー（管理職，組合員，人事）等への問題を抱える社員の管理，職場環境の向上，社員のパフォーマンスの向上に関するコンサルテーション，トレーニング，援助，および社員とその家族へのEAPサービスに関する啓蒙活動。
2. 個人的な問題によって社員のパフォーマンスが落ちないように，社員への秘密厳守で迅速な問題発見／アセスメント・サービスの提供。
3. パフォーマンスに影響を与えている個人的な問題を持つ社員へ建設的コンフロンテーション，動機づけ，短期介入的アプローチを通して，個人的な問題とパフォーマンス問題の関係に気付かせること。
4. 社員を医学的診断，治療，援助のための内部または外部機関にリファールし，ケースをモニターし，フォローアップを行うこと。
5. 治療等のサービスのプロバイダーとの効果的な関係を確立，維持するための組織へのコンサルテーション，およびプロバイダー契約の管理および運営。
6. 組織にコンサルテーションを行って，アルコール問題，物質乱用，精神的，心理的障害などの医学的，行動的問題に対する治療を医療保険の中に含み，社員が利用するように働きかけること。
7. 組織や個人のパフォーマンスへのEAPの効果を確認すること。
8. EAPサービスの効果評価。

2　産業領域におけるコンサルテーション

1　コンサルテーションの特徴

　産業領域におけるコンサルテーションでは，コンサルタントは基本的には公認心理師や臨床心理士，精神保健福祉士，産業カウンセラーなどの専門資格を有する者が担う場合が多い。そのため，各専門機関が顧客先となる企業・団体との法人契約の中で専門家を定義することを求められる場合が少なくない（例えば，取得資格や実務経験年数など）。

　次に，コンサルティは，企業の総務・人事など管理部門の担当者や管理監督者がその中心となる。時には，産業医や保健師等の産業保健スタッフの場合もある。さらには，弁護士や社会保険労務士など法律の専門家や医療機関（例えば，クライアントとなる従業員の主治医など）がコンサルティとなることも少なくない。

　また，対象となるクライアントとしては，個別の支援という観点からは企業の従業員が，組織的支援という観点からは企業・団体の職場・環境が，それぞれ該当する。

　産業領域におけるコンサルテーションの最大の特徴は，この2種類のクライアントの，必ずしも一致するとは限らないニーズから，適切な支援の方向性を導き出す点にある（大林，2015）。

2　コンサルテーションの内容

　このように，産業領域におけるコンサルテーションの内容は，クライアントの違いで大きく2つに分類することができる。

　ひとつは「**マネジメント・コンサルテーション**」（ジャパンEAPシステムズ，2005）とよばれるものである。業務に支障をきたすような何らかの問題を抱えていると思われる心配な従業員への関わり方や専門機関へのつなぎ方などに関して，主に管理部門の担当者や管理監督者に対して行う具体的な助言であり，**キャプラン**（Gerald

13
従業員援助プログラム（EAP）による職場・勤労者支援

181

Caplan）の「ケース・コンサルテーション」に該当する。

　もうひとつは，職場環境の改善や従業員のモチベーション向上・コミュニケーションの促進などを目的とする**組織的なコンサルテーション**である。これはキャプランの「管理的コンサルテーション」に近い。

　以上の2つの内容が複合的に関連することもあるが，コンサルタントは，対面だけでなく電話やメールなどのツールも有効に活用しながらコンサルテーションを実行していくことが求められる。

3　マネジメント・コンサルテーション

　通常，ＥＡＰは従業員とその家族を対象として相談を受けるが，職場という環境において悩みや問題を感じるのは当事者である従業員やその家族だけではない。例えば，従業員個人には問題意識がないままに業務上の問題が生じて，周囲の人たちが心配したり困ったりしている状況も想定される。そのような場合，管理部門の担当者や管理監督者は，問題の背景にみえる従業員の心身の不調などの個人的要素（疾病性）に着目しがちである。しかしながら，これらの要素は目に見えないことが多く，指摘したとしても問題が曖昧になりがちであるため，問題解決につながりづらい。このような事態を防ぐため，マネジメント・コンサルテーションは，あくまで業務上の問題，例えば遅刻や欠勤などの勤怠問題，ミスやトラブルなどのパフォーマンスへの影響など（事例性）に着目し，その改善を求めていく点に大きな特徴がある。その結果，当該従業員（クライアント）が「評価が下がる」など自身の問題として向き合うことが可能となる。このような手法は，**構造的直面化**（constructive confrontation）とよばれ，ＥＡＰの始まりとされているアディクション問題へのアプローチが元となっている。

　以下に具体例を用いてポイントを示す（大林・玉澤，2016）。

> **［事例］** ある企業の管理職から，部下のことに関する相談を受けるというケース。

182

※以下，相談者である管理職を「管」，対応しているカウンセラー
　「Co」と表記する

管：「様子が心配な社員がいて，元気もないし，メンタルヘルス不調では
　　ないかと思う。医療機関に行かせたいがどうしたらよいでしょう
　　か？」

Co：「部下の方の様子が心配とのこと。業務としてはどのような問題が起
　　こっていますか？」

管：「最近遅刻が増えています。あと，先日ミスで顧客とトラブルになっ
　　てしまいました」

　　［ポイント1］
　　問題を抱えていると思われる従業員について，業務パフォーマンス
　　に関わる客観的データを確認する（例：勤怠問題や業務上のミス・
　　トラブルの頻度など）。

Co：「それでは，それらについて，ご本人に何か思い当たる原因があるか，
　　できれば時間をとって，話をきいてみてください。その際，心配に
　　思っていること，困っていることがあれば力になりたいということ
　　を併せて伝えて，EAPへの相談を促してみてください」

　　［ポイント2］
　　明らかとなった業務上の問題点について，面談などを行い，本人に
　　改善を求めるよう伝えてもらう。その際，支援のひとつとしてEAP
　　に相談することを提案してもらう。

管：「わかりました。ただ，相談を勧めても拒否しそうな気がします。そ
　　の場合どうすればよいでしょう？」

Co：「その場合，まずは本人の意思を尊重し，一定期間様子をみて，その
　　間に現在起こっている業務上の問題（遅刻やトラブル）などを改善
　　するよう伝えてください」

　　［ポイント3］
　　本人が，EAPは活用せず，自分なりに問題解決を図るということで
　　あれば，期限を区切って改善するかどうか経過をモニタリングして
　　もらう。

Co：「定めた期間が経過した後，その間の状態を確認し，問題が改善して
　　いればそれでよいと思います。もし改善できていなければ，業務に
　　支障をきたしているということでEAPへ相談するよう，あらためて
　　伝えてください」

管：「わかりました。本人と話してみます。結果を踏まえてまた相談させ
　　てください」

　　［ポイント4］
　　問題が改善しない場合，EAPへの相談を指示する（業務の一環とし
　　て）。なお，問題が改善しない場合，EAPに相談することを，あら

13

従業員援助プログラム（ＥＡＰ）による職場・勤労者支援

4　**組織的なコンサルテーション**

　マネジメント・コンサルテーションが従業員をクライアントとした支援であるのに対して，もうひとつの視点として，職場という組織環境（システム）をクライアントと捉えて支援する組織的なコンサルテーションが求められる。このような視点は，近年のストレスチェック制度の施行や「働き方改革」の推進などの中で，メンタルヘルス不調に陥った勤労者の早期発見・早期対応（**二次予防**）とそのケア（**三次予防**）から，メンタルヘルス不調に陥りにくい「生産性向上を目指した働きがいのある職場環境づくり」（**一次予防**）の取り組みへとシフトし，より強まっている傾向にある。

　大林（2016）は，行動支援の観点から，組織へのコンサルテーションにおける重要な要素として第一に「**根拠に基づく実践**（Evidence-Based Practice: EBP）」であることを挙げている。職場組織の多くは，経営層・管理監督者など，意思決定を担う役割の者が決まっており，何らかの取り組みを実行する場合，その承認を得る必要がある。その際，当然，その取り組みが必要な理由や期待される成果などを客観的なデータなどで示すことが求められる。EAPの取り組みにおいては，その典型例として，ストレスチェック結果を組織レベルで集計・分析したデータが挙げられる（ストレスチェック制度においては「集団分析」とよばれている）。その他，従業員から寄せられる相談傾向や，社内で実施するセミナーの参加者の反応（満足度アンケート）なども貴重なデータとなり得る。

　第二の要素は，コンサルティとなる管理部門の担当者や管理監督者との信頼関係の構築である。いかに客観的なデータを示したとしても，環境改善である以上，組織内の問題点について何らかの指摘が含まれる。そのため，コンサルティには少なからず心理的な抵抗や葛藤が生じることがある。大林（2016）は，そのための取り組み

として，例えば，導入段階におけるわかりやすい提案書の作成など内部での検討手続きの負担を低減できる工夫，妥当なコスト設定，書類や資料の作成などの作業的なサポートなどを挙げており，これらの取り組みをコンサルティと一緒に担っていくことで，信頼関係の構築や担当者の行動支援につながることを指摘している。

このような手続きは，いわゆる職場の風土改革などの場面での実践としても活用されている「**プロセス・コンサルテーション**」とよばれる手法に近いものと捉えることができる。シャイン・尾川・石川（2017）によれば，プロセス・コンサルテーションとは，以下のような原則によって特徴づけられるものである。

> コンサルタントのスキルであり，クライアント（コンサルティに該当。以下，同様）がこのコンサルティングが有意義なものであると思えるよう，クライアントとの良好な関係を構築したいというコンサルタントの意志である。これによってコンサルタントとクライアントは共に，クライアントを取り巻く環境で起こる重要な出来事に注目できるようになる。また，コンサルタントは，クライアントの重要な組織プロセスを診断し，クライアントの組織への影響力を増大させるような介入を行えるようになる（p.60）。

この特徴として，コンサルティの問題解決を「側面的に支援する」ことに加えて，表13-3に示されるように，「人間関係の確立」と「診断のためのデータ収集」とが挙げられており，さらには「組

表13-3　プロセス・コンサルテーションの典型的なプロセス（シャインら，2017）

1. クライアント組織との初めての接触
2. 率直な質問と傾聴
3. コンサルタントとクライアント（コンサルティに該当）の人間関係の確立と心理的契約の明示
4. コンサルティング活動の環境と方法の選択
5. 診断のための介入とデータ収集
6. 対決的介入とデータの収集
7. 介入行動の縮小と終了

織内の人間関係」への注目・介入の必要性も指摘されている。

　著者らのコンサルテーションを振り返っても，このプロセスをたどることが少なくない。例えば，その組織を知るために事前に様々な情報にアクセスしておくことやコンサルティの話に耳を傾け本質的な課題を明確化していくこと，コンサルティ自身の組織への想いといった感情面への理解，**キーパーソン**となり得る存在の確認などが「人間関係の確立」に関連するだろう。また，側面的支援によってコンサルティ自身による問題解決を促しつつも，データなどに基づき，取り組むべきことを実行可能な具体性をもって示すことで，コンサルティからより具体的な反応を導き出す関わりなどが可能となる。このような対話を通じて，コンサルティのニーズを掘り下げ，具体的なアクションとして実行し，その検証を行っていくことで，

表13-4　コンサルテーションによるアクションプランの実行可否と相談利用数の変化

コンサルテーションの内容	実行可否	カウンセリング数
A社：サービス活用実績に基づくコンサルテーション		
メールマガジンなどによる情報提供	○	減少
研修の実施	○	増加
ストレスチェックの実施	×	－
会社からのメッセージ発信	×	－
※備考：メールマガジンに対する従業員からの反応が寄せられるようになった		
B社：ストレスチェック結果に基づくコンサルテーション		
各支店の管理部門への定期的なヒアリング	○	増加
高ストレス部署への訪問カウンセリング	○	増加
長時間労働者へのフォロー	×	－
※備考：提案内容に対するコンサルティの意見を反映させて実行に至った		
C社：サービス活用状況に基づくコンサルテーション		
高ストレスイベント後の研修	○	－
ポスターの掲示	○	増加
※備考：サービス活用状況をまとめたレポートが経営層に初めて提示された		

一つひとつの取り組みをつなげていくことが、「組織内の人間関係」の構築にも波及していくものと考えられる。

さらに、大林（2011）では、コンサルテーションを通じたコンサルティの具体的な行動の実行について、「行動コンサルテーション」（Dougherty, 2014）の視点からの実践報告を行っている。**応用行動分析**でいう「**強化随伴性**」に基づく取り組みとして、すでに行われている、すなわち既存の行動レパートリーにある取り組みを優先するといったことや細かなポジティブフィードバックなどから、EAPにおける相談の利用促進のための提案がどの程度実行されたかを、実行後の相談利用数の変化とともに検証している。

参考までに、表13-4にコンサルテーションの実施前と実施後における具体的行動の変化を示した。A社、B社、C社それぞれコンサルテーションの内容が異なってはいるものの、各社ともに実施後は望ましい変化が観察された。

3 おわりに
——競合とコラボレーション

元来、職場のメンタルヘルス対策においては、職場の管理監督者や管理部門のスタッフに加え、産業保健の文脈から産業医や保健師などの医療スタッフ、会社の顧問を務める法律の専門家（弁護士・社会保険労務士など）、社会資源（医療機関や福祉・法律関連の相談先など）、そして家族など、多様な関係者が存在しており、連携しての対応が不可欠である。加えて、「ストレスチェック制度」の施行に伴い、様々な役割とそれを担う者とが法制度の中で取り決められているため（例えば、ストレスチェックの実施者になれるのは、医師・保健師と、一定の研修を受けた看護師・精神保健福祉士・歯科医師・公認心理師のみであることなど）、今後この傾向は一層強まるものと思われる。特に、法律・労務の専門家とのコラボレーションは不可欠なものになっていくものと予測される。

一方で、ビジネスという観点からEAPを捉えると、ある種の競

合関係が存在するようになってきた。様々な専門家がそのコーディ
ネート役の重要性を指摘し，自らがその立場を担うべきと考えてお
り，コミュニティ心理学の専門性や独自性が今後一層問われていく
ことになると思われる（大林，2016）。著者らは現在の実践の中で，
この点を強く感じており，自身の専門性を高めることと同時に，他
職種の専門性を理解することとが，より高いレベルで求められてい
くと考えられる。

■引用文献

Dougherty, A. M. 2014 *Psychological consultation and collaboration in school and community settings 6 th edition*. Books/Cole, Cengage Learning.

ジャパンEAPシステムズ（編）2005 EAPで会社が変わる 税務研究会出版局.

警察庁 2014 平成25年中における自殺の状況. https://www.npa.go.jp/safetylife/seianki/jisatsu/H25/H25_jisatunojoukyou_01.pdf（2022年7月14日閲覧）

厚生労働省 2015 心理的な負担の程度を把握するための検査及び面接指導の実施並びに面接指導結果に基づき事業者が講ずべき措置に関する指針. https://www.mhlw.go.jp/file/04-Houdouhappyou-11201250-Roudoukijunkyoku-Roudoujoukenseisakuka/0000082591.pdf（2021年11月5日閲覧）

厚生労働省 2017 働き方改革を推進するための関係法律の整備に関する法律. https://www.mhlw.go.jp/content/000307765.pdf（2022年6月6日閲覧）

厚生労働省 2020 職場における心の健康づくり――労働者の心の健康の保持増進のための指針. https://www.mhlw.go.jp/content/000560416.pdf（2022年6月6日閲覧）

日本EAP協会 1998 国際EAP学会（EAPA）によるEAPの定義. http://eapaj.umin.ac.jp/coretech.html（2021年1月30日閲覧）

大林裕司 2006 従業員援助プログラム. 植村勝彦・高畠克子・箕口雅博・原裕視・久田満（編）よくわかるコミュニティ心理学 162-163. ミネルヴァ書房.

大林裕司 2011 外部EAP機関における企業へのコンサルテーションの実践――コンサルティへの行動支援的アプローチ. 日本コミュニティ心理学会第14回年次大会発表論文集, 70-71.

大林裕司 2015 心理臨床実践におけるコンサルテーション――産業領域からの報告. コミュニティ心理学研究, **18**(2), 236-242.

大林裕司 2016 職場というコミュニティへの「入り方」. コミュニティ心理学研究, **20**(1), 18-24.

大林裕司・玉澤知恵美 2016 EAPにおける勤労者のパフォーマンス向上を目指した心理支援. 箕口雅博（編）コミュニティ・アプローチの実践――連携と協働とアドラー心理学 205-212. 遠見書房.

労働省 2000 事業場における労働者の心の健康づくりのための指針. https://www.mhlw.go.jp/www2/kisya/kijun/20000809_02_k/20000809_02_k.html（2021年11月5日閲覧）

シャイン, E. H.・尾川丈一・石川大雅 2017 シャイン博士が語る組織開発と人的資源管理の進め方――プロセスコンサルテーション技法の用い方 白桃書房.

第4部
コラボレーションの実際

　第4部では，教育，医療，精神障害者や高齢者の地域支援，犯罪防止，多文化社会といった様々な領域や支援対象別に，コラボレーションの実際を紹介する。これからの心理専門職に期待される専門的業務の拡大と深化が見えてくるだろう。

14 チーム学校

山田 文

　教職員一丸となって対応した困難ケースの嬉しい報告ほど，職員室が盛り上がることはない。職員室中が温かい雰囲気で包まれ，これまでの対応を互いにねぎらい，安堵する。近年は，複雑な心理的問題への対応が増えており，学校全体としてともに対応するからこそ乗り越えられる事態も増えている。チーム学校なくしては，次々と生じる子どもたちの問題に対応できない時代になってきた。

1 チーム学校とは

　子どもを取り巻く課題が複雑化・多様化するなか，「チームとしての学校の在り方と今後の改善方策について（答申）」（文部科学省，2015）においては，学校や教員が心理や福祉など専門スタッフと連携・協働する「**チーム学校**」の体制を整え，学校の機能強化が喫緊であると提言された。

　この提言の背景には大きく2つの側面がある。①社会と学校を取り巻く状況の変化と②教職員の現状の改善ための体制整備である。**スクールカウンセラー**（以下，SC），**スクールソーシャルワーカー**（以下，SSW）等の専門職が学校職員として法的に位置づけられ職務内容も明確化し質の確保と配置の充実を進めることとなった。

　チーム学校とは，校長のリーダーシップの下，カリキュラム，日々の教育活動，学校の資源が一体的にマネジメントされ，教職員や学校内の多様な人的資源が，それぞれの専門性を生かして能力を発揮し，子どもたちに必要な資質・能力を確実に身につけさせることができる学校を意味する（文部科学省，2015）（図14-1）。チーム学校の概念を導入することにより，これまで教員中心で運営されていた日本の「閉じた学校文化」の変更を余儀なくされ，教員には戸惑

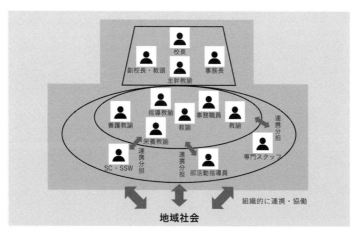

図14-1　チームとしての学校（文部科学省，2015）

う部分も多いと思われる。

　2015（平成27）年の中教審の答申では，チーム学校を実現するために3つの方針が示された。

　①**専門性に基づくチーム体制**：心理・福祉領域の専門能力スタッフなどが教員，事務職員と連携・分担し，それぞれの専門性を発揮できる体制の構築。多様な専門能力スタッフが子どもの指導に関わることで，教員のみが子どもの指導に関わる現在の学校文化を転換する。

　②**学校のマネジメント機能の強化**：校長がリーダーシップを発揮できる体制の整備。多様な専門能力スタッフをひとつのチームにまとめるために，これまで以上に学校のマネジメントを確立し，学校の組織力・教育力を向上させる。

　③**教職員一人ひとりが力を発揮できる環境の整備**：教職員の人材育成や業務改善等の取り組みの推進。

　方針の中でたびたび出てくる専門能力スタッフとして，心理・福祉の専門家，つまり，SCとSSWは筆頭に書かれていて，チーム学校の一員としての機能への期待がうかがえる。

　2019年度までに原則としてSCを全公立小中学校に配置するこ

と，SSWを全中学校区に配置すること，学校における専門職としてふさわしい配置条件の実現を目指すことが決定されており（文部科学省，2018），さらに，専門スタッフとしてふさわしい配置条件を模索するために，常勤職としての責務や担うべき職務の在り方等について，調査研究が実施予定である（文部科学省，2020b）。

　これまでの週1日程度の勤務であれば，SCは相談室の中で子どもや保護者と1対1で話す相談業務を中心的に担っていけばよかったのかもしれない。しかし，今後常勤職となれば，相談室の中の「閉じた役割」では存在価値が容認されなくなり，SCの意識や働き方の転換が否応なく求められる。来談するクライエントのみに支援を与える「**待機モデル**」から，困難に陥っている人やその可能性がありそうな人を捜し求める「**探索モデル**」へ切り替えなければならない。

　文部科学省によるSCの実践活動報告を見ると，SCが係る問題等の種別は，不登校，いじめ問題，暴力行為から貧困の問題，性的被害，ヤングケアラー，教職員への校内研修，子ども向け教育プログラムまでと学校現場での活動が多岐にわたることがわかる（文部科学省，2020a）。SC個人で対応できる問題は少なく，担任，保護者，SSW，子ども相談所，警察，病院等の人的資源・社会資源と連携し，継続的な支援を実施できなければならない。

　チーム学校の機能として，もうひとつの大きな柱は，複雑な課題にチームで関わり，今までは担任一人で抱え込んでいた状態が改善され，教員が教育という本来の役割に専念する時間が増えることによって，働き方改革につなげることである。

　このようにチーム学校の一員としてのSCの役割が期待されているが，いまだにSCは，「学外の人」だという認識が強い教員も多いように思われる。またSCも学校組織の一員であることへの意識に個人差があることも課題として指摘されており（文部科学省，2020a），チーム学校を担う重要なメンバーとしてSCの活躍が今後よりいっそう求められる。本書の読者である心理専門職が，チーム学校でのSCの機能や働き方の基礎を模索しながら構築していくも

のと期待したい。

2 コラボレーションにおけるSC の役割

　SCの業務内容としてコンサルテーションは明記されているが，コラボレーションについては今のところ何も述べられていない。だが，SCの第一要件である公認心理師は「**多職種連携**」を心がけるとされており，この多職種連携がコラボレーションである。コンサルテーションとコラボレーションの違いは，本書2章に詳述されている。そこでのコンサルテーションとコラボレーションの選択のガイドラインによれば，4つの条件のひとつに「コンサルタントかコラボレーターになる予定の者が必要なスキルを身につけているか，身につける時間があればコンサルテーションが可能であるが，スキルが不足しており，時間もなければコラボレーションが相応しい」とある。チーム学校では，専門能力を持つスタッフの導入によって，教員の労働環境を改善しながら，社会と学校を取り巻く状況の変化に対応することが目指されている。そのため，当然のことながら心理の専門能力はSCが発揮することとされており，チーム学校における，心理専門職のSCの機能は，コラボレーションを標榜するものであるといえる。

　現場で働くうえでは，いつ，どのような場合に誰と連携することが必要であるかを知っておかなければならない。学校心理学ではコミュニティ心理学の枠組みを応用して，学校における子どもへの支援を3段階に整理している（石隈，1999）。**第一次支援**はすべての子どもに対するもので教員の対応が中心となる。**第二次支援**は個別の支援が必要なリスクを抱える可能性の高い子どもを対象として校内体制で行う。そして**第三次支援**は重大な支援ニーズを持つ特定の子どもを対象に学外の専門職との連携を必要とする（角南，2020）。SCがケースに関わる場合は，そのケースがどの段階の支援であるかを理解し，それに応じた連携が必要となる。支援体制と対応する専門

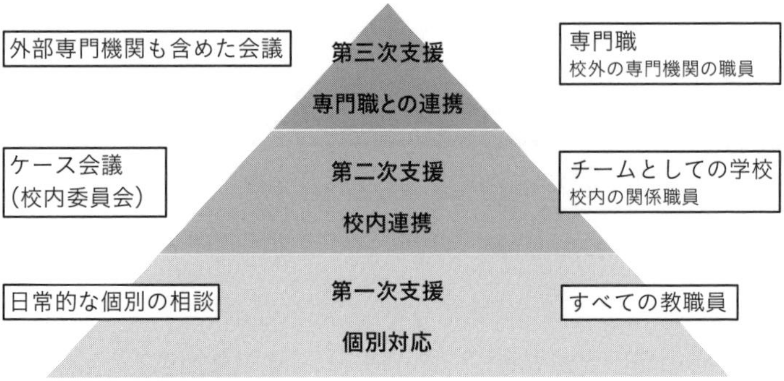

図14-2　支援体制と対応する専門職（角南，2020, p.95より改変）

表14-1　子どもたちを取り巻く様々な課題
（日本学校心理学会，2016をもとに作成）

1．子どもをめぐる問題	2．家族・地域をめぐる課題	3．教職員・学級をめぐる課題
学ぶ意欲の問題	ひとり親家庭	学級崩壊
不登校	不利益な状態に置かれた家族[*1]	子ども・保護者と教員の関係性
いじめ		
非行	外国籍の子どもや家族	教職員による犯罪等の問題行動
発達障害	子どもの貧困	
PTSD	児童虐待	
自殺	地域社会の変化[*2]	

＊1　不利益な状況に置かれた家族とは，経済的な困窮，疾病，住宅環境の厳しさ，不適切な子どもへの養育，家族の問題行動等の問題を抱えた家族を指す。
＊2　地域社会の変化は個々人の価値観やライフスタイルの多様化，個別化により人と人とのつながりの希薄化等を指す。

職については図14-2に記載した。

　複雑で多様化する子どもたちの課題として，表14-1のようなものが考えられる。これらの課題は学校だけでは解決が難しいものが多く，地域社会や様々な領域の関連機関との連携が求められる。

　さらに今後は，SCはチーム学校の一員として関連機関と連携し，貧困や発達障害，DV，虐待，外国籍児等の複雑・多様な課題に対応していかなければならない。

3 チーム学校として支援にあたる際のプロセス

　それでは，チーム学校として具体的にどのよう課題に取り組んでいけばよいだろうか。図14-2に示した支援のどの段階であっても，関係するメンバーが集まり会議を開くのが前提である。会議を開けない場合でも，会議で話し合われるべき内容を支援に関わるメンバーがしっかりと理解しておくことが重要である。支援方針に沿って開始した支援が対象に適していない場合や環境等が変化した場合，すぐに軌道修正をする必要があり，プロセスごとの評価をして次のステップに進んでいくという足並みを合わせる視点も肝要である。

　以下に，筆者が考える学校におけるコラボレーティブな支援が開始される際の話し合いの手順を，学校現場でのコンサルテーション（黒沢・森・元永，2013）や教育相談を参考に6段階にまとめた。

　①**問題に対する認識の共有**：当該ケースの問題の所在，それまでの具体的な経緯，担任，部活動の顧問，養護教諭，そしてSC，SSW等が，何を問題と感じ，どのような根拠をもって，個別ではなくチームでの対応が必要と感じているのかについて話す。ケースの重大性や深刻さについての共通理解ができ，これ以降の話し合いに向けての土台が形成される。

　②**話し合いの目的の確認**：会議で何が話し合われるべきか，会議が開かれた目的について確認する。例えば不登校のケースについてであると，担任は週2日の登校を念頭に置いており，学年主任や管理職は週5日の登校を希望，一方SCはまずは放課後でもいつでも学校に足を運べればと考えて会議に参加しているかもしれない。このようにひとつのケースに関しても話し合いの目的は各メンバーによって想定が異なる場合もあるため，今回の話し合いでは何を目的とするのか認識の統一が肝要である。

　③**短期的な目標の設定**：お互いに話し合いの目的を共有できた

ら，その目的に向かって何を目標にするかを決めることが次の段階である。不登校のケースで「週2日登校」が話し合いの目的となっても，3カ月かけて徐々に週2日の登校を目指すのと，翌週から週2日の登校を目指すのではおのずと働きかけ方も異なってくる。

　他にも自傷行為がある子どもに対して，その行為を学校では行わないことを目的とした話し合いであるとする。翌日から一度たりとも自傷行為をさせないという目標を設定することと，徐々に減らすよう働きかけるのでは関わり方は異なり，支援に携わるメンバー同士で目標を共有していないと，それぞれの働きかけが噛み合わなくなってしまう。そのため，短期的で具体的な目標設定が重要である。短期的な目標の達成度は振り返る際にしっかり評価し，次の目標を立てる必要がある。

　④ケースの最終ゴールの確認：話し合われているケースの最終ゴールをどこに設定するのか，どうなればよいのかを考える。これも不可欠である。不登校のケースひとつとっても，管理職は毎日登校できるのが理想，一方，担任は子どもがクラスで楽しく過ごせるようになるのが最終ゴールであると考えているかもしれない。他方，保護者は学校に行けるか行けないかよりも，将来自立できる人間になってほしいと考えていて，登校うんぬんに対してはあまり気にしていないという場合もある。

　不登校の子どものカウンセリングでは，毎日登校できるかどうかよりも仲のいい友だちを見つけたいという希望にしばしば遭遇する。このように，最終ゴールがメンバーで異なっていると，対応のずれが大きくなっていく。そうならないために最終ゴールを確認する必要がある。その際に，子どもの希望が全く取り入れられないことのないように留意する。

　⑤専門性に応じた個々の支援とタイムスケジュールの共有：短期的な目標と最終ゴールが決まり，チームとして歩む道が決まったら，それぞれの専門性に応じて誰がどのような対応をするかを話し合う。まずは短期的な目標に向けての対応について決めていく。例えば，教室に入るのが難しい子どもに対して，一日のうち1時間

は教室に入るという目標が定められる。その場合，保護者は校門まで一緒に登校し，迎える養護教諭は子どもを連れて校内に入り，教室に行く前に心の準備として保健室で少し休めるようにする。担任は1時間目が始まる前に保健室にいる本人に声をかける。本人の様子を見て，管理職や手が空いている教職員が子どもを教室に伴い，休み時間は教育相談室でSCと過ごす。SCがいない場合は，他の教職員が一緒に過ごすというように，詳細に専門性に即した対応を決める。

　それぞれの対応が十分に定まっておらず，対応に切れ目があると，子どもは不安を抱く可能性があるため綿密に決めておく。また，いつまでに短期的目標を達成するのか，決めた対応はいつからいつまで実施されるのかについてもチーム内で共有しておく。

　⑥まとめ：ここまで話し合いが進めば，チームとして同じ方向を見て同じ歩調で支援に当たれるだろう。最後に最終ゴール，そしてそこに至る短期目標達成のプロセスとそれぞれの対応を確認し，メンバーが自身の専門性に応じた具体的行動を把握できていれば話し合い終了となる。

　以上のようにチーム学校としての対応体制を整えられれば，当該ケースにそれぞれ対応していける。たびたびの会議設定は多忙な学校現場では難しいため，お互い日常業務の合間に話し合い，対応の進捗をアップデートし合い，微調整を図りながら焦らず少しずつゴールに向かって進んでいくものでありたい。また各自対応はやりっぱなしではなく，しっかりと評価し，子どもを見守り続けることを忘れてはいけない。

4 チーム学校での秘密保持義務

　心理専門職にはクライエントの秘密を守るという**秘密保持義務**がある。**公認心理師法**では第四十一条に「公認心理師は，正当な理由がなく，その業務に関して知り得た人の秘密を漏らしてはならな

い」と明記されている。一方で，第四十二条の１には「公認心理師は，その業務を行うに当たっては，その担当する者に対し，保健医療，福祉，教育等が密接な連携の下で総合的かつ適切に提供されるよう，これらを提供する者その他の関係者等との連携を保たなければならない」とされている。**守秘義務**と連携の兼ね合いについては，チーム学校の一員として働くうえで悩みどころになるだろう。SCとのカウンセリングで話したことが秘密にされる安心感から子どもや保護者が話をしてくれる部分も大きいため，聞いた情報をすべて学校に伝えることはない。しかしながら，カウンセリングで得た情報を全く学校に伝えなければ，子どもへの適切な支援が行えない可能性が生じる。

　学校の守秘義務については，「集団守秘」の考え方が普及しており，学校が子どもへの指導や支援を行うために必要となる情報は，学校全体でその秘密を保持することになっている。SCにおける**集団守秘義務**の在り方については，図14-3，4のとおりである。どこまで秘密を守り，どの程度情報を共有するかについては，ケースごとに考える必要がある。教職員や学校組織としてのバランスを考慮し，守秘義務を踏まえたうえで，チームで課題を共有し，解決にあたる必要がある。

　教室に入るのを躊躇する子どもとの相談室でのカウンセリングにおいて，カウンセリング終了のつど，担任から当該の子どもに声

守秘義務	報告義務
・内面的な悩みの詳細 　内容によって，限られたメンバー間の共有にとどめるが，できる限り子どもの承諾を得る	・当該の子どもと面接していること ・面接での目標 ・チーム学校としての援助方針における当該の面接の位置づけ

守秘義務を超える場合（できる限り承諾を得る）

自傷他害の恐れ	虐待の疑い	直接関わる専門家間

図14-3　学校における守秘義務と報告義務のバランス
（本田，2015, p.89より改変）

図14-4 学校における情報共有のレベル（本田，2015，p.90より改変）

かけをされるのが負担に感じると語られたとする。SCから担任に
その旨をうまく伝えることで，担任と子どもの関係性が改善するこ
とがある。また，教員のコミュニケーションの様式が子どもには合
わず悩んでの来談では，SCから教員に共感的なコミュニケーショ
ンの取り方を伝えることで改善され，子どもが学校生活をより生き
生きと過ごせるようになる場合もある。

　一方で，子どもや保護者から「今の話は誰にも言わないでくださ
い」「〇〇先生には言ってもいいが，担任の先生には秘密にしてく
ださい」等の発言があることも珍しくない。来談したこと自体をほ
かの人に秘密にしているため，ひっそりと相談室に現れる場合もあ
る。守秘義務を超える場合を除いては原則秘密を守ることが優先さ
れるが，場合によっては秘密にすることで適切な支援を提供できな
いことを伝える必要もある。子どもにとっての最適な支援につなげ
るために必要な情報共有であれば，できるかぎり子どもや保護者に
情報共有のメリットを伝えたうえで，情報共有できるとよいと考え
る。

5 チーム学校における実践例

　チーム学校におけるSCの役割として明記されているものはコンサルテーションであるが，公認心理師の職責として求められる「**多職種連携**」とはコラボレーションであり，実際の学校現場ではコラボレーションがおのずと行われていると述べてきた。

　以下のケース1とケース2は，SCがしばしば関わると考えられる複数のケースを合成し，かつ抽象化したものである。

【ケース1】不登校：A (小学5年生)

　Aは1年以上不登校の状態が続いていた。学校では，事態を改善すべく校長，副校長，担任，学年の教員，教育相談担当の教員，養護教諭，SC，SSWが招集され会議が開かれた。長期的な目標はAが毎日学校に登校できるようになること，短期的な目標として「週に1時間学校に来ること」となり，メンバー全員で共有された。それぞれの専門性を活かし，担任と学年の教員は交代でAと週に1回一緒に学習の時間を取ること，SCは週1回Aとカウンセリングを行うこと，そして登校のサポートとしてSSWが家庭にAを迎えに行き学校まで一緒に登校することになった。保護者にも朝起こしてもらうことや家庭での状況を学校に伝えてもらうようお願いし，子育ての不安についてはSSWや市区町村の相談員と相談してもらった。

　支援開始当初はSSWのお迎えによりしぶしぶ登校したり来なかったりであったが，支援開始3カ月後頃から一人で登校できるようになり，その様子を近所の住民も応援していた。SCとの面談でも受け身的な態度であったのが次第に自ら話すようになり，遊びにも積極的に誘ってくれるようになった。教員による学習支援でも，次の登校日を楽しみにしながら取り組む様子が見られた。このように，いつからか週1日では

なく積極的な週2日の登校が数カ月続いたのち，A自身が同級生と関われるようになりたいと訴え，教室での授業参加の機会も増えた。さらに特別支援教室でのコミュニケーションスキルの向上の取り組みも検討されることになった。

　このケースでは目標とそれぞれの役割を共有し，たびたびメンバー同士でコミュニケーションを図ることで，Aとその支援の過程への理解が深まり，その後，特別支援教室での支援という，コラボレーションならではの効果として，さらなる支援の可能性を見出すことができた。学年の教員がAへの学習支援の時間を取っていることを管理職とほかの教員も把握していたため，当該学年の教員の業務の分担量に配慮ができたこともチーム学校の成果といえる。また，今回は偶然に近所の住民の方もAを応援してくれ，地域も含むチーム学校としてコミュニティ全体でAを支援することができた。このケースでは，SC，SSWを含む幅広いメンバーが関わり，支援者それぞれが自分の専門性に基づき支援し，また相互のコミュニケーションにより，ほかのメンバーの実践から学び，支援内容を深めていっていた。ただ役割分担をするのではなく，互いに影響し合っていたため，Aに合った様々な登校の方法が見出されたことがコラボレーションとしての良さが発揮できた理由だと考えられる。
　ただし，必ずしもチーム学校でのコラボレーションがうまく機能するわけではない。次にチーム学校として対応がうまくいかなかったケースを示す。

【ケース2】摂食障害：B（中学2年生）
　明るく，成績も優秀なBがだんだんと痩せていくことに気づいた担任から養護教諭に身体面のケアが依頼され，養護教諭からSCにカウンセリングが申し込まれた。担任，養護教諭，SCが連携して支援を開始してからしばらく経っても，Bの心身の状態は改善されなかった。そのため担任，養護教諭，学年主任，SC，SSWで今後の支援について会議が開かれた。B

の心身の状態が安定することをケースのゴールとし，まずはB
が体調不良の際は自ら保健室に行き，休めるようになること
が短期的な目標となった。日々の彼女の様子の観察を担任が
行い，SCが引き続きBのカウンセリング，さらに母親との面
接を行うことになった。養護教諭も引き続きBの身体面のケ
アを担当した。SCとBのカウンセリングは継続され，SCと母
親の間で家庭での様子の聞き取りや関わり方について助言も
行われていた。養護教諭はBをとても心配し，毎日話す時間
を設けるようになった。次第にBは養護教諭を真っ先に頼る
ようになり，あらゆることについて養護教諭に相談するよう
になった。それに伴い担任，SCとBの関係が薄れていき，相
談室にも来なくなってしまった。Bが養護教諭のみに頼りきっ
た状態になったため，SC，担任で養護教諭の対応をサポート
することにした。しかし，Bの状態は改善されずむしろ悪化し
ていき，一人で抱え込む形になった養護教諭も疲れ切ってし
まい，休職に至った。

　このケースでは，何よりチーム学校のメンバー全体の問題に対す
る認識の共有が十分ではなかったことが問題であったと考える。コ
ラボレーションの基本である共通の目標を確認するためには，ケー
スに対する共通理解が基盤となる。それがない場合，対応にずれが
生じてしまう。今回，会議に校長が不在であったため支援者のマネ
ジメントも行われなかった。そのため，養護教諭が専門である身体
的なケアの範囲を超えた支援を行ったように，支援者同士が互いに
分担していた専門性に基づく対応の範囲を超えたり，十分に行えて
いなかったりした際も，目的の共有が不十分で対応にずれが生じた
際も，それらのことに俯瞰的な立場からリーダーが気づき修正する
機会が設けられなかった。
　理想的なコラボレーションであれば，支援を提供する側同士の綿
密なコミュニケーションによって修正可能であったかもしれない。
しかしながら，コラボレーションにおいて足並みが揃わなくなって

きた場合，実質的なケースへの関わり度合いが不均衡になり，支援者同士の間で責任が不平等だと感じてしまう。

　本書2章で述べられた定義に含まれる4つの要素である，①支援の目的と支援に必要なあらゆる種類の資源が共有されること，②支援を提供する側にコミュニケーションを基本とした相互作用が生じていること，③支援に伴う責任は支援者全員が各自の専門性や経験に応じて負うこと，④成果としてこれまでに存在しなかった新たな支援体制や支援方法が創造される可能性を有していること，の4つのうち，1つでも満たされていなかったり，プロセスのうちの1段階に関する話し合いが不十分であったりする場合は，コラボレーションを円滑に進めることは難しいと考えられる。

　しかしながら，お互いが一員であるという意識を持ちながら，チーム学校を組織で遂行していくことは容易ではない。長期的なゴールだけでなく，短期的な目標の共有や支援開始後の状況によって小さな軌道修正をことあるごとに行っていく必要がある。また互いの専門性をチームのメンバーが理解し発揮しつつ，ともに学び合い新たな支援の創造の可能性を理解していないと，単なる役割分担に留まってしまう。

　チームのメンバー全員が一堂に会することは容易ではないが，最初の方針を決める際には必ず全体会議を開催することや日ごろの些細な情報を共有することが重要である。そのためには風通しの良い学校を作る校長のマネジメント能力が必要となるだろう。SCも学校の中の一員だという意識を強く持つ必要がある。

6 おわりに

　本章では，学校現場で生じる複雑で深刻な出来事への必要不可欠な対応としてチーム学校について述べてきた。チーム学校の定着は，教職員，専門職そして非専門家の既存の働き方に対する意識変革も意味する。コラボレーションが当たり前となった学校では，これまでにない新たな解決策をもとに，問題解決だけでなく予防的な

取り組みも推進されるだろう。さらに，学校と保護者だけでなく，子どもや地域住民も含むコミュニティ全体でのコラボレーションが可能となれば，学校を中心とした地域全体が健全でよりよい環境となるだろう。

■引用文献

本田真大 2015 援助要請のカウンセリング──「助けて」と言えない子どもと親への援助 金子書房.

石隈利紀 1999 学校心理学──教師・スクールカウンセラー・保護者のチームによる心理教育的支援サービス 誠信書房.

角南なおみ 2020 専門職連携. 角南なおみ（編）やさしく学ぶ教職課程 教育相談 学文社.

黒沢幸子・森 俊夫・元永拓郎 2013 明解！スクールカウンセリング──読んですっきり理解編 金子書房.

文部科学省 2015 チームとしての学校の在り方と今後の改善方策について（答申）. https://www.mext.go.jp/b_menu/shingi/chukyo/chukyo0/toushin/__icsFiles/afieldfile/2016/02/05/1365657_00.pdf（2021年1月21日閲覧）

文部科学省 2018 第3期教育振興基本計画. https://www.mext.go.jp/content/1406127_002.pdf（2021年1月21日閲覧）

文部科学省 2020a 令和元年度 スクールカウンセラー等活用事業 実践活動事例集. https://www.mext.go.jp/content/20201112-mxt_kouhou02-000011009_1.pdf（2021年1月21日閲覧）

文部科学省 2020b 令和3年度予算ポイント. https://www.mext.go.jp/content/20201218-mxt_kaikesou01-000010167_1.pdf（2021年1月21日閲覧）

日本学校心理学会（編）2016 学校心理学ハンドブック第2版──「チーム」学校の充実をめざして 教育出版.

15 チーム医療

妹尾真知子

　悪性腫瘍（以下，がん）は1981（昭和56）年より日本人の死因の第1位となっており，現在では年間約30万人が亡くなっている。そのため政府は，地方公共団体，医療従事者，国民が一体となってがん対策に取り組むことを推奨してきたが，今なおがんは国民の生命および健康にとって重大な問題となっている。

　そのような状況を踏まえ，2007（平成19）年4月には**がん対策基本法**が施行され（厚生労働省，2007），9年後の2016（平成28）年には，がん患者が安心して暮らすことのできる社会への環境整備を盛り込んだ改正法が成立した。

　このように，国民が皆均等にがん治療を受けられる環境を整えることやがん患者の日常を支える場が提供されることは国全体の課題ともなっており，関係する職種，国民が皆で取り組むべき問題ともいえよう。

1 医療現場でのコラボレーション

　医療現場においては，医師や看護師らは患者と対話しながら治療を進めている。しかしながら，患者の特性によっては治療開始時やその後の期間において特別な配慮が必要な場合も多い。その際，医療者は患者との信頼関係を築き，患者の身体的・精神的変化に臨機応変に対応することが求められる。上村（2016）も述べているように，がん患者は診断期，治療期，終末期で変化する様々な悩みを抱えており，長期にわたって自分の病（やまい）と向き合っていかなければいけない。そのため，医師や看護師に加え，心理専門職などのコメディカルスタッフを含めたチームで患者をサポートする「**チーム医療**」が徐々に病院で取り入れられつつあり，この「チー

ム医療」こそ医療現場における**コラボレーション**の形であるといえ
よう。

　がん専門病院の心理専門職（以下，本章では心理士とする）は，医師，
看護師，または**緩和ケアチーム**※1（以下，まとめて「スタッフ」）から
依頼を受け，チームに加わるが，その際，患者の身体状況を踏まえ
て，抱えている悩みや問題について多職種で情報共有を行いながら
介入する。病状には個人差があり，それに伴う心情の動きも異なる
ため，患者一人ひとりに合った医療サービスやサポートを提供する
ことを目標とし，日々模索しながら，患者および家族の支援にあ
たっている。

2 事例

　以下に，本章の趣旨に鑑み，医師や看護師とコラボレーションを
行って患者を支援した事例の経過を示したい。提示する事例は，胃
がんに罹患した後，某年6月に筆者の勤務するがん専門病院（以下，
当院）の一般病棟に入院し，最終的には**緩和ケア病棟**※2で過ごした
患者（Aさん，70代女性）との関わりの経過をまとめたものである。
なお，本書で事例を提示することに関しては家族から許可を得てい
るが，問題のない範囲で一部改変している。

1　概要
⑴診療経過
　6月中旬：心窩部痛を主訴に紹介元を受診。胃がんと判明。

　6月下旬：当院を受診。食思不振で加療・精査目的で入院。

　7月上旬：主科緩和ケアチームに紹介。化学療法は希望せず，
　　　　　　その後，緩和ケア病棟待機登録となる※3

　7月下旬〜：心理士介入開始（面接1〜5）

　8月上旬〜：緩和ケア病棟へ転棟（面接6〜12）

　9月上旬〜：心窩部痛が徐々に増強（面接13〜20）

　9月下旬〜：倦怠感も強まる

10月中旬〜：持続鎮静開始（面接21〜）

10月末：永眠

⑵家族背景

同居している夫は膀胱癌のため，自宅近くの病院で療養中。認知機能低下があり，意思疎通が難しい状況。息子家族は同じ県内に在住で，患者との関係は良好。十分なサポートを得られている。

⑶生活歴

高校卒業後，事務の仕事に就き，結婚と同時に退職。その後は家事と育児を両立させながら趣味の手芸を楽しんでいた。50歳を過ぎてからはパッチワーク教室に通うようになり，展示会などにも出品していた。

⑷心理士の関わり

緩和ケアチームの回診中に「息子に迷惑をかけたくない。早く逝きたい」との思いが語られた。それまでも担当医や病棟看護師に家族や病気への思いを吐露することが多く，様々な気持ちを抱えているのではないかと推察されていた。そのため，専門的に精神面のサポートを行うスタッフの関わりがあったほうがよいと考えられ，筆者への依頼につながった。

2 チームとしての関わり

この事例に関わったのは，心理士の筆者の他，担当医，担当看護師，薬剤師，緩和ケアチーム（麻酔科医，がん専門看護師，理学療法士，医療ソーシャルワーカー）であった。

以下に，便宜上，Ⅰ期からⅣ期に分けて心理士の動きを中心に述べるが，スタッフ間の話し合いや情報交換は日々，継続された。「　」内はAさんの言葉である。Aさんは長男の妻のことを「娘」と呼ぶため，そのまま記載する。

Ⅰ期（面接1～5）：一般病棟で過ごした時間——「早く逝きたい」思いの背景にある気持ちを支え，患者の力を知る

訪室前にその日の様子などを担当看護師と情報共有した。Aさんにも心理士が会いに来ることは伝えられていたが，あらためて経緯を説明し，「早く亡くなりたい」気持ちがあることを聞いていることを伝える。すると，流を涙しながら「こういう状態になって息子家族に迷惑をかけるのが申し訳なくて。朝起きると『また目が覚めてしまった』って思うんです」と話す。「申し訳ない」と繰り返しながらも家族の話となると表情は和らぎ，「さっき娘から電話があって，『お母さんの料理はすごく美味しいからレシピをメモしておいて』って言ってくれて。自分の母親も料理が好きだったのでそう言ってもらえて嬉しいです」と少し笑顔を見せる。

Aさん自身も家族のことを大切にしてきたこと，そして今は家族からも大切にされていることを確認しつつ対話を進める。しばらく話した後は「こうなってしまって『何で自分が』『もっと生きたい』っていう気持ちもあったけど，それはもうしかたがないですもんね。こうやっていろいろな方が聞いてくれてありがたいです」と自分から話を閉じた。

その後も語る内容は一貫しており，「早くお迎えが来てほしい」気持ちを繰り返し語った。面接では，死を望む気持ちと家族への思いが語られることが多かったが，入院が長くなるにつれて心理士との会話の中で医療者との関わりについて触れることも増えてきた。「さっき先生（医師）が来てくださって，今はコロナのことがあって息子とも会えないから，状況を先生から伝えてくださるって」「夜には夜勤の看護師さんも来てくださってね。本当にいろいろな話を，ベッドの横にひざまずいて聞いてくださいました。こんな何でもない話を聞いてもらって申し訳ない気持ちもあるんですけどね」と恐縮しながらも嬉しそうな様子。

Aさんが周りの人との関係を大切にしてこれまで過ごし，今もそうしているのが伝わってくることを伝えると何度もうなずく。「昔から人との関係は大切にしてきて，それは息子にもそうするように

ねってずっと言ってきました。私も母から教えてもらったことなん
だけどね」と慈しむように話す。Aさんが受け継いだ気持ちがまた
息子家族につながっていくということがわかると伝えると、少し迷
いも見せながらも「そんなふうだったらいいなって私も思うんで
す」とつぶやく。

　5回目の面接が終わった頃、Aさんは緩和ケア病棟に転棟するこ
ととなった。緩和ケアチームの介入はここで終了となるが、心理士
は引き続き訪室していくことを伝えた。

【合同カンファレンスⅠ】

　心理士の見立て：息子家族との関係は良好であり、長男の妻のこ
とを「娘」と呼んでいることからも関係の近さが感じられる。家族
との結びつきが強いぶん、申し訳なさなどの罪悪感も大きくなり、
「迷惑をかける自分」でいたくない思いも強い。家族関係や友人関
係の話からも「人とのつながり」を大切に過ごしてきたことがうか
がえ、その点はAさんのもともと持っている「**力**」となっている
ように推察される。「生」と「死」について考えることやサポート
を受けることのありがたさと申し訳なさなど、両極端ともいえる気
持ちを述べることが多い。

　チームの方針：「早く逝きたい」と感じることはAさんらしさを
保つためにも必要なことであり、その表現形にこちらが揺さぶられ
ないようにすることが重要。言葉の背景にある患者の思いを汲み取
りつつ傾聴し、関係を構築していく。Aさんの「力」を大切にする
ためにも、「人とのつながり」をテーマとした会話も盛り込みなが
ら病院での生活を送ってもらう。また、こちらからもこれまでのA
さんの生活について尋ねていく。「生」と「死」に関しては、両方
の気持ちを受け止め、そこに葛藤があることに理解を示していく。
話すことで気持ちを整理しつつ、話さない時間も自分の中で内省を
進めているように思われる。次の訪室日を伝え、関係を構築しなが
ら話を聞いていくことでサポートにつなげていく。

Ⅱ期（面接6～12）：緩和ケア病棟での穏やかな日々──Ａさんらしく過ごしてもらえるように

緩和ケア病棟に転棟した翌日に訪室。こちらに気づくと笑顔となり「何だか静かすぎて寂しくなっちゃってね」と苦笑する。「一般病棟ではすごく賑やかだったでしょう。歩いたら他の人とも会えるし。ここでは誰も歩いていないから外に出るのもどうなのかなって思ってね。やっぱり慣れるまでがね。でも少しずつ慣れていこうと思います」と話し，環境が変わったことへの戸惑いもあるようだった。

数日経つと徐々に慣れてきたのか，スタッフに対しても家族のこと，これまでのことを楽しそうに話す姿が戻っていた。心理士にも「今日は息子と孫が来る予定なの。ここに来て面会が自由にできるようになったのはよかったよね」と週1回の面会を心待ちにしていることや孫がメールをくれて嬉しかったなどのことを話した。ただその一方で，今過ごしている時間が穏やかであるからこそ感じる葛藤もある様子。「こうやって過ごしてるとね，もう少しもう少しっていう気持ちになったりしますね。もうこうなったからにはしかたないっていうのもあるんですけどね。しかたないとも思いつつ，まだあと少しはとも思うし……複雑だよね」とも。「もう少し」と思えるほどに今のＡさんの身体状態は落ち着いていること，ただその一方で終わりが来ることはわかっているため，切なさも感じることに理解を示しつつ話をうかがった。

緩和ケア病棟に転棟して1週間ほど経過した頃，今の時間を大切にするためにも外泊してはどうかとスタッフより家族に提案された。家族も以前から考えていたようで，すぐに日程が決まる。最初は「外泊中に何かあって家族に迷惑をかけたら悪い」と言っていたＡさんだったが，その日が近づくにつれて少しずつ楽しみな気持ちが増しているようだった。

外泊の日程が決まった後に心理士が訪室すると「月末に外泊することになりました。息子たちは前から話していて『お母さんにこの日だよって日を決めて伝えたらきっと帰ってくるよ』って言ってい

たみたい。迷惑かけるんじゃないかなと心配にはなるけど，向こう
から言ってくれたからね」と「息子の思いを汲んで」という文脈で
話すが，嬉しそうだった。「看護師さんたちにも，『息子さんから提
案してくれてよかったね』って言ってもらえて。お互い後悔しない
ようにね」とＡさんの思いも重ねて話していた。

　同時期にスタッフとの会話の中で「何かまた作品を作りたい」と
いう言葉も聞かれており，レース編みや雑巾づくり，簡単なパッチ
ワークなど様々な案を出し合いながら相談していたようだった。

　その後，無事に外泊から帰院。とても良い時間を過ごし，多くの
スタッフにそのことを報告していた。「10時頃まで皆でテレビを見
ていたんだよ」「息子が横に寝てくれて，いつトイレに起きてもよ
いようにしてくれてた」など事細かに説明していた。

　緩和ケア病棟に移ってから約１カ月の間は非常に穏やかな時間
を過ごしており「早くお迎えが来てほしい」「早く逝きたい」とい
う言葉もあまり聞かれなかった。また，「亡くなること」について
話すことはあっても，これまでのように強い希望として語るのでは
なく，穏やかに過ごすことのできる「今」をＡさん自身も大切に
しているようだった。

【合同カンファレンスⅡ】

心理士の見立て：緩和ケア病棟に転棟してから次第に心情面が
変化しており，時間が経過するごとにスタッフとの関わりを楽しみ
にしている様子。Ａさんにとっては，今の関係だけでなく，これま
で築いてきた人間関係もこれから先にとって重要となってくると考
えられる。Ａさんの中で穏やかに過ごせていると感じるぶん，今後
のことを考えた際に寂しさや切なさが惹起されている。

　外泊はこれまでも一般病棟では提案されることがあっても断る
ことが続いていた。しかし，今回は息子の後押しもあって実現させ
たい。その際，Ａさんにとっては「息子家族の思いを汲んで」とい
う意味合いにすることで申し訳なさやためらいを払拭できるのでは
ないか。面会制限はあるが，家族間の関係性も良好なため，できる

かぎり「ともに歩んでいる」という感覚を持ってもらうことも重要だと思われる。

チームの方針：病状のことだけではなく他愛もない話をするなど，「医療者と患者」だけではない「人同士」の交流を求めていることも感じられ，その点も大切にしていく。過去，現在，そして未来と「連続性」という視点での関係性も大切にしながら関わっていけるとよい。話の中でパッチワークのことは何度も話題に上り，一つひとつの作品にエピソード（友人とのやりとり，家族との絆など）があるよう。これまでのAさんと周りの人との歴史を教えてもらうためにも，その作品を病棟に飾り，医療者と共有する機会を作ってみる。Aさんの中の申し訳なさやためらいという気持ちは，あえて打ち消そうとせずに，「わかってほしい」という気持ちには共感を示しながらサポートを続けていく。

外泊する，病棟でパッチワークの展示を開催するという方向で検討するが，家族にはサポートされる側としてではなく，Aさんのサポート役として関わってもらえるとよいだろう。

Ⅲ期（面接13～20）：徐々に状態が変わる──変わりゆく病状と変わらない関係性

家族やスタッフと協力してパッチワーク展を病棟のホールで行うことができた。作品は見事で，多くの患者やスタッフの心を癒してくれた。

その頃，身体の症状は徐々に強くなり，痛みに対して医療用麻薬を使用するようになっていた。同時期に2回目の外泊が決まっていたが，本人からは「帰るのは最後になると思う」という言葉が聞かれていた。また，「死」を意識している様子も観察され，心理士にも「最近は痛みとかも出てきて，日中はいいんだけど夜がむかむかして」「死ぬのは怖くないんだけどねぇ……。それまでの過程がどうなのかなって，不安だよね。苦しみたくないし，苦しむ姿を見せたくないからね」などと話していた。身体症状の出現によってできないことも増え，よりいっそう周りに迷惑をかけたくない気持ち

も強まっているように感じられた。そして，そのような自分を見つめたくない心情も伝わってくるようだった。

　2回目の外泊は無事できたものの，Aさんにとって前回ほど楽しい時間とはならなかった。心理士との会話の中で「帰ったときに息子や娘ともいろいろな話をしてね，私が亡くなった後は家に帰らずにそのまま葬儀場に連れていってほしいって言ったの。家族葬にしてほしいことは前から言ってあるんだけどね」と語り，外泊中も死について考え，亡くなった後も家族に迷惑をかけないようにすることを考えていたようだった。

　Aさんの中で死について考える時間も増えているのか，スタッフに「昨日びっくりするような夢を見たの。私が死んだ後も息子にお葬式のこととかを指示して，仕切っていたの」と話すこともあった。スタッフがその夢を見てどのような気持ちだったのかと尋ねると「死んでまで私が仕切らないといけないのかと思ってね。でもできることなら私が仕切りたい」と淡々と話していたとのことだった。

　日を追うごとに倦怠感も強くなり，以前ほど長く流暢に話すことは少なくなっていた。訪室すると開眼してこちらを見るが，表情は硬い。「ときどきトイレまで間に合わないことがあってね。次から次へといろんなことが起きて，こんなふうだったら早く迎えに来てほしい。こんなに苦しいんじゃ先生や看護師さんがいろいろと言ってくれても素直に受け取れない。なんだか涙しか出てこない。どんどん自分らしくなくなっていくような気がする。こんな状態じゃ笑顔も出ないでしょ」と一気に話し，涙を流した。自分らしくなくなっていくような感覚がAさんにとって非常に辛いことだと共感を示すと，「うん。なんでこんなことになったんだろう。悔しいって思うよ」と眉間にしわが寄った。「早く両親や姉が迎えに来てくれないかなって。思い描いていたように最期を迎えるっていうのは難しいとは思うけど，私らしく逝きたい」と。Aさんらしくとはどういうことか尋ねると「笑顔で，穏やかに」とそこで一息つき，「先生や看護師さんには元気がないのがすぐにばれるんだよね。『元気

ないね』って言われる。皆いろいろ聞いてくれて嬉しいんだけどね」
と続けた。会話の中で，家族のことやスタッフとのやりとりについ
て話しているときだけは，表情は穏やかだった。

　その後も身体状況は薬剤を使用してもあまり改善されず，そのとき
どきによって折り合えるときとそうでないときを繰り返している
ようだった。

　「きのうの夜，誰かが足をちょんって触ったような感覚があった
の。母か父か姉か……。嫌な感じじゃなかったから，誰か来たのか
なって思った。きのうも友だちが電話をしてくれて，自分たちももう
年だからどうなるかわからないって。もしそうなったら私を探し
にいくからねって言ってくれてね。嬉しかったな。私，最初は死ん
だら角膜移植とか臓器移植とかしようと思っていたんだけど，亡く
なって目が見えなくなって動けなかったら困るでしょう。だからや
めたの。生まれ変わりたいとは思ってないの。ずっとそこで過ごし
たい」と泣き笑いのような表情で語った。

　身体の辛さは日に日に増していたが，スタッフを気遣う気持ちは
変わらず，またＡさんにとっても「こうありたい自分」はいつも
心の中にあるようだった。夜間眠れなくて辛いときもスタッフを呼
ぶことはせず，我慢することも増えたよう。「皆，本当によくして
くれるから呼ぶのも悪くて」と話したため，スタッフのほうから積
極的に声をかけていくこととした。

【合同カンファレンスⅢ】

　心理士の見立て：身体の状態は変わりつつあったが，パッチワー
ク展はＡさんにとって「周りの人のために」何かできる機会とも
なった。症状の変化とともに心情も動いており，辛さも増してい
る。その辛さの一方で穏やかな時間を保っていきたいという希望も
感じられ，患者が持っている「力」を発揮しやすいように関わって
いく。また，人とのつながりを大切にしたいということは，もとも
とＡさんが重要視してきた価値観である。そのことを，家族やスタッ
フとの時間を通して再認識することで自身の感覚を取り戻して

いくことが期待できる。会話の中でもその点に沿った話題を出していけるようにしたい。例えば，家族，友人，医療従事者とのつながりなど。ただし，身体の辛さが強くなっている今の状況では，自身では自分の力を認識しづらいところもあるため，こちらからも繰り返し伝えながら再認識してもらえるようにしたい。スタッフを呼ぶことに遠慮してしまいがちなＡさんに対して，こちらから積極的に症状について聞いていくことが大切。

チームの方針：パッチワーク展では，他の患者やスタッフが喜んでいる姿を目にすることで，Ａさんの幸福にもつながったと思われる。Ａさんは「自律」を大切にしたいため，危険のない範囲で自分のできることは続けてもらう。それと同時に「できないことはスタッフに委ねるという自律」ができるように支えていくことも重要。

Ⅳ期（面接21〜永眠）：旅立ちのとき──持続鎮静から永眠まで

傾眠傾向が強くなり，訪室しても会話が続かないことが増えていった。ぽつりぽつりと話す中でも「身体が本当にしんどくて。早く逝きたい」と力ない様子が続いていた。

そんな日が数日続いた後，夕刻に担当医から心理士に電話があり，Ａさんからはっきりと「ずっと眠っていたい」という希望が聞かれたとのことだった。その日はすでに夕方ということもあり，夜間しっかりと眠れるよう薬剤調整し，翌日あらためて気持ちをうかがうこととなった。

翌日訪室すると，うっすらと開眼。昨日医師に「眠りたい」という気持ちを話したと聞いたことを率直に伝えると，「うん。息子が来てくれても話すのもおっくうでね，会うのも辛い。そんな自分を見るのも辛い。看護師さんの名前も前ははっきりと思い出せたのに，今は曖昧なこともある。今日こそはお迎えが来るのかと思ったけどまだ来なくて，何でって思ったよ。起きちゃうのが辛い」と語る。その後，閉眼し，寝息を立てたため退室。昼のカンファレンスで鎮静の導入時期について話し合うこととなった。

【鎮静カンファレンス】（担当医，病棟の医師，看護師，心理士が参加）

担当医：ここ数週間で倦怠感の増強，日常生活動作（Activities of Daily Living: ADL）の低下，身の置きどころのなさが増している。終末期特有の倦怠感や身の置きどころのなさに対する治療が困難な状況。もともと自律心の強い患者であり，変化を受け入れられないことの精神面や社会面，スピリチュアル面でも苦痛がある。昨日から今日にかけて意思疎通のできる時間が限られてきており，尿量も少ない。これまでも「早く逝きたい」という思いは聞かれていたが，「眠ったまま起きたくない」という具体的な思いが聞かれたのはこの日が初めてだった。予後予測は複数日〜1週間ほど。これらのことも踏まえて，鎮静の適応を考えている。

病棟看護師：生きていることの辛さを訴えており，コーピングの方法である「会話」も楽しめなくなっている状況。マッサージなど快刺激があれば表情が和む場面も見られているため，少し意識レベルを落としながら眠りを味方につける時間を増やしていくのはどうか。

心理士：日を追うごとに心身の辛さが増している。覚醒時の意識がクリアなため，よりいっそう身体の辛さを感じやすい状況。これまでは「他者との会話を楽しみ，その時間をつないでいく」という方法で精神的安定を保っていたがそれも難しくなり，これまでのAさんに対する支援が通用しなくなっている。相当辛いのではないか。

話し合いの結果：それぞれの職種が意見を出し合い，Aさんの抱える身体症状はこれまで使用した薬剤では緩和が難しいことを共有する。結論として，鎮静薬を用いて傾眠となる時間を増やしていくことで合意した。その日の夕刻に家族と面談予定となっていたため，説明して同意を得ることとなった。

息子夫婦との面談：担当医からここ数日の状況，今日Aさんが話したことなどを率直に伝えた。また，鎮静は安楽死の手段ではないこと，眠りを味方につけ，休める時間を増やすことが目的であることも説明された。

息子からは「自分たちも本人の様子を見ていて本当に辛い。鎮静を始めることで少しでも楽になれるのであれば希望を叶えてほしい」と涙を流しながらも，息子としての意向が語られた。妻もうなずきながら同意していた。また，「これまでは自分たちの前では辛いという言葉をほとんど言わず，そういう姿を見せたくなかったのだと思う。けれど，今日は辛いとはっきり言っており，相当辛いのだと感じた。残された時間を少しでも穏やかに過ごしてほしい」という思いも語られた。

息子夫婦との面談後，家族との時間をしばし持ってもらい，その日の夜から持続鎮静が開始された。

その後の経過

鎮静が始まってからは覚醒することなくずっと眠っていた。表情は穏やかで，面会に来る家族もその様子を見て安心していたようだった。訪室するスタッフはそれまでと変わらず声かけし，以前Aさんが「気持ちいい」と言っていた下肢のマッサージも続けられた。

鎮静開始後は，毎日カンファレンスが行われ，薬剤の変更は必要ないか，Aさんのその日の様子はどうかなどが話し合われた。

鎮静が開始されてから5日目，呼吸状態が悪化。お別れの時間が迫っていると判断し，病棟看護師が息子に連絡した。その日の夕刻の時間に看護師と心理士で訪室すると，ベッドの両脇に息子夫婦がそれぞれ座り，Aさんを見守っていた。

息子夫婦とともにこれまでのAさんの歩みについて振り返り，いつも息子家族のことを嬉しそうに話していたこと，身体の症状が強くなっていく中でも息子たちのことを話すときだけはいつものAさんだったことを伝えた。息子夫婦は，「人と話したり，何かをしたりするのが大好きな人だったので，この病棟でもいろんな方と出会うことができて，最期までここで過ごせてよかったと思います」と涙を流しながらも穏やかな表情で話した。

その日の夜中に永眠。家族とともに帰路についた。そのときのAさんの表情は穏やかであり，周りの人々にはまるで眠っているよう

に映ったという。

③ おわりに

　以上が，がん専門病院でのコラボレーションの事例であるが，最後にまとめとして医療現場でコラボレーションを行う際に必要なこと，そして筆者が留意していることを述べたい。

　本書2章で久田も述べているように，これまで長年，医療の領域では「**分担医療**」が行われてきており，身体症状は医師，その補助は看護師，医療費に関することはソーシャルワーカーというように各職種が自分の専門領域を越えないように「治療」を行ってきた。しかし，先にも述べたようにがん治療は長期にわたることが多く，その間，心身ともに変化しやすい。その場合，一人の患者について考えたとき，身体面・精神面への限定的なアプローチのみでは解決することが難しいことが多い。患者の抱える問題は身体面，精神面，社会面，そしてスピリチュアルな側面など様々な要素を含んでいることが多々あるため，自分の専門分野を軸にしつつ，ときには他の分野の視点も持ちながら，複合的に考えることが求められるのである。そのように，互いを補完し合いながらコラボレーションを行い，風通しのよい環境を維持していくことで患者に返されていくものがあり，患者一人ひとりに合った医療が実現すると考える。そしてそのためには，患者や家族，そしてスタッフと関わる中で彼らの持っている力を丁寧に見極め，尊重していくことが重要になってくる。

　久田も述べているように，コンサルテーション，ないしはコラボレーションを実践する上で重要なことは組織を把握することである。がん専門病院のように診療科が多岐にわたる施設では病棟ごとにやり方が違い，そこに属するスタッフが好む方法も異なってくる。心理専門職が面接にしろアセスメントにしろ，なんらかの依頼を受けた際，そこにいるスタッフはどのような方法を求めているのか，そして，どのような力を持っているのかを見極めながら関わっ

ていく。

　大切なのは「こちらが介入して支援する」という視点だけではなく「どのようなコラボレーションの仕方がチーム力を発揮しやすいのか」という視点であり，相手を信頼しながら連携することが必要である。

　医療者は介入する中で症状やこれから先のことへの不安など，患者の悩みや問題をどう支えていくかに意識が向きやすくなってしまう。しかしそれだけではなく，患者にはこれまで人生を歩んできた中で培ってきた力が必ずあるため，その点も大切にすることが重要であろう。どのような環境であれば力を発揮しやすいのか，関わり方の留意点はあるのかなど，考えながらサポートしていく。そういった日々の積み重ねが「その人らしく」過ごすことにもつながり，「最後まで生きる過程」を支えていくことにもなるのではないだろうか。

■引用文献
上村恵一 2016 がん患者における自殺．心身医学，**56**，789-795．
厚生労働省 2007 がん対策基本法．https://www.mhlw.go.jp/shingi/2007/04/dl/s0405-3a.pdf（2021年7月20日閲覧）

付記：※1　がん専門病院では医師，看護師，薬剤師などの多職種で構成されたチームがいくつか構成されており，必要とされる入院患者に関わっている。緩和ケアチームもそのひとつであり，主に疼痛や呼吸苦などの症状緩和を行っている。
　　　※2　当院の緩和ケア病棟は2つの病棟に分かれており，計50床となっている。すべて個室で，ひとつの病棟は一般病棟と同じ造りだが，もうひとつは隣接した離れとなっている。
　　　※3　当院の緩和ケア病棟は，面談を経て待機登録し，順番が来た際に移動する仕組みとなっている。

16 精神障害者支援における地域包括ケア

上田将史

　日本における精神疾患の患者数は急激な増加傾向が続いており，平成29 (2017) 年患者調査（厚生労働省，2019）によると，約419.3万人（入院患者：約30.2万人，外来患者数：約389.1万人）となっている。また，疾病別では認知症の増加率が著しく，15年前と比べ，外来患者が約7.3倍，入院患者では約2.6倍に増加している。

　日本の精神科病床数は諸外国に比べ顕著に多く，精神科病院の8割が民間病院であること等の事情もあり，病床数削減が進みにくい状況にある。上記の調査では，在院日数1年以上が約17万人，うち5年以上が約9万人とされており，いまだ入院中心の医療を脱することができていないといえよう。「平成28年度診療報酬改定の結果検証に係る特別調査」（厚生労働省，2017）によると，精神療養病棟に入院する患者の約40％が在宅サービスの支援体制が整えば退院可能とされており，地域の受け入れ態勢の構築が急務の課題である。

　一方，日本における医療費は増加傾向にあり，今後高齢化の進行とともに生産年齢人口も減少していくことが予測されており，国の台所事情も地域移行を強く後押しする形となっている。

　以上のような経緯を背景に，**入院医療中心**から**地域生活中心**へと向かう政策理念を推進していくために，精神障害にも対応した地域包括ケアシステムの構築が掲げられるようになった。

1 精神障害者の地域福祉をめぐる動向

　精神障害者支援における地域包括ケアシステムとは，日常生活圏域（中学校の学区）単位を基本とし，精神障害者が地域の一員として安心して自分らしい暮らしをすることができるよう，医療，障害福祉・介護，住まい，社会参加（就労），地域の助け合い，教育が包括的に確保されたシステムのことを指す（日本能率協会総合研究所，2021）。このシステムを用いて，地域住民や地域の多様な主体が「自分事」として参画し，人と人，人と資源が世代や分野を越えて「丸ごと」つながることで，住民一人ひとりの暮らしと生きがい，地域をともに創っていく「**地域共生社会**」を目指す方向に向かっている。

　2017年4月に施行された改正社会福祉法において，地域包括ケアシステム強化法をふまえ，福祉や介護をはじめ，保健医療，住まい，就労，教育等を含めた「**地域生活課題**」という概念を規定し包括的な支援体制整備を市町村の責務としている。さらに，地域福祉（支援）計画の策定を市町村および都道府県の努力義務とするなど，手探りながらも具体的な動きとなってきている。

　障害種別や障害者手帳の有無にかかわらず，障害のある人やその家族の最初の相談窓口として，地域の障害福祉に関する相談支援の中核的な役割を担う機関である「**基幹相談支援センター**」の設置が進められている。

　規模は自治体により様々であり，単独市町村または複数市町村による設置，市町村直営または委託（複数法人で運営する場合もあり）による設置など，地域の実情に合わせて最も効果的な方法により設置することになっている。また，障害のある人が住み慣れた地域で安心して暮らしていけるよう，重度化・高齢化や「親亡き後」を見据え，様々な支援を切れ目なく提供できる体制を構築する「**地域生活支援拠点**」の構築が進められている。これについても，居住支援のための機能を持つ事業所等が連携し支援をする「**面的整備型**」，居

住支援のための機能をひとつの拠点に集約し支援する「**多機能拠点整備型**」，またはその両方を合わせた形で，地域の実情に合わせて整備していくこととなっている。

　筆者が代表者を務める法人では，「基幹相談支援センター」に加え，後見制度の利用支援，市民後見人の養成・支援，後見制度を含む法律相談等の事業を担う「**後見ネットワークセンター**」，生活保護に至る前の段階の生活困窮者に対して自立相談支援等を実施する「**生活相談センター**」を含めた形で，「**基幹福祉相談センター**」というくくりの事業を受託している。複合的な課題がある人の自立支援，各制度・分野にわたる様々な生活課題に対応する総合相談の窓口として，縦割りの仕組みに横串を刺す役割が期待されている。このように地域包括ケアをめぐる取り組みは自治体によって多様であり，そこに携わる心理専門職の役割は様々であろう。そのため，本稿においては，比較的汎用性が高いと思われる点を中心に述べる。

2 心理専門職の位置づけ

　領域横断的な資格となる公認心理師法の施行にともない，2018年度障害福祉サービス等報酬改定において**福祉専門職員配置等加算**などの要件に公認心理師の名称が新たに加えられた。これまでも心理専門職は制度の狭間におかれた人々への支援や資源間をつなぐ役割等を果たしてきたが，縦割りで整備された公的な福祉サービスを「丸ごと」へと転換していく試みの中で，そのような動きが公に求められてきている。

　現時点では，この領域で働く心理専門職は非常に少ないが，今後公認心理師の増加に伴い徐々に増えてくると予測される。近年，クライエントの抱える問題が多様化・複雑化し，コラボレーション（協働）が重視される中，周辺職種もジェネラリスト養成に力を入れながら，専門性をいかに発揮するか模索を続けている。スムーズな連携・協働を行うにあたり，お互いの専門性を理解しておくことが土台となるため，当該領域の心理専門職も，その特性をどのように

活かし得るかについてわかりやすく提示していかねばならない。

　地域での実践は，伝統的な個別面接中心の枠組みと比べて，ゆるい構造の中で個々の特性や価値観を軸に置きながら柔軟に実践活動を展開する必要がある。経験の少ない心理専門職が精神科デイケアに勤務すると，職業的なアイデンティティの確立に苦労しがちであることと類似するが，地域の中では，医療という枠がなくなることでさらに多様性が増すことになる。心理専門職の独自性を活かすには，アセスメント・スキルを磨くことが重要であり，これを土台にすることで，個々の人々や集団，あるいはコミュニティへの介入やコンサルテーションに専門性を反映できるようになる。

　また，地域では課題に係る状況をアセスメントし動き出すまでがスピーディーである。対人援助職の教育課程などでは，Plan（計画）→Do（実行）→Check（評価）→Act（改善）の４段階を繰り返すことによって業務を継続的に改善する**PDCAサイクル**が推奨されることが多いが，実際は昨今ビジネスの領域で注目されている**OODAループ**寄りのペース感で動いている場面も多い。OODAループとは，Observe（観察），Orient（状況判断，方向づけ），Decide（意思決定），Act（行動）の頭文字をとったもので，データの確認・判断・意思決定のもと行動し，得られたデータを再び確認して新しい行動につなげるループを繰り返していくものである。時間をかけて相手との関係性を育みながら，心を見つめ，相手の抱える課題にじっくりと取り組んでいくような一般的な心理臨床で用いられるようなペース感覚でアセスメントをしていると，何らかの方向性が見えてきたころには，他の支援者の動きによって大幅にクライエントの置かれる状況が変わってしまっているということが起こりがちである。もちろん，支援者の中に異なったペースでクライエントや関係者の主観的な体験にスポットを当て共有する人がいることにも意義があり，その役割を心理専門職が担うことが多いと思われる。しかしながら，状況に応じて，動きながらアセスメントし，介入を修正していくことも大切であり，このような状況に対しても柔軟に適応できなければ，他の支援者と協働するプロセスの中で十

分に機能することは困難と思われる。

　こうした教育を充実させていくことも，当該領域での心理専門職の定着に寄与すると考えられる。

3 地域での協働的アプローチの展開方法

　地域でのコラボレーションの場合，多職種による連携に加えて，役割開放と呼ばれる，専門職の範囲を超えたチームアプローチの方法である**トランスディシプナリーモデル**（松岡，2000）が展開されることも多い。施設基準等で割り振られる額面どおりの役割以外にも，各資源の諸条件により，各職種が選択し得る役割は様々あり，チームの中に専門職以外が加わることも珍しくない。そのため，個々の人となりや人生経験・特技なども加味して役割を検討し，状況に応じて調整していく必要がある。

　以下に2つの協議会の活動を紹介したい。まず，埼玉県志木市の地域自立支援協議会では，2020年度，暮らし部会という部会にて，地域課題の検討や市民に対する障害理解の促進，安心感の醸成への寄与等を目的に，ライフステージに応じた地域資源を概観できるリーフレットを作成した。この打ち合わせの中では，生活者としての個人的な体験，一般的な就労経験からのコメント，市民の立場としてのコメントなど様々な立場から発言が交わされている。実務においては，個人のスキル（例えば，イラストの技術，出版物に関する知識）などが活かされることも多い。

　千葉県精神保健福祉協議会では，毎年，地域移行支援（退院促進）セミナーという事業を行っており，職能団体や家族会等の構成団体から派遣された実行委員で，地域移行の促進に資するイベントの企画・運営を行っている。イベント当日は，専門家，当事者，家族等に集まってもらい，シンポジウム形式等で当該テーマについて考えを深める形をとっているが，準備段階においても，職種の枠に縛られない自由な議論が交わされ，個々の特性やネットワーク，関心等

をもとに，役割を分担している。

　上記の2つは2021年3月現在，筆者が当該部門の責任者の立場を務めているが，心理専門職であることを前面に出してはいない。しかしながら，運営の中で心理学的な観点は様々な面で役に立っており，そのような観点からの意見を求められる場合もある。専門分化にもとづく会議では，目標や取り組むべき課題とアプローチ方法，役割分担など，ある程度事前に結果が想定できることも少なくないが，こういった場では，創造的な対話の中から何かが生み出されることを楽しむ姿勢や雰囲気づくりも重要と考える。

　多職種で協働する場合，個々の所属や職種の特性，現状，役割，目標，期待等を共有することが肝心である。日頃からコミュニケーションをとり，信頼関係を構築し，連携・協働による取り組みの経験を積み重ねておくことが理想である。そして，活動拠点や資金確保，情報共有，介入方法，後方支援等の仕組みを協議していくが，活動拠点や資金確保については，活用し得る場や各種助成金など，メンバーで情報を集めることが必要な場合もある。

　実際に協働を展開していく際は，相互尊重の風土を醸成しながら，情報を共有し，それぞれがうまく機能するようコーディネートしていくこととなる。そのプロセスと結果をモニタリングし，協働体制を調整していく。ときに関係者の感情の共有が省かれがちだが，モチベーションや役割遂行にも係る部分であるため，この点にも気を配る必要がある。進捗状況を頻繁に確認し，今後生じ得る困難な事態への対応を検討したり，必要なときには結論を保留することも大切である。なお，コーディネーター役を誰が担うかは，制度上定められている場合やクライエントや各種資源との関係性などをふまえて決まる場合など様々だが，心理専門職が担う場合は，集団力動なども考慮しながら，関係者の心情へ配慮したコーディネートを行える点が強みであろう。

　地域包括ケアの観点から，予防に向けたアプローチが多層的な機能を果たすよう調整・展開していくことが望ましい。例えば，市民に障害者のリハビリテーションに携わってもらう（**三次予防**）こと

で障害への理解が深まれば，早期発見から治療へ結びつける動きを
してもらえたり（**二次予防**），自分自身のメンタルヘルスの向上にも
意識的に取り組んでもらえたり（**一次予防**）することにつながる可
能性がある。このような現象は自然な流れの中で起こる場合もある
が，意識をしておくと，その頻度や質を高めることができる。

4 連携・協働の利点と課題

　社会的促進効果や社会的一体感効果，社会的補償効果などもあ
り，一般的には集団で課題を遂行したほうが良い結果を出せると考
えられがちだが，目の前の課題に対して，本当に有効なのかという
視点を持つことも大切である。確かに利点もあるが，一方で，中間
の意見が出しにくくなったり，少数派の意見が軽視されたり，偏っ
た情報に影響を受けやすくなる場合等もある。表16-1に連携・協
働の利点と課題の例をまとめた。連携・協働にはそれなりの調整や
時間が必要になるなどの課題もあるため，本当に集団でやる必要が
あることなのかを検討する視点も大切である。

表16-1　連携・協働の利点と課題

	利点	課題
利用者に とって	・多面的なアセスメントに基づく質の高い支援を受けられる ・サービスを迅速に活用できる ・安心感が得られる ・相談相手を選択できる	・個人情報の漏洩のリスクが高まる ・支援者が増えることで混乱する可能性がある ・依存的になり，結果的に自立が妨げられる恐れがある
支援者に とって	・相互研鑽の機会となる ・発言力が向上する ・役割分担でき，責任も分散され，負荷が下がる ・安心感が持てる ・切れ目のない支援が展開できる ・複雑多岐の課題に対応できる	・情報過多になる可能性がある ・利害関係や専門性の重複等から，役割についての混乱や葛藤が生じる可能性がある ・同調圧力により言いたいことが言いづらくなる可能性がある
効率	・多くの資源を支援に活かすことができる	・意見や時間の調整などに時間がかかる

5 外部資源となる人々の研修について

　心の健康教育においては**メンタルヘルス・リテラシー**の向上が重要であり，その概念の包括性・多様性から鑑みて，地域社会の中で，関連する専門家が連携して実施していくことが不可欠である（中村，2021）。例えば，外部資源となる人々を対象とした研修の実施においては，広報，参加者の調整，研修会場のセッティング，当日の運営など，実施主体と受託者側との協働が前提となる。また，有意義な研修にするためには，単発の研修が行動変容に及ぼす限界なども加味しフォローアップを行うことが望ましいが，自分事として捉えてもらうべく，研修中から，参加者も含めたコラボレーションを意識して展開することも大切である。

　しばしば心理専門職には，一般市民，職能団体，学校，病院，企業，行政機関など，様々な資源から研修の依頼が来る。筆者の場合は，**ストレスマネジメント**，**アンガーマネジメント**，**コミュニケーションスキル**（アサーション，傾聴，対話など），自殺予防，精神疾患等のテーマを依頼されることが多い。何らかのメンタルヘルス上の課題を抱えている参加者や主催者から個人的な悩みを打ち明けられたり，個人情報を伏せた上で支援者が関わっているケースについて相談されたり，研修の主催者側から研修を組織改革の糸口にするため協力してほしいと要請されたり，研修の中身以外にも様々なニーズが投げかけられる。

　行政機関等からの依頼の場合は，当該地域の福祉計画を確認するなど，それがどのような事業に位置づけられるものなのか確認しておくと，関係がつくりやすい。担当課が当該事業をどのように展開してよいのかイメージが湧かず，とりあえず単体の講演形式で予算を執行している場合もある。本来，どのような事業を行いたいと考えているのか話を聞くなかで，専門的な見地や職務上の経験などから，妥当と思われるラインの提案をすることも予防的な観点から有

意義と思われる。例えば，行政機関の担当者から，大学生を対象に
メンタルヘルスに関わる事業を行いたいと考えているが，どのよう
にアプローチしていいかわからないと相談されたときに，学生相談
室から学内の資源につなげてもらうことや，学生が携われる役回り
を提案したりすることが一例である。

　自己の立ち位置とのバランスを鑑みながら，可能な範囲でニーズ
に応じていくが，適切と思われる糸口を提案できるよう，周囲の代
表的な資源について把握していくことも大切である。

　また，一般市民のみならず，支援者を対象にした研修でも専門用
語はできるかぎり使わず，平易な言葉を用いるよう意識している。
同じ専門用語を用いていても，捉え方は職種によっても，個々人に
よっても異なるため，齟齬が生じやすく，むしろ留意が必要であ
る。座学よりは事例の紹介やロールプレイ等に比重を置くほうが満
足度は上がりやすいが，可能であれば事前のアンケートや聞き取り
を実施してもらいニーズを把握し，内容を調整したり，事後アン
ケートに記載された質問に対して文書で回答し，該当機関で回覧し
てもらう場合もある。筆者は，このようなプロセスや研修中に主催
者側のスタッフにも役割をつくり，主体的に研修に携わってもらう
よう意識している。何らかの問題意識があったり，当該施設で影響
力を持つ人物が携わっている場合に，それらの人が持つニーズとの
接点を探り，研修実施そのものや研修テーマへの興味関心を持って
もらえるよう働きかけている。主催者側のスタッフとともに，参加
者の交流を促し相互理解を深めることで，当該施設内の協働の機運
を高める場としても活用できる。

6 会議について

　支援の場では，情報共有，問題発見・解決，アイデア出し，意思
決定，ケース検討，企画運営など，種々の目的のために会議が行わ
れるが，限られた時間で有意義なものとするためには開催目的を共
有し協働することが必要になる。

国の施策で設置が促進されている会議をはじめ，地域でも様々な会議が行われている。代表的なものに，地域包括ケアシステムの実現に向け，高齢者個人への支援の充実，それを支える社会基盤の整備を進めることを目的とした**地域ケア会議**がある。また，「障害者の日常生活及び社会生活を総合的に支援するための法律（**障害者総合支援法**）」に位置づけられている**地域自立支援協議会**が，障害のある人の地域における自立生活のための中核的な役割を果たす協議の場になってきている。

　個々のケースへの支援を検討する会議に心理専門職が参加する場合，所属機関でのクライエントの様子とともに，心理学的な見地からの意見が求められることも多い。このような場合，クライエントの希望，パーソナリティ，対人関係のパターン，生活状況，発達段階，障害・疾病，病態水準・緊急度等，様々な観点から見立て等に関して話を進めていくこととなる。しかし，単に項目に沿って話すだけでなく，その場にどういった視点が必要かをふまえて，特に必要と思われるところに比重を置いて話すことも重要である。しばしば，どう見るかよりも，どうするかが求められる傾向にあるので，具体的な関わり方を提案していくことも必要になる。また，それを実行することでどういったことが起こる可能性があるのか，その対処も含め伝えておくことが望ましい。

　個人情報の扱いについては，支援機関間で情報を共有しながらクライエントや家族等をサポートすること，またそれについて同意を得ることがもはやスタンダードになっているので，丁寧に説明すれば抵抗を示されることは少ない。しかし，どういった目的で何をどのようにしているのかを伝え，危惧していることがあれば，それについてどのように対処しようと考えているのかを一緒に検討する姿勢が前提となる。こうした会議は協働の目的や目標に向けた役割分担を確認する上でも大事な機会となる。

　関係者との情報共有に抵抗を示すクライエントの中には，対人関係上の辛い体験の積み重ねにより，支援者，さらには他者に対する信頼感が持ちにくい人もおり，そういった人々とどのように関係を

つくればいいのか他の支援者に伝え，ときに調整を図ることも必要
になる。

　会議中は司会という立場でなくても，「議論の方向性を示す」「時間の枠を管理する」「盛り上げる」「話を振る」「総括する」など，抜けている役回りを担い，適宜，場がうまく機能するよう意識的に働きかける。メンバーの理解度・興味の度合いを計りながら，発言を調節する。話を深めるべきか，広げるべきかなど，留意しながら発言する。専門用語はなるべく使わず，同じ言葉を使っていたとしても解釈が違う可能性にも留意が必要である。時系列での情報整理，ジェノグラム，エコマップ，フローチャート，マトリックスなどで情報を可視化・整理して，全体像をつかみやすくなるよう工夫していくとよい。

　集団維持機能と**課題遂行機能**の2つが十分に働く必要があり，集団力動やシステム論的な観点から，グループの無意識的な動きも観察し，目的と目標，進捗を常に確認し，両者のバランスをとる必要がある。当事者がチームに入りニーズを共有することは，課題遂行のための話し合いや決定事項が建前になってしまう可能性の軽減に寄与するかもしれない。

7 コラボレーションの事例

　医療現場等に比べると，地域包括ケアでは対人支援に係る何らかの資格を持つ専門職の比率は低く，専門分化も緩やかである。体系的な教育を受けず，理論よりも経験則で学んでいる人も多い。そのため，特定のケースで行っているアプローチが持つ特性を十分に抽象化したレベルでは捉えられておらず，他のケースに活かせていなかったり，逆に過度に一般化しすぎてしまい，問題が生じている場合もある。個々の支援者が行うアプローチをどのように他のケースに活かしていけるか，一緒に考えていくことも心理専門職の大事な役割と考える。

　昨今**ストレングスモデル**が主流となっているが，発言や行動等わ

かりやすい特性に比べ，内面的な動きについてはポジティブに捉えることが難しい支援者もいるので，その特性を共有し，どのような関わりをするとストレングスとして発揮しやすくなるかを伝えていくことも有効である。日々の奮闘ぶりのわりには自己評価が低い人も珍しくなく，支援者のストレングスにスポットを当てることも大切である。例えば，医療現場で活動する際に，治療や疾患についての基本的な知識について知っていたほうが患者が置かれる状況を推測しやすく心理面へのアプローチも布石を置きやすいのと同様，制度も含めた各種社会資源についてもある程度情報を持っているほうが状況に合わせたアドバイスを行いやすい。チームとして何らかの提案を受けて，実行することになった場合も，心理専門職はメンバーの中にどのような感情が湧いているかに注意を向けることも重要である。実行する上での不安や疑問などが解消されているほうがうまく実行できる可能性が高まる。

　心理専門職に精神科的な見立てを求められることもある。このような場合，精神科的な診断ができる立場ではないことを前提に意見や情報を述べることもあるが，伝えたことが正確に伝わらない可能性をふまえて注意深く情報を発信していく必要がある。特に発達障害など，クライエントの特性全部をまとめてカテゴライズしてしまいがちなキーワードは独り歩きしやすい。「診断されるほどではないかもしれないが，発達の偏りがあるかもしれない」といった表現をしたはずでも，情報が伝達されていくうちに「あの人は発達障害だから仕方ない」というレッテルを貼られてしまっているといったことはよく生じる。また，てんかん発作と心因性非てんかん性発作との類似性を受けてのことではなく，単に文字面でてんかんと転換性障害が誤って伝達されていた場面にも出会ったことがある。口頭のみならず，書面でも伝達するなど，工夫が必要である。

　2005年の**障害者自立支援法**の施行により，障害の種類によって異なる各種福祉サービスが一元化され，それぞれの障害特性などをふまえたサービスを共通の場で提供することができるようになった。さらに，2013年度の障害者総合支援法の施行により，障害福

祉サービス等の対象となる障害者の範囲に難病患者等が含まれるなど，各資源が対応する障害の幅が広がり，重複障害のある人へのサポートも積極的に行われている。なお，精神障害についても，パーソナリティ障害や発達障害の人等と熱心に関わるなど，昔に比べて地域の資源が対応している精神疾患の幅も広がっている印象を受ける。各種研修の実施や基幹相談支援センター設置等が進められるなど，バックアップ体制の構築も試みられているものの，各資源が持つ知識や経験の差は大きく対応にムラがあることは否めない。

　複数の専門家によるコラボレーションにもとづく介入事例を下記に示す。なお，本人の了解は得られているが，個人情報保護の観点から，大意を損なわない範囲で情報に修正を加えている。

【事例】
　保健センターの保健師より，担当している統合失調症診断のA（50代女性）について，同居している中学生の娘とトラブルが多発しており，どのような対応が望ましいかアドバイスがほしいと相談があった。夫と離婚し，生活保護を受給中で，発達障害があると推測される娘と二人で暮らしている。しばしば大喧嘩となり，直近の喧嘩では娘が真夜中に裸足で家を飛び出し，警察に保護されるといったエピソードがあり，児童相談所に一時保護されることとなった。本人も娘のことが手に負えず，一緒に住みたくないと言っているが，いずれは同居する見込みであり，準備を整えたい。当相談も含め，関係者と情報共有する旨は本人からの同意が取れているとのことであった。
　生活状況を確認すると，家事全般は一定の水準が保たれ，言動にも一貫性があり，現実見当識もある程度保たれている印象であった。しかし，金銭面のやりくりが困難で，娘の生活上の様々なこだわりに対して真正面から訂正を試みては喧嘩に発展するパターンを繰り返しており，知的機能のハンディキャップを抱えている可能性も考えられた。保健師に，この

点についての配慮が必要か主治医に確認してみることを勧めたところ，通院先で知能検査が行われ，境界領域であることが判明した。また，現在は孤立した状況にあるが，接客業の経験があり，単純作業や対人交流との相性は良さそうなので，これまでの子育て等の苦労をねぎらいながら日中活動の場につなげていくのがよいかもしれないと伝えた。

保健師の勧めもあり，本人も就労継続支援B型の事業所の利用を希望し，相談支援事業所の相談支援専門員と見学したところ，結果的に筆者の所属機関に通うことになった。本人は大変真面目に作業に取り組んでいたが，他人の言うことを真に受けやすく，他の利用者とたびたびトラブルになった。また，生活保護のケースワーカーから，買い物で気を紛らわせる傾向について釘を刺されると，「死んだほうがまし」と言い捨てお金を使い果たしたり，向精神薬をまとめて飲んだりするなど，ストレス耐性の低さがうかがえた。アパートの住人とのトラブルも生じがちで，保健師が適宜大家とやりとりしながら調整役を担ったが，他の住人も障害を抱えていて調整が難しく，適宜関わり方についてアドバイスを行った。

本人に対しては，早めの相談を促し，関係者との葛藤も含め傾聴するとともに，本人なりの努力や苦労を支持し，生活上の具体的な課題をクリアできるよう，そのつど相談を受けた。アドバイスが多いと混乱する傾向がうかがえたため，相談事に応じて相手を選べるよう本人に働きかけるとともに関係者との調整を図った。

本人をサポートするネットワークを構築すべく，関係者で定期的に集まることを提案し，保健師に調整を依頼した。一時保護の解除に向け，児童相談所の職員にも加わってもらい，対応方針をすり合わせた。生活保護のケースワーカーにも本人の特性をふまえた関わりをしてもらうよう要請し，金銭面も含め徐々に生活が安定してきたため，娘が自宅に戻ることとなった。

本人は昔のように家庭内でトラブルが起こるのではと不安がっていたが，保健師による訪問の頻度を増やし，娘の受診，カウンセラーへのつなぎなど，娘へのサポート資源を増やす方向で調整を進めた。娘に発達障害の診断が出たため，手帳の取得をはじめ各種資源を活用すべく，母子へ伝える手順・内容，葛藤が表出された際の対応など，役割分担も含め詳細に検討した。当初は親子喧嘩も見られたが，徐々にその頻度は減り，お互い一緒に出掛けるなど，関係が改善していった。

　一般就労に就きたいとの本人の希望に応じ，障害者就業・生活支援センターなどにも支援に加わってもらったが，すぐに就労に結びつけてくれないと不満を述べ，障害を伏せたまま就職し，トラブルを抱え辞めることが何度か続いた。生活環境の変化が生じるたびにトラブルが起こりがちのため，支援者間で情報を共有し，本人のやりきれない想いを受け止めるとともに，解決に向けたプロセスから学んだことを次に活かせるよう皆で働きかけを行った。

　当初は“死にたい”と言って号泣するなどしたので，時間をかけて丁寧に話を聴く必要があったが，徐々にストレッサーや自己の感情の動きについて説明できるようになるなど，相談のスキルも向上した。現在は，フォーマル・インフォーマルな資源を活用し，一般就労に結びつき，近所との交流も増加し，親子関係もおおむね良好となっている。

　統合失調症やパーソナリティ障害などのクライエントを関係者で支援していく際，熱心に関わり過ぎることで徐々に期待値が高まり，これが重荷となり，何らかの制限を加えたり，突き放したりして，トラブルに発展することもある。本事例では，保健師の負担が大きくなりがちであったため，適宜，抱えている様々な感情を言語化してもらい，代わりに担えることがあれば担うようにした。

　こういった場合，その期待に応えつつも，緩やかに自立を促すことができるよう各種の提案などをしていくこととなるが，問題がこ

じれてしまっている場合などは，他の支援者を新たに支援者の中に加えたり，トラブルとなっている機関とは別の機関と契約し，仕切り直したりするほうがよい場合もある。その場合も当該施設の関わりが無駄だったわけではなく，地域の中で本人の成長をサポートしていくプロセスの貴重なステップであることを伝えることが大切である。

　困難ケースと表現される人は環境からの影響を受けやすく，関係性の中でその人が抱える問題が表面化しているだけであり，適切な環境調整が精神的安定や生活全体の安定につながることも珍しくない。そのため，薬物療法や心理療法のみならず，環境へのアプローチを行うことが有効に働くことも多く，ソーシャルワーカーとの連携・協働も大切である。具体的なアプローチ方法に加え，変化の可能性をイメージすることができるよう，困難ケースが変わっていくプロセスを地域で共有していくことの意義は大きいと考える。

　コラボレーションでは関わる人が多くなりがちであるが，本事例では複雑な構造という認識にならないよう，密に情報共有を図ることでチーム全体として一貫した支援ができるよう努めた。また，知的なハンディキャップが様々な生活上の障害につながっていることが推測されたが，保健師に対して知的な側面への配慮が必要かを主治医に尋ねてみるよう勧めるに留めた。関係性が十分にできていないうちは，相手の専門性に踏み込み過ぎないよう留意し，尊重する姿勢が大切になる。なお，他の資源と協働するにあたり，ハブ的な役割の担い手の負担が大きくなりがちなので，その負担を気遣い，偏りがあれば調整をサポートすることも必要である。

　以上のように，全体を俯瞰し，支援ネットワークが有効に機能するよう，必要な調整を行うことも心理専門職の特性を活かしやすい役割と考えよう。

■引用文献

厚生労働省 2017 平成28年度診療報酬改定の結果検証に係る特別調査 精神疾患患者の地域移行・地域生活支援の推進や適切な向精神薬の使用の推進等を含む精神医療の実施状況調査 報告書．https://www.mhlw.go.jp/file/05-Shingikai-12404000-Hokenkyoku-Iryouka/0000192289.pdf（2022年1月4日閲覧）

厚生労働省 2019 平成29年患者調査の概況. https://www.mhlw.go.jp/toukei/saikin/
　hw/kanja/17/index.html（2022年1月4日閲覧）
松岡千代 2000 ヘルスケア領域における専門職間連携――ソーシャルワークの視点からの
　理論的整理. 社会福祉学, **40**(2), 17-38.
中村菜々子 2021 メンタルヘルス・リテラシー. 久田 満・飯田敏晴（編）心の健康教育（コ
　ミュニティ心理学シリーズ第1巻）金子書房.
日本能率協会総合研究所 2021 精神障害にも対応した地域包括ケアシステム構築の手引き
　（2020年度版）. 厚生労働省　精神障害にも対応した地域包括ケアシステムの構築支援事
　業, 20. https://www.mhlw-houkatsucare-ikou.jp/guide/r02-cccsguideline-all.pdf
　（2022年1月4日閲覧）

17 高齢者の地域包括ケア

渡邉 由己

　現代の日本が世界有数の「**超高齢社会**」であることは今さら指摘するまでもないだろう。総務省統計局（2021）によれば，2020年10月の国勢調査に基づく2021年3月の概算値として，日本の総人口は1億2,570万8,000人，そのうち65歳以上が3,619万1,000人である。このデータから高齢期にあたると推定される人々は人口のおよそ3割を占めることになるが，高齢者が若い世代に比べて健康や生活上のリスクが極端に大きくなるわけではない。多くの高齢者はたとえ治療を要する疾患を抱えたとしても日々の生活を主体的に営んでいる。しかしながら，生活に大きな影響を及ぼす疾患や障害，例えば認知症や脳血管性疾患による身体機能の障害などを抱えて生きる人々，あるいは独居生活による孤立や孤独，高齢者を狙った詐欺など，何らかの支援やケアを要する可能性が高まる世代であることも事実である。

　高齢者への支援は保健・医療，介護と生活場面とをシームレスにつなぐ**包括的なケア**へと移行している。このケアでは医療機関の医師や看護師から地域で活躍する保健師，**介護支援専門員**（ケアマネージャー）まで様々な専門性をもった多職種がチームとして機能することが求められる。

　高齢者人口の増加に伴う高齢者ケアへのニーズの高まりに対して，高齢者支援に継続的に関わる心理専門職はこれまで決して多いとはいえない状況であった。このため高齢者の包括的ケアに**多職種チーム**の一員として関わることに対して出遅れた感が否めない。しかし，公認心理師という国家資格が登場し，今後は「高齢者のこころの支援」を行う専門職として期待されるところである。

　本章では，高齢者への**地域包括ケアシステム**における心理専門職

の役割を多職種チームの視点から考え，他職種とのコラボレーションの意義と可能性について紹介する。

1 地域包括ケアシステムと心理支援

1 地域包括ケアシステムとは

　葛西（2020）によれば，日本における地域包括ケアシステムの概念は2003年に高齢者の介護保険サービスを中核とした多職種連携という文脈で登場した。地域包括ケアシステムとは「重度な要介護状態となっても住み慣れた地域で自分らしい暮らしを人生の最後まで続けることができるよう，住まい・医療・介護・予防・生活支援が一体的に提供される」ことを目的とした地域ごとの包括的なケアシステムを指す。厚生労働省では，団塊の世代が75歳以上となる2025年を目処にこのシステム構築を想定している。また認知症高齢者の生活を支える上で必要であり，加えて大都市部での高齢者人口の急増と市町村部での若年人口の大幅な減少を考慮し，各地域の特性に応じた構築を掲げている。つまり地域包括ケアシステムは，①少子高齢社会における高齢者比率の増加，②認知症高齢者の生活支援，③人口減少社会に備えた地域の独自性を考慮した体制づくりという3側面を前提として構築される。図17-1に渡邉（2021）による地域包括ケアシステムの概念図を示す。

　高齢者の日常生活を取り巻く医療サービスと介護サービス，および生活支援に関わる諸活動や予防的活動の全体をマネージメントしていこうとするものであり，この中核的機関として**地域包括支援センター**を設置する。地域包括支援センターは地域の様々な支援サービスや自助的活動をコーディネートすることで高齢者ケアのマネージメントを主導する役割を担う。

　2000年4月に**介護保険制度**が施行され，2005年の**介護保険法**の改正において地域包括支援センターの創設が明記された。介護保険法第115条の46では「地域住民の心身の健康の保持及び生活の安

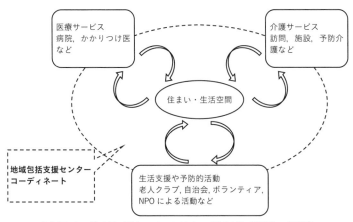

図17-1　地域包括ケアシステムの概念図（渡邉，2021）

定のために必要な援助を行うことにより，その保健医療の向上及び
福祉の増進を包括的に支援することを目的とする施設」と定義され
ている。さらに厚生労働省（2007）より「市町村等が設置主体とな
り，保健師・社会福祉士・主任介護支援専門員等を配置して，3種
類のチームアプローチにより，住民の健康の保持及び生活の安定の
ために必要な援助を行うことにより，その保健医療の向上及び福祉
の増進を包括的に支援すること」と都道府県に通知されている。

2　地域包括ケアにおける心理支援の課題と可能性

　高齢者の地域包括ケアシステムにおいて，心理専門職の役割や位
置づけは本書執筆時点で規定されていない。これは高齢者ケアに心
理支援が不要であるということではない。臨床心理士等の養成にお
いて高齢者の心理支援に関する知識や技法の教授が比較的手薄であ
り，高齢者心理臨床に携わる心理専門職の輩出が少なかったこと，
日本の高齢化が急激であり介護やケアマネージメントの体制整備が
急務であったことなどによる影響が大きいと考える。
　しかしながら，例えば認知症を考えた場合，**認知症の行動・心理
症状**（Behavioral and Psychological Symptoms of Dementia: **BPSD**）
は薬物療法に加え非薬物的な対応も必要である。この対応は，行動

や心理に関するアセスメントと心理療法的アプローチについて専門性を有する心理専門職が大いに貢献できる領域であるといえる。また厚生労働省（2017）より「これからの精神保健医療福祉のあり方に関する検討会」報告書が提出され，「精神障害にも対応した地域包括ケアシステム構築に向けた取り組み」が支援事業として開始された（厚生労働省ホームページ参照）。この事業は必ずしも高齢者を対象としていないが，精神障害を持ちながら高齢期を生きる人々へのケアも必要となるであろう。認知症者のBPSDへの対応も含めて介護職等と心理職との連携や協働が想定される。国家資格である公認心理師の養成が始まったことも踏まえ，今後地域包括ケアシステムの要所に心理専門職が配属されていくことが期待される。

2 地域包括ケアにおける多職種連携

1 多職種連携としてのチームアプローチとコラボレーション

地域包括ケアシステムにおける多職種連携のあり方に関する研究はまだ始まったばかりの段階といえる。寺裏・間辺・小谷（2019）の報告では，日本の地域包括ケアシステムに関する原著論文は2018年までに474本抽出できたが，そのうち1994年から2013年までは各年5本未満であり，2014年に34報告に増加し，その後さらに増えていったことが指摘されている。研究内容としては多職種連携に関する報告が多く認められたという。

地域包括ケアの多職種連携について急激な関心を持たれる背景としては，例えば大和（2018）による地域包括支援センターのチームアプローチに関する実態調査で，「情報の共有」がチームアプローチにとって重要であるとする回答が多くみられた一方で，「合意形成の仕組み作り」や「チームリーダーによるリーダーシップ発揮」が重要であると回答した者が少なかったことが明らかとなった。その理由として，本来チームとして重要な要素である「目標の共通化」や「リーダーシップとメンバーシップの構成」が，専門性の異なる

多職種ではそれほど容易でないことにあると考えられる。

　そもそもチームとはどのように定義されているのであろうか。Salas et al.（1992/山口［訳］, 2008）は「チームとは，価値のある共通の目標や目的の達成あるいは職務の遂行のために，力動的で相互依存的，そして適応的な相互作用を行う 2 人以上の人々からなる境界の明瞭な集合体である。なおメンバーは課題遂行のための役割や職能を割り振られており，メンバーである期間は一定の期限がある」と定義している。またリハビリテーションにおけるチーム医療の点から上田（1983）は，患者の有する重層的ニーズに対して，多職種によりあらゆる面から同時に解決の努力をしなければならないとし，リハビリテーションの本質である「**全人間的アプローチ**」こそがそれを要求するとしている。つまり「全人間的アプローチ」を共通目標とし各専門職の専門性に基づく支援を割り振られたチームである。これに Salas et al.（1992）の定義を加えるならば，各専門職が力動的，相互依存的関わりを持ちながら適応的に相互作用することで支援の全体像を形成することとなる。

　さて，本書 2 章においてコラボレーションは「複数の専門家や専門機関，ときにはボランティアや自助グループのような非専門家集団が一丸となって，心理社会的困難を抱えた一人以上のクライエントやその家族，あるいは組織や地域社会全体を支援するプロセスである。そこには，①支援の目的と支援に必要なあらゆる種類の資源が共有されること，②支援を提供する側にコミュニケーションを基本とした相互作用が生じていること，③支援に伴う責任は支援者全員が各自の専門性や経験に応じて負うこと，④成果としてこれまでに存在しなかった新たな支援体制や支援方法が創造される可能性を有していることが条件である」としている。この定義とチームのそれとはかなり共通していることがわかる。すなわち「目標・目的や資源の共有」「適応的な相互作用」「役割（責任）の共有」である。ただし企業組織のようなチームではリーダーとフォロワーに組織上の権限も含めたある程度明確な違いが付与されやすいが，多職種チームでは専門性の相互尊重を前提とした協働であることからチー

ム内でのリーダーとフォロワーの明確化が難しい。

西梅ら（2010）は専門職連携実践（interprofessional work）の特徴について検討し，①複数の領域の専門職が共通目標を持つこと，②専門機関で学び合うこと，③複数の領域の専門職が協働すること，④利用者がケアに参加・協働すること，⑤組織的な役割と機能を分担すること，であると指摘している。河野（2019）による地域包括支援センタースタッフを対象とした調査研究では，このような専門職連携実践がなされた場合，チーム全体としての士気が高まり多職種連携機能が促進することを示唆する報告がなされている。

「②専門機関で学び合うこと」については各職種の専門性に対する相互理解を専門職養成段階から果たしていく必要性から来る特徴であるが，連携・協働の現場では自らの専門性とは異なる視点に接することで常に「学び」が生じる特徴も持っていると考えられる。そして連携・協働における学び合いの姿勢が，本書2章においても強調されているコラボレーションの「④成果としてこれまでに存在しなかった新たな支援体制や支援方法が創造される可能性を有している」につながるのではないだろうか。すなわち多職種チームにおいて専門性の足し合わせや効率的なマネージメントに終わるケアではなく，チームメンバーの学び合いに基づく相互作用によって新たな気づきやアイデアが生じ，新たな意義や価値観が付与された実践となったときにコラボレーションと言い得るのではないかと考える。

2 包括ケアの多職種チームにおける心理専門職の役割

高齢者を対象とする地域包括ケアシステムにおいて，病院や**介護老人保健施設**，あるいは老人ホームなど福祉施設に，少ないながらも心理専門職が配属されていることがある。こうした領域では認知症やうつ状態などに対する心理アセスメントのほか，高齢者やその家族あるいはケア担当者の希望に基づく心理面接なども行われることがある。しかしながら心理面接用に占有できる個室が確保できない場合も少なくないのが実情である。

一方でグループワークの一環として，回想法や絵画，ダンス等を用いた**表現療法**，**音楽療法**や**レクリエーション療法**などが心理支援のアプローチとして心理専門職も加わって広く行われている。これらの活動は個別実施も可能であるが，多くは集団により実施されている。

　この集団による実施においては，多職種によるコラボレーションの活動として位置づけることが可能である。もちろん心理専門職が複数配属されている病院や施設がまだ少ないという理由も含まれるが，「新たな支援体制や支援方法の創造」という視点を備えることで多職種による質の高い包括的ケアへと昇華させることが可能である。この例を次項で取り上げたい。

　一方で図17-1に示したような「生活支援や予防的活動」に携わる心理専門職は極めて少ないといえる。しかしながら**認知症カフェ**」や市区町村による「**見守り支援事業**」などにコミュニティ心理学をはじめ様々な心理学的知見を活かせる余地があるように思われる。あるいは**プロダクティブエイジング**の発想から高齢者の就労やボランティア活動への支援もニーズがある。日本人の**平均寿命**の延びとともに**健康寿命**も延びている状況にあって，残された時間をどのように過ごしていくのか，比較的健康度の高い高齢者を対象にした生涯キャリア支援といった発想も可能であろう。

　また地域包括支援センターは「保健師・社会福祉士・主任介護支援専門員等を配置して3種類のチームアプローチにより……」とされているのが現状であるが，高齢者やケア担当者への心理アセスメントと心理面接の知識や技法を活かした相談支援や訪問支援は可能であり，保健師，社会福祉士や介護支援専門員の専門性を踏まえた新たなアプローチも可能であろう。今後拡大されることを期待したい。

　このように，この領域での心理専門職の役割として期待できることは多く，専門職養成段階での整備が必要である。すでに述べたとおり高齢者の心理支援に関する知識や技法の教授が比較的手薄であることのほか，西梅ら（2010）による「②専門機関で学び合うこと」

という特徴をいかに果たしていくかも課題となる。これに関連して高橋（2017）の指摘するように，他職種の専門性に関する「知識」，多職種連携への「態度」，連携する上で必要なコミュニケーションの質に関する「関係スキル」が心理職教育に組み込まれることも求められる。

　ただしここで留意すべきは同じく高橋（2017）の指摘する「心理職がチームに加わる際にも，自らの専門性が発揮できる具体的な業務のみにエネルギーを注ぐのではなく，それがチーム全体のどこに紐づき，どのような機能を果たすのかについて自覚的であるべき」ということである。心理職の専門性として最も厳密かつ中核的なのは心理アセスメントと心理面接（療法）のスキルであろう。これらは個別実施性の高いものである。これらを軽視して多職種とのコラボレーションに傾倒すべきではないと考える。日本のコミュニティ心理学の礎を築いた山本（1986）は，コンサルテーションに関する説明の中で個別のカウンセリングについて「奥の院」という表現を用いている。これは心理専門職であるからといってカウンセリングの専門性を常に振りかざすのではなく，クライエントに関わる人々の力をもっと信頼して心理専門職の立ち位置を考えるべきだという意味を含んでいると考える。同時に，いざというときにはカウンセリングという専門性をいつでも発揮できる準備性も備えておくことが必要であることを示した言葉でもあるだろう。多職種によるコラボレーションは「成果としてこれまでに存在しなかった新たな支援体制や支援方法が創造される可能性」を含み，包括ケアの拡がりや質的向上を目指して行われる。しかしながらこうしたサービスの利用者に心理的困難なり障害なりが大きな影響を及ぼすのであれば，心理専門職の「奥の院」が出番となるであろう。そのためにも「奥の院」のスキルを錆びつかせないでおく努力も必要である。

3　地域包括ケアにおける多職種チームのコラボレーション

　ここでは認知症高齢者を対象とした**集団レクリエーション活動**を活用した**グループワーク**としてのコラボレーションの例を取り上

げる。

　認知症高齢者への心理療法的なアプローチとしては，**回想法**，**リアリティ・オリエンテーション**，**コラージュ療法**，**ダンス／ムーブメントセラピー**などの実践がある（渡邉，2021）。これらが集団で実施される場合，セラピストが主導し他職種がサポートにつくことが多いが，この活動自体コラボレーションとしての意味合いを持たせることが可能である。

　一方，これら以上に多くの病院や施設等で行われているのが様々なレクリエーションを組み合わせて実施される集団活動である。歌や踊り，風船バレーなどのゲーム，絵画や習字など趣味的な活動等様々なものが取り入れられる。図17-2に示すとおり，ここには病院や施設の専門職，地域の活動家，ボランティアのほか，病院や施設の利用者である高齢者の家族なども一緒に参加することがある。これらの人々すべてが認知症高齢者のケアを目的としたグループワークを推進するコラボレーションと位置づけることで創造的な視点が見えてくる可能性もあるが，ここでは多職種チームによるケアとして生じるコラボレーションに限定して話を進めたい。

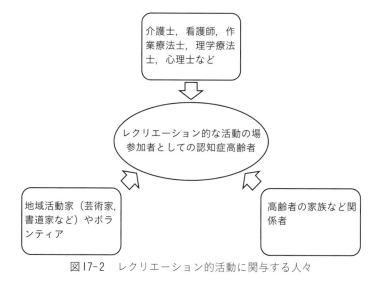

図17-2　レクリエーション的活動に関与する人々

病院や施設でレクリエーション的な活動をグループワークとして実践する場合，その担当者が作業療法士や理学療法士などリハビリテーション専門職であれば参加者の運動や動作といった機能に関心を持ちやすいであろう。看護職であればレクリエーションへの取り組みの様子から健康状態全般に，介護職であれば生活感情としての楽しさや穏やかさの表れに関心を持つかもしれない。心理職であれば認知症ケアの観点から認知機能を賦活する課題提示とそれへの反応や，各参加者とコミュニケーションを取りながらそのときの気持ちや思いに寄り添う関わりを考えるであろう。これらはグループワークにおいて相反するものではなく同時になされることが可能な視点や行為である。角田（1997）は高齢者のためのレクリエーションについて「体をほどよく使うこと」「頭をほどよく使うこと」「それなりに，人や社会につながること」をバランスよく含むことが，老化に伴う変化と特徴を踏まえ，障害の有無にかかわらず必要な要素であると指摘している。それぞれの要素に各職種の専門性を発揮させることが可能であろう。

　図17-3にレクリエーション活動の一般的な流れを示す。実際のレクリエーションそのものは図の真ん中の枠に相当するが，その前後，すなわちレクリエーション前，レクリエーション後のミーティングが多職種チームのコラボレーションとして重要である。レクリ

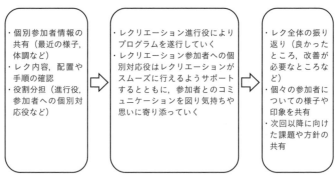

レクリエーション前　　　レクリエーション実施時　　　レクリエーション後

図17-3　レクリエーション活動の流れ

エーション前であればレクリエーションの内容を設定する中で，多職種の専門性に基づく意見を反映させられる可能性がある。

　例えば，リハビリテーションの立場から足を動かすプログラムが提案されたり，介護職の立場から季節感など生活意識に働きかけるプログラムが出されたりするということである。これらを取りまとめていく過程で他職種の視点を学び，レクリエーションとして具体化すべき新たな発想が必要となるであろう。またレクリエーション後については，参加者個々の様子や印象を共有することで「ミニケースカンファレンス」ともいえる体験につながるであろう。実際の現場では業務の多忙さからレクリエーション前後の時間を十分取れない難しさがあるが，15分など時間を限定して集中的なミーティングの実施でも有効と考える。短時間でも毎回のレクリエーションで繰り返すことにより菊地（2009）が指摘するような「**共有メンタルモデル**」が形成され，各職種の役割や立ち位置，関わり方が洗練されて効率的な実践が可能になるであろう。ただし職務である以上，配置換えや休退職などによるチームメンバーの変更がある。またレクリエーション利用者も変わっていくことから安定的・固定的な共有メンタルモデルの維持はそれほど容易ではない。こうした変動性をストレスなく受け止めていく多職種の柔軟性も必要である。

　最後に心理的ケアの観点から，心理専門職がレクリエーション活動で参加者とコミュニケーションを取る役割の意義を述べたい。本来，コミュニケーションにおいて心理専門職が有する専門性とはカウンセリングや心理療法といった面接室での非日常的関わりのスキルである。しかしながら，われわれは様々な精神疾患や自閉症スペクトラム障害などの特徴を理解し「いかにして関わりを作っていくか」，すなわちラポール形成のあり方についても専門性を有している。認知症高齢者に対しても同様である。そして他職種は心理専門職がいかにして良好なコミュニケーションを形成していくかについて少なからずの関心を持っている。レクリエーションで認知症高齢者を理解し心理的ケアにつなげるコミュニケーションは，それを見ている他職種に**モデリング**の効果を示す可能性がある。これが日常

における認知症高齢者とケアスタッフとのコミュニケーションにうまく反映され，広義の心理的ケア向上につながるのであれば，山本（2001）の指摘する臨床心理学的地域援助の理念のひとつである「**黒子性**の重視」に叶う行動といえるであろう。

■引用文献

角田純子 1997 高齢者のためのレクリエーション．大塚俊男（編）特別企画：高齢者を介護する．こころの科学，**71**，73-77．

葛西龍樹 2020 プライマリ・ヘルス・ケアと地域包括ケアシステム．日本内科学会雑誌，**109**(3)，506-511．

河野高志 2019 地域包括ケアシステムにおける多職種連携の促進要因．社会福祉学，**60**(1)，63-74．

菊地和則 2009 協働・連携のためのスキルとしてのチームアプローチ．ソーシャルワーク研究，**34**(4)，291-297．

厚生労働省 2007 地域包括支援センターの設置運営について（通知）．https://www.mhlw.go.jp/topics/2007/03/dl/tp0313-1a-03.pdf（2021年4月20日閲覧）

厚生労働省 2017 これからの精神保健医療福祉のあり方に関する検討会報告書．https://www.mhlw.go.jp/stf/shingi2/0000152029.html（2021年4月20日閲覧）

厚生労働省ホームページ 精神障害にも対応した地域包括ケアシステムの構築に向けた取り組み．https://www.mhlw.go.jp/stf/seisakunitsuite/bunya/chiikihoukatsu.html（2021年4月20日閲覧）

西梅幸治・西内 章・鈴木孝典・住友雄資 2010 インタープロフェッショナルワークの特性に関する研究──関連概念との比較をとおして．高知女子大学紀要社会福祉学部編，**60**，83-94．

大和三重 2018 地域包括支援センターにおけるチームアプローチの実態と課題．関西学院大学Human Welfare，**10**，67-77．

Salas, E., Dickinson, T. I., Converse, S. A., & Tannenbaum, S. I. 1992 Toward an understanding of team performance and training. In R. W. Swezey & E. Salas (Eds.) *Teams: Their training and performance*. Ablex Publishing Corporation. 3-29. [山口裕幸（訳）2008 チームワークの心理学──よりよい集団づくりをめざして サイエンス社．]

総務省統計局 2021 人口推計（令和2年［2020年］10月平成27年国勢調査を基準とする推計値，令和3年［2021年］3月概算値）．http://www.stat.go.jp/data/jinsui/new.html（2021年4月18日閲覧）

高橋美保 2017 多職種協働のためのチームワーク論．精神療法，**43**，802-808．

寺裏寛之・間辺利江・小谷和彦 2019 研究報告からみた我が国の地域包括ケアシステムの検討．自治医科大学紀要，**42**，9-13．

上田 敏 1983 リハビリテーションを考える──障害者の全人間的復権 青木書店．

渡邉由己 2021 高齢者における心理臨床の対応．伊東眞里・大島 剛・金山健一・渡邉由己 読んでわかる臨床心理学 166-174．サイエンス社．

山本和郎 1986 コミュニティ心理学──地域臨床の理論と実践 東京大学出版会．

山本和郎 2001 コミュニティ心理学の臨床分野への貢献 そしてさらなる展開へ．コミュニティ心理学研究，**5**，39-48．

18 犯罪防止

大久保智生

　一般に犯罪や非行は増加し，凶悪化しているととらえられることが多い。しかし，現実には，令和2年度の犯罪白書（法務総合研究所，2020）からも明らかなように，刑法犯は戦後最少を更新し続けている。こうした犯罪の減少には地域における犯罪防止活動が関わっているといえるが，現在，犯罪防止の活動は岐路に立たされているといっても過言ではない。特に，活動の担い手である防犯ボランティアの減少や高齢化，活動のマンネリ化などの課題が表面化してきている（桐生，2015；大久保・垣見ら，2018）。こうした課題の解決に対して有効なのがコラボレーション（協働）である。

1 犯罪防止におけるコラボレーションの必要性とメリット

1 犯罪防止におけるコラボレーションの必要性

　犯罪防止になぜコラボレーションが必要なのだろうか。犯罪を防止することを考える際，「自分の安全は自分で守る」といったように個人の努力に焦点が当てられることがある。確かに一人ひとりが高い防犯意識と正しい防犯知識を持つことは重要であるが，個人でいくら防犯対策に取り組んでも限界がある。では，犯罪の防止は警察などの専門家が一手に引き受けるべきなのだろうか。様々な業務を行っている警察にすべてを任せて，警察が常に地域全体を監視するというのは現実的ではない。

　最近では，「地域の安全は地域で守る」といったように地域に焦点が当てられ，地域住民が力を合わせて自分たちで犯罪を防止しようと意図し，関係機関とコラボレートした活動を展開している。その際，注目すべきは専門家同士のコラボレーションではなく，非専

門家も含めたコラボレーションだということである。犯罪防止の専門家同士がコラボレートするだけでは地域は変わらない。犯罪防止では，様々な立場の地域住民の協力が不可欠であり，地域住民を巻き込む形で非専門家も含めたコラボレーションを推進することが求められる。

2 コラボレーションのメリット

犯罪防止などにおいて，地域とコラボレートするメリットとしては，2つ挙げられる。

1つめは，専門家ではない視点が他で真似できないような活動につながることである。犯罪の防止の活動はこれまで専門家の視点のみから考えられてきたが，そうした活動は専門家のための活動になりがちである。地域住民が参加し，その声を踏まえることで，これまでの専門家主導の犯罪防止とは異なるものになるといえる。こうした活動では地域の特性を考慮することで，専門家の視点にはない，その地域独自の活動が創生される可能性がある。

2つめとしては，継続して取り組むことで様々な活動を展開しやすくなることである。真摯にコラボレーションによる活動を続けていくと，次第に信頼を得ていき，様々な提案が実現しやすくなる。さらに，犯罪防止の活動の幅が広がっていくため，より効果的な活動につながるといえる。実際，ひとつの活動だけで犯罪防止につながることは少ない。むしろ様々な活動の相乗効果が犯罪防止につながっていくと考えられる。

以上のように，犯罪防止におけるコラボレーションのメリットは大きいが，犯罪防止のアプローチ方法を知らずに活動を行っても，効果的なものにならない可能性がある。特に，予防と対応を分けずに，これらを取り違えると，せっかくのコラボレーションによる活動が犯罪防止につながらない可能性がある。

2 犯罪防止のアプローチ
——犯罪の予防と対応

　犯罪防止におけるコラボレーションの仕方について論じる前に，犯罪防止のアプローチについて触れる必要がある。犯罪防止のアプローチは，犯罪を未然に防ぐ犯罪の予防と犯罪が起きた際の犯罪の対応という2つの観点に大きく分けられる。効果的なコラボレーションのために，まずは犯罪防止にはどのようなアプローチがあるかを踏まえたうえで，そのターゲットとなる事象について詳しく知る必要がある。

1　犯罪の予防

　犯罪の予防では，犯罪原因論と犯罪機会論という2つのアプローチが挙げられる。

　犯罪原因論とは犯罪の原因を探るアプローチであり，**ロンブローゾ**（Lombroso, C.）以降，長い歴史を有している。犯罪原因論は，表18-1に示したように，人間観によって，**①順法的視点**，**②非順法的視点**，**③学習論的視点**という3つに大きく分類される（Bartol

表18-1　犯罪原因論における3つの視点の人間観と社会的要因
（Bartol & Bartol, 2005; 大渕, 2006をもとに作成）

行動の観点	人間観	社会的要因
①順法的視点	基本的に善良：社会的価値や態度に強く影響される	ストレスの負荷：ストレスがかかることで犯罪に向かう
②非順法的視点	基本的に無節操：社会規範による束縛は弱い：生得的な性向を社会によって制御されなければならない	統制の弱体化：犯罪を起こさないように押さえつけている社会的な統制が弱くなることで犯罪に向かう
③学習論的視点	中性的に生まれつく：行動は他者との社会的相互作用を通じて学習される	文化的誘導：犯罪に誘導するような文化に接触して影響を受けたときに犯罪に向かう

& Bartol, 2005; 大渕, 2006)。①順法的視点では，性善説の立場に立ち，Merton（1957）の**緊張理論**に代表されるように，失業，貧困，差別などのストレスにより犯罪が起こると考える。②非順法的視点では，性悪説の立場に立ち，Hirschi（1969）の**統制理論**に代表されるように，犯罪を起こさせない社会的な統制が弱まることにより犯罪が起こると考える。③学習論的視点では，中立的な立場に立ち，Sutherland & Cressy（1960）の**分化的接触理論**に代表されるように，人を犯罪に誘導するような文化に接触することにより犯罪が起こると考える。こうした犯罪原因論では犯罪の原因に注目し，その原因を除去することで犯罪を防ぐことを主眼としている。

　一方，**犯罪機会論**とは犯罪の機会を与えないことによって犯罪を未然に防止しようとするアプローチであり，1970年以降に急速に発展してきた。犯罪機会論は，注目する特性によって①環境のハード面を重視する視点，②環境のソフト面を重視する視点という2つに大きく分類される。①環境のハード面を重視する視点では，Jeffery（1971）の**防犯環境設計**（Crime Prevention Through Environmental Design: CPTED）に代表されるように，物理的環境の改善に主眼が置かれる。②環境のソフト面を重視する視点では，Kelling & Coles（1996）の**割れ窓理論**（Broken Windows Theory）に代表されるように，地域コミュニティの意識の向上に主眼が置かれる。こうした犯罪機会論では，犯罪が起こる機会（環境や状況）に注目し，犯罪者から犯行の機会を奪うことで犯罪を防ぐことを主眼としている。

　犯罪の予防においては，現在，犯罪原因論的なアプローチよりも犯罪機会論的なアプローチのほうが有効であるという指摘（小宮，2005）もあるが，犯罪原因論的アプローチが求められることも多々ある。島田（2013）が主張しているように犯罪原因論と犯罪機会論を調和する視点が求められており，対立するものとしてではなく，犯罪防止においてコラボレートする際にもそれぞれのアプローチの長所をうまく発揮できるように考慮していく必要がある。

2 犯罪への対応

　犯罪防止では，犯罪の予防に焦点が当てられがちであるが，犯罪への対応も重要である。繰り返し犯罪を起こさせないためにも再犯防止という観点は欠かせない。犯罪への対応では，再犯防止のためのアセスメントやそれに応じた処遇や介入のプログラムの整備が求められる。こうした犯罪への対応では，これまでの専門家の経験や勘に基づく処遇や介入ではなく，現在では，**エビデンスに基づく実践**（Evidence-Based Practice: **EBP**）の観点から科学的根拠に基づく処遇や介入が重視されてきている（原田，2015a; 2015b）。EBPの代表的なアプローチとしては，Bonta & Andrews（2017）による**RNR モデル**（Risk-Need-Responsivity model）が挙げられる。RNRモデルでは，対象者のリスクに応じて介入の強度を変えるべきというリスク原則，変化可能な犯因性ニーズに絞って介入を行うべきというニーズ原則，対象に合った介入を行うべきという治療反応性原則という3つの原則の遵守が重視され，この3つの原則が遵守されないと，効果がなくなるか，犯罪を増加させることが示されている（Bonta & Andrews, 2017）。

　犯罪への対応では，特に再犯と関連する要因をアセスメントすることが重要になる。再犯と関連する要因としては，①犯罪歴，②反社会的パーソナリティ・パターン，③犯罪指向的態度，④犯罪指向的交友，⑤家族・夫婦，⑥学校・仕事，⑦レジャー・レクリエーション，⑧薬物乱用が挙げられ，これらは**表18-2**に示したように**セントラルエイト**と呼ばれている。この中でも上位4つの要因は他の要因よりも再犯と関わることが示されており，**ビッグフォー**と呼ばれている。処遇や介入の際には，変わりにくい犯罪歴のような静的な要因ではなく，変化しうる動的な要因をターゲットにしていく必要がある。

　こうした犯罪への対応は矯正施設や刑事施設などの専門機関が行うものと考えられがちである。しかし，犯罪への対応は専門機関のみで行うのではなく，現在では，**社会内処遇**も注目されてきており，犯罪への対応のためには地域とのコラボレーションは欠かせな

表18-2　再犯リスク要因のセントラルエイト
（Bonta & Andrews, 2017 をもとに作成）

要因	内容
①犯罪歴	若年時から様々な犯罪・非行を行っている
②反社会的パーソナリティ・パターン	攻撃性，衝動性，情緒的な冷酷性，刺激希求性を有している
③犯罪指向的態度	犯罪行動を支持する思考，感情，信念をもっている
④犯罪指向的交友	反社会的な他者と緊密な関係があり，向社会的サポートから孤立している
⑤家族・夫婦	養育や夫婦関係の問題がある
⑥学校・仕事	学校や職場での成績が悪く，満足感が低い
⑦レジャー・レクリエーション	向社会的な余暇活動を行っておらず，満足感が低い
⑧薬物乱用	アルコールや違法薬物を使用している

い。また，犯罪をした者が地域に戻った際，地域の理解，支援は不可欠である。地域で犯罪への対応をどのように考えていくかという視点は今後さらに必要となるといえる。

3 犯罪防止におけるコラボレーションのプロセス
——コラボレーションの開始と継続

　本書2章の定義で示されているように，コラボレーションを「プロセス」としてとらえると，コラボレーションを開始するうえでの課題とコラボレーションを継続していくうえでの課題は異なる。したがって，犯罪防止におけるコラボレーションでは，開始と継続で分けて考える必要があり，コラボレーションの開始時と継続時に何が求められるのかを知る必要がある。

1　コラボレーションの開始：体制づくり
　コラボレーションによる活動の開始時に重要なのは体制づくり

である。開始の際には，どんなに活動の理念や内容が素晴らしくて
も，様々な人や機関が本気で関わってくれなくては意味がない。し
たがって，リーダーにはときには周りを巻き込んでいく力業が求め
られる。さらに，実際に活動する人たちを結ぶハブとなる存在も求
められる。ここでは，コラボレーション開始のための体制づくりと
してリーダーシップと**キーパーソン探し**について述べていく。

　コラボレーションによる活動を開始する際に，不可欠なのは強力
なリーダーである。開始時にはみなが同じ熱量であることはありえ
ないため，参画する者の間に確実に温度差が存在する。さらに，そ
れぞれの組織には特徴があり，意欲や関与の度合いは異なる。こう
した熱意が異なり，様々な特徴をもつ組織が同じ方向を向くように
するためには，リーダーによるリーダーシップの発揮が求められ
る。特に，コラボレーションによる活動を開始するためには，リー
ダーには何かあった際に自らが責任を取るといった強い信念と様々
な組織の意向をうまく調整する能力が求められる。体制づくりにお
いて，こうしたリーダーの存在は最も重要である。

　コラボレーションを開始するうえで，「キーパーソン」（時岡,
2011）探しも不可欠である。リーダーだけでは活動は成り立たない
ため，人と人，組織と組織をつなぐハブとなり，クッションとなっ
てくれるキーパーソンが必要になる。キーパーソンとしては，経験
と実績があり，誰からも存在を認められている人が望ましい。この
キーパーソンとなりそうな人を探し，活動の意図を理解してもら
い，開始時に参加してもらうことが重要である。そして，キーパー
ソンと一緒にコラボレートしたい人や組織にどんどん話を持ち掛け
ていく。まず，キーパーソンとなる人とのつながりを作ってからと
いうのがポイントである。コラボレーションを突然持ち掛けても躊
躇されることが多いため，「あの人が関わっているなら自分たちも」
と思わせるキーパーソンの存在により，スムーズにコラボレーショ
ンに参加できるように体制を整えていくことが重要である。

2 コラボレーションの継続：仕掛けづくり

コラボレーションとしての活動は継続するほうがはるかに困難であることから，活動が続くための仕掛けづくりが重要である。コラボレーションを開始した後，同じことを繰り返すだけではマンネリ化していく。マンネリ化を防ぐには，活動が継続するための仕掛けづくりが重要である。ここでは，コラボレーション継続のための仕掛けとして，多様性，関係，成果の可視化（大久保，2021）について述べていく。

コラボレーションを継続するためには，相手が自分とは異なる価値観を持っていることを知ることが重要である。これは**多様性の可視化**であり，言い換えれば状況や状態の可視化である。このコラボレートする他者が多様な価値観をもった存在であることを理解することは，コラボレーション継続の基礎となるものである。例えば，警察と防犯ボランティアが相手の状況や状態がわからないまま，自分たちのしたいことをただ押し付けるだけでは活動が続くことはない。相手が何を考えているのかがお互いにわからなくては，継続したパートナーとなりえないからである。

コラボレーションを継続するためには，つながりが見えることも重要である。これは**関係の可視化**といえる。関係の可視化とは，自分以外の他者同士のつながりが見えることである。自分とある者との関係のあり方を第三者に可視化することで，さらに第三者と自分との関係を作っていくことにつながる（加藤・大久保，2009）。例えば，警察と防犯ボランティアが一緒に活動している（つながっている）のを見た人には警察や防犯ボランティアに対して肯定的な態度を生み出すだろう。この関係の可視化は，二者関係による多様性の可視化と異なり，三者関係を前提にしており，信頼を生むため，コラボレートしやすい雰囲気を形成していくのである。

活動の継続には成果が見えることが欠かせない。これは**成果の可視化**といえる。特に犯罪防止では孤独な活動もあり，実際に犯罪にふれる経験が少ないため，普段の活動の中でどのような貢献をしているのかという効果を実感しにくく，モチベーションの低下を招き

やすい。逆に，ボランティアに対して，成果を可視化する機会を作るだけで，自分たちの活動の成果を実感でき，モチベーションの維持や向上につながる。こうした自分たちが役立っていることを実感できる機会を意図的に仕掛けていく必要がある。このように，成果の可視化は，自らの活動に対する自信を深め，継続の動機づけの維持や向上につながり，同じ方向に向かうという意味でも意思統一や課題の共有などにつながるものであるといえる。

4 実践例——香川県における犯罪防止事業の展開

　筆者が犯罪防止を目的としたコラボレーションによる活動を始めて10年以上が経過した。その間，プロジェクトのリーダーの一人として，心理学の立場から専門家や非専門家，様々な組織とコラボレートして，地域社会の中で**万引き防止**をはじめとした様々な犯罪防止の活動を行ってきた。活動の中でコラボレーションの有効性や重要性が実感でき，あるコラボレーションがさらなるコラボレーションを生み出すといった相乗効果も生まれている。ここでは，これまでの活動について，開始時の体制づくり，アプローチ方法，継続時の仕掛けづくりに焦点を当てて紹介する。

1　総合的な万引き防止対策事業

　香川県では，2009年まで人口1,000人当たりの万引きの認知件数が7年連続でワースト1位であった。こうした状況を受け，2010年に香川県警察と香川大学による万引き防止プロジェクトが発足した（大久保・時岡・岡田, 2013）。当初は，万引きの被疑者，一般の青少年や高齢者，店舗を対象とした調査を行い，その結果に基づいて対策を提言することで終了するプロジェクトであったが，香川県警察と筆者が意気投合したことにより，教育の観点から様々な対策の実践と効果検証を含めた総合的な万引き対策防止事業を開始することとなった。ここでの万引き対策は，予防教育，店員教育，再犯防

止教育など広範にわたっている（大久保，2014）。この事業の開始時の体制づくりとしては，香川県警察と筆者のリーダーシップで香川県万引き防止対策協議会を立ち上げ，様々な活動が可能になるような体制を整備していった。さらに，偶然知り合ったカリスマ万引きGメンがキーパーソンとなり，様々な関係機関とコラボレートしやすい体制を構築した。

アプローチ方法としては，予防教育では，警察や学校，PTAなどとコラボレートして，犯罪原因論に基づいた万引きの予防教育プログラムの開発とその効果の検証を行ってきた（大久保・岡田・時岡，2022）。青少年や保護者，高齢者を対象とした予防教育では，それぞれの年代にあった犯罪原因論の3つの視点からアプローチしてきた。店員教育では，警察や万引きGメン，店舗，防犯設備士とコラボレートして，犯罪機会論に基づいて，店員教育プログラムとその効果の検証を行ってきた。未然防止のための声かけマニュアルの作成やモデル店舗での集中的な対策では，犯罪機会論のハードとソフト両面を重視してアプローチしてきた（大久保，2019）。再犯防止教育では，警察や矯正施設，行政，弁護士，福祉機関などとコラボレートして，EBPに基づいて再犯防止教育プログラムの開発とその効果の検証を行ってきた（大久保・吉井ら，2018）。青少年や高齢者の**再犯防止教育**では，研究の成果に基づき，先述したセントラルエイトを意識してアプローチしてきた。

継続時の仕掛けづくりにおいて，多様性の可視化としては，頻繁にコミュニケーションをとり，したいことやできることを本音でぶつけあうことを心がけている。さらに，再犯防止教育では勉強会なども開催している。関係の可視化としては，単独で活動を行わず，常につながりのなかで活動を行うことで，つながりが見えるように心がけている。例えば，モデル店舗での集中的な対策の実施では，必ず万引きGメンと警察と筆者が指導を行うなど，常につながりが見えるようにしている。成果の可視化としては，対策の効果などの成果を共有し，発信することを心掛けている。その際，マスコミへの発信だけでなく，ポスター，リーフレットなども作成して，地域

社会に向けて発信を行っている。

　こうした活動の結果，香川県の万引きの認知件数は全国ワースト1位を脱却し，香川県警察はこの活動で警察庁長官賞をするなど多大な成果を上げてきた。特に，今やトレンドとなっている万引きの未然防止を全国に先駆けて提案し，効果を検証してきたことは大きな意義があったといえる。また，地域全体での万引き防止を謳い，総合的に対策を提案し，実践し，その効果を検証してきたが，様々な組織とコラボレートした活動は全国的にも注目されている。

2　防犯CSRに基づく安全安心まちづくり推進店舗の認定事業

　万引き防止対策から派生して，地域貢献も視野に入れた店内犯罪の防止を目的とした，安全安心まちづくり推進店舗の認定という活動を行っている（大久保ら，2017）。店舗は万引き防止だけに注力するわけにはいかず，様々な防犯対策を講じていかなければならない。その一方で，コラボレーションの中で，客を疑っていると思われたくないため，店舗から防犯対策を公にしたくないという声も上がっていた。そこで店舗で様々な防犯対策を公にしながら推進できる事業を考案した。この事業の開始時の体制づくりとしては，筆者と香川県警察のリーダーシップで安全安心まちづくり推進店舗認定委員会を立ち上げ，他県の取り組みを参考に規約づくりを行った。さらに，これまで万引き防止対策事業でコラボレートしていた香川県防犯設備業防犯協力会の事務局長と香川県防犯協会連合会の専務理事がキーパーソンとなり，多くの店舗に広げるために認定委員としてキーパーソンに参加してもらう体制を構築した。

　アプローチ方法としては，安全安心まちづくり推進店舗の認定事業では警察，防犯設備士，防犯協会とコラボレートして，犯罪機会論に基づいて，ソフト面の対策（従業員への教育）とハード面の対策（防犯環境の整備）と地域貢献（地域連携）の観点から防犯診断を行い，犯罪防止の模範となる店舗の認定を行っている（大久保ら，2017）。ここでは，万引きを含めた犯罪防止のモデル店舗ではなく，安全安心まちづくり推信店舗という呼称がポイントとなる。犯罪防止では

客を疑っているという印象があることから，安全安心なまちづくりを進める店舗ということで犯罪防止を行いつつ，地域貢献を行うという意味でこの呼称とした。そして，教育を専門とする研究者がソフト面の対策（従業員への教育），防犯設備士がハード面の対策（防犯環境の整備），防犯協会が地域貢献（地域連携）を評価するというそれぞれの強みを生かした事業といえる。

　継続のための仕掛けづくりにおいて，多様性の可視化としては，この制度の発端である店舗の声を重視することを心がけている。定期的に店舗に出向いて講習会を行うことでこちらの考えを伝え，さらに防犯上の課題などについても定期的に調査を行い，店舗の声を聴き，次の講習会に生かすようにしている。関係の可視化としては，店舗と地域がつながっていることが見えるような活動を増やすことを心がけている。店舗と地域ボランティアがつながるために，防犯診断の際には近隣のボランティアの情報を伝え，店舗に地域とコラボレートした活動を行うように促している。成果の可視化としては，ステッカーやのぼりなどを作成し，この事業に参加していることが地域に見えることを心がけている。また，新しい防犯イベントの実施などでマスコミへの発信も行っている。

　こうした活動の結果，100店舗以上から安全安心まちづくり推進店舗の認定に応募があり，約半数近くの店舗を安全安心まちづくり店舗として認定している。さらに，安全安心まちづくり推進店舗向けの動画を作成し，万引き防止対策だけでなく，特殊詐欺対策，防犯CSRの推進を支援している。CSRとはCorporate Social Responsibilityのことであり，「企業の社会的責任」と訳されるが，その防犯バージョンといえる。こうした様々な専門家がその強みを生かしたコラボレーションによる活動は効果的な犯罪防止につながるものであるといえる。

3　地域防犯活動の活性化事業
　総合的な万引き防止事業と安全安心まちづくり推進店舗の認定事業において多大な成果をあげたことから，香川県警察から高齢

化，マンネリ化する地域防犯活動の活性化のための事業を持ち掛けられた。実態を把握しようと地域防犯活動に従事するボランティアを対象とした調査を行った結果，若い世代の防犯ボランティアの育成とマンネリ化せずに楽しんで活動が行える方策の実施が重要であることが示唆された（大久保・垣見ら，2018）。そこで，若い世代の防犯ボランティアの育成では大学の防犯サークルの活性化を行い，マンネリ化せずに楽しんで活動が行える方策では**地域安全マップ**を作成可能なアプリを開発することとなった。この事業の開始時の体制づくりとしては，筆者と香川県警察のリーダーシップにより，筆者と警察が大学の防犯サークルのサポートを行い，地域安全マップを作成可能なアプリを開発するチームを立ち上げた（大久保ら，2020）。さらに，筆者自身が顧問をしている香川大学防犯パトロール隊の隊長と特殊詐欺対策でコラボレートしていた香川県くらしの安全見守り隊の部長がキーパーソンとなり，防犯ボランティアが学習し，活動を実践する体制を構築した。

　アプローチ方法としては，地域防犯活動の活性化事業では，警察と香川大学防犯パトロール隊，香川県くらしの安全見守り隊とコラボレートして，犯罪機会論の学習と実践を行う機会を創出した。犯罪機会論の学習では，香川大学防犯パトロール隊，香川県くらしの安全見守り隊という若い世代と高齢者世代が交流する研修会をこれまでに何度も開催している。犯罪機会論の応用では，犯罪機会論に基づいた地域安全マップの考案者である研究者とコラボレートして，地域安全マップを作成可能なアプリを開発した。そして，防犯パトロール隊が小学生を対象にアプリを用いた地域安全マップ作成活動を行っている。

　継続のための仕掛けにおいて，多様性の可視化としては，若い世代と高齢者世代のお互いの強みを生かすことを心がけている。そのために，これまでの研修会を通し，若い世代と高齢者世代のお互いの活動やそれぞれの団体の特徴を知るための機会を創出している。関係の可視化としては，ボランティア同士がつながっていることが見えることを心掛けている。現在では，警察の協力も得て，香川大

18

犯罪防止

261

学防犯パトロール隊と香川県くらしの安全見守り隊がコラボレートしながら小学校での地域安全マップ作成活動を行っている。成果の可視化としては，アプリ上で活動の成果が見えることを心がけている。点検した危険箇所や安全箇所を参加者が確認・共有することで，防犯意識が向上することも示されている。

　こうした活動の結果，若い世代の防犯ボランティアの活動が注目され，多くのメディアで報道されている。特に，防犯ボランティア同士のコラボレーションはそれぞれの団体の活動をエンパワーする可能性があり，新たな学びにより，それぞれの活動をバージョンアップさせるものであるといえる。また，開発したアプリを活用した地域安全マップ作成活動はキッズデザイン賞少子化対策担当大臣賞を受賞し，様々な自治体からも関心を寄せられている。

5　犯罪防止におけるコラボレーションの課題と展望

　最後に，犯罪防止におけるコラボレーションの課題と展望について述べていきたい。現在，犯罪防止における研究者と警察のコラボレーションは様々な地域で行われている（島田，2021）。また，ボランティアが参画した犯罪防止のコラボレーションも行われるようになってきた。課題としては，犯罪防止におけるコラボレーションはその性質上，警察とボランティアが中心となりがちであるということが挙げられる。

　最近では，警察とボランティア中心のコラボレーションだけでなく，企業も含めたコラボレーションの動きがある。それが**防犯CSR**（藤井，2016）である。CSRとは先述したように，防犯に対する企業の社会的責任であり，企業も地域の防犯活動に参加し，地域社会の安心と安全に貢献するというのが基本的なコンセプトである。この防犯CSRの観点を踏まえると，警察とボランティア中心のコラボレーションだけでなく，今後は企業も巻き込んだコラボレーションの推進が求められる。

■引用文献

Bartol, C. R. & Bartol, A. M. 2005 *Criminal behavior: A psychosocial approach, 7 th ed*. Prentice Hall.

Bonta, J. & Andrews, D. A. 2017 *The psychology of criminal conduct, 6 th edition*. Routledge.［原田隆之（訳）2018 犯罪行動の心理学 北大路書房.］

藤井良広 2016 機能する企業の社会的責任論への一考察――「防犯CSR」というコンセプトと企業行動. 地球環境学, **11**, 195-208.

原田隆之 2015a 心理職のためのエビデンス・ベイスト・プラクティス入門――エビデンスを「まなぶ」「つくる」「つかう」 金剛出版.

原田隆之 2015b 入門犯罪心理学 ちくま新書.

Hirschi, T. 1969 *Cause of delinquency*. University of California Press.［森田洋司・清水新二（監訳）1995 非行の原因――家庭・学校・社会へのつながりを求めて 文化書房博文社.］

法務総合研究所 2020 令和2年度版 犯罪白書 昭和情報プロセス.

Jeffery, C. R. 1971 *Crime prevention through environmental design*. Sage Publications.

加藤弘通・大久保智生 2009 学校の荒れの収束過程と生徒指導の変化――二者関係から三者関係に基づく指導へ. 教育心理学研究, **57**, 466-477.

Kelling, G. L. & Coles, C. M. 1996 *Fixing broken windows: Restoring order and reducing crime in our communities*. Free Press.

桐生正幸 2015 地域防犯活動における高齢者ボランティアの意識調査. 東洋大学21世紀ヒューマン・インタラクション・リサーチセンター研究年報, **12**, 13-20.

小宮信夫 2005 犯罪は「この場所」で起こる 光文社.

Merton, R. K. 1957 *Social theory and social structure*. Free Press.［森 東吾・森 良夫・金沢 実・中島竜太郎（訳）1961 社会理論と社会構造 みすず書房.］

Sutherland, E. H. & Cressy, D. R. 1960 *Principles of criminology*. J. B. Lippincott.［平野龍一・所 一彦（訳）1964 犯罪の原因 有信堂.］

大渕憲一 2006 犯罪心理学――犯罪の原因をどこに求めるのか 培風館.

大久保智生 2014 香川県における万引き防止の取組――万引き認知件数全国ワースト1位からの脱却. 刑政, **125**(10), 12-23.

大久保智生 2019 モデル店舗における集中的な万引き対策の効果――防犯意識とホスピタリティの観点から. Hospitality：日本ホスピタリティ・マネジメント学会誌, **29**, 19-28.

大久保智生 2021 多様性・関係・成果の可視化と学校・地域の協働――3つの可視化を踏まえた活動継続の課題と展望. 時岡晴美・大久保智生・岡田 涼・平田俊治（編）地域と協働する学校――中学校の実践から読み解く思春期の子どもと地域の大人のかかわり 182-188. 福村出版.

大久保智生・岡田 涼・時岡 晴美 2022 一般市民を対象とした万引き防止教育プログラムの評価――青少年, 保護者, 高齢者, 社会人を対象とした教育プログラムの比較から. 香川大学教育実践総合研究, **44**, 31-39.

大久保智生・有吉徳洋・千葉敦雄・垣見真博・山地秀一・山口真由・森田浩充 2017 店舗における地域と連携した防犯対策の評価――安全・安心まちづくり推進店舗の認定を通して. 香川大学教育学部研究報告, **148**, 1-8.

大久保智生・垣見真博・太田一成・山地秀一・髙地真由・森田浩充・久保田真功・白松賢・金子泰之・岡田 涼 2018 香川県における防犯ボランティアの活動内容と課題の検討――ボランティアへの参加動機と援助成果, 地域との交流との関連から. 香川大学生涯学習教育研究センター研究報告, **23**, 65-74.

大久保智生・吉井 匡・長尾貴志・相原幸太・高橋 護・松嶋秀明・佐藤健二・石川隆行・永房典之・澤田匡人・堀 健二・菊池浩史 2018 少年院在院者と一般の青少年における万引きをはじめとした窃盗に関する要因の検討――少年の窃盗に関する新たな体系的な教育プログラムの開発に向けて. 矯正教育学研究, **63**, 143-150.

大久保智生・米谷雄介・八重樫理人・高山朝陽・矢部智暉・竹下裕也・永冨太一・遠山敬久・田中 晶・髙島知之・小野坂裕美・吉見晃裕 2020 防犯ウォーキングアプリ「歩いてミイマイ」を用いた地域安全マップ作成活動の課題と可能性——大学生を対象とした調査から．香川大学教育学部研究報告，**2**，153-162．

大久保智生・時岡晴美・岡田 涼（編）2013 万引き防止対策に関する調査と社会的実践——社会で取り組む万引き防止　ナカニシヤ出版．

島田貴仁 2013 環境心理学と犯罪研究——犯罪原因論と犯罪機会論の統合に向けて．環境心理学研究，**1**，46-57．

島田貴仁 2021 犯罪予防の社会心理学——被害リスクの分析とフィールド実験による介入　ナカニシヤ出版．

時岡晴美 2011「地域の教育力」は衰退したのか——学校と地域の協働による「地域の教育力」の顕在化を考える．大久保智生・牧 郁子（編）実践をふりかえるための教育心理学——教育心理にまつわる言説を疑う　201-216．ナカニシヤ出版．

19 多文化社会における心理援助の実際

大西晶子

1 はじめに

　本書の読者は，心理専門職を志す，あるいはすでに実践者として心理援助に従事し，中でも多職種や非専門家との協力に関心を持つ方であろう。では，「多文化社会における心理援助の実際」とのタイトルに関しては，どのようなイメージを持たれただろうか。日本語を話さないクライエントや文化的に多様な背景を持つ人々を対象に，カウンセリングを行う場面や，コンサルタントとして，あるいはコラボレーターとして援助を担う場面を，具体的に思い描かれただろうか。

　グローバル化を背景に，日本社会の多文化化は加速しており，街中には日本語以外の言語が溢れている。また度重なる自然災害を経験する中で，情報弱者としての外国籍住民の姿が可視化され，「やさしい日本語」の使用も浸透しつつある。一方，心理専門職が，臨床の場で多文化化を実感する程度は，どのような場で実践に従事しているかによっても大きく異なっており，課題が広く共有されている状況にはない。

　筆者は現在，大学で**留学生**の支援を担当しているが，キャンパスは多文化化の進行を肌で感じることができる場といえる。実際に，留学生を対象にした実践の報告や心理学領域の研究は，その他の対象者に関するものと比べると知見の蓄積がみられる。しかしながらそうした中でも，留学生が大学で利用できる相談資源は，文化的・言語的に多様なニーズに十分には対応していない。留学生の受け入

れ体制は，組織の方針に左右されやすく，一部の担当教職員や部署に対応が偏りやすいこと（大西，2016）や，専門職としての職歴の長さにかかわらず，留学生対応に不安や戸惑いを感じる担当者が多いことも指摘されている（大西，2012）。こうした留学生支援の場の状況は，日本社会における多文化対応の課題の縮図ともいえる。

　多文化に留意した心理援助の実践に関するアメリカ心理学会（American Psychological Association: 以下，APA）によるガイドライン（APA，2017）では，指針のひとつとして，以下のような心理学の専門家の役割を挙げている。

　　ガイドライン5：心理学者は，権力，特権，抑圧が，歴史上，また現代においてどのように経験されているかを認識し，理解することを目指す。心理学者は，公正性・人権と，質の高い公平なメンタルヘルスサービスへのアクセスの促進を図るために，組織的障壁や，法の執行・刑事司法手続き・教育・メンタルヘルス等に関わるシステムに関連した不公平さや不均衡の是正に取り組む。（訳は筆者）

　文化的・言語的多様性に留意した心理援助は，カウンセリングの場でのクライエントとの援助関係に留まらず，あらゆる次元において求められる。したがって個人が自身の職能の向上に努めるだけではなく，関係者と協力しながら，組織レベル・システムレベルの課題の解決にも取り組んでいくことが必要となる。さらにそれには，社会状況を知ろうとする姿勢や正しい課題認識が問われる。本章もまずは，日本の現状からみていきたい。

2 日本に暮らす外国人・外国とつながりのある人々

　2019（令和元）年末の在留外国人数は，293万3,137人（出入国在留管理庁，2020）であり，震災やリーマンショックといった状況に影

響を受けながらも，右肩上がりに増加してきた。図19-1には，2019年12月末の在留外国人の85.5％を占める，上位10カ国出身者について，**在留資格**別に割合を示している。

　在留資格は，「日本滞在中の活動内容に基づいて付与され，許可された範囲の活動を行うもの」と「活動内容に制約のない，身分または地位に基づくもの」に大きく分けられる。在留資格別に内訳をみることで，それぞれの国・地域出身者が，どのような生活形態の人から構成されているのかを大まかに捉えることが可能である※1。図中に示す線は，右側には，前者の活動に基づく在留資格に該当する人，左側には，後者の身分・地位系の在留資格の代表的なものを並べており，線が右側に寄っている国ほど，日本を拠点とした生活が長い人や，滞在が永続的な人が多く，つまり定住化傾向が強い人の割合が高いことを意味している。例えば，韓国，ブラジル，フィ

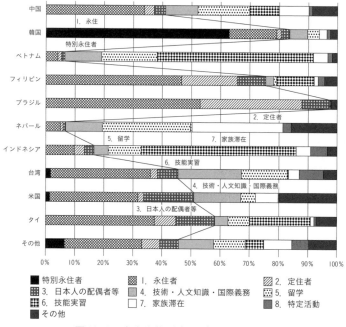

図19-1　在留資格別内訳（上位10カ国）
（出入国在留管理庁，2020をもとに作成）

リピン，タイ国籍者は定住化傾向にある人が多く，ベトナム，インドネシアは，留学生や技能実習生など，滞在年数に限りのある資格保持者が中心であるといえる。中国や台湾，米国等は，在留資格が多様であり，滞日目的や永続性ともに様々な人から構成されているのがわかる。ネパールは，家族滞在の在留資格者の割合が高い特徴があり，就労や留学により来日する際に，家族帯同者が多いことがうかがわれる。韓国は，特別永住者の割合が6割を超えている。

このように，「外国人」とひとくくりにされやすい人々は，文化的・言語的に多様であるだけでなく，何世代にもわたって日本に生活基盤を持ち暮らす人々や，単身で一定期間日本に滞在した後に母国に戻る予定を持つ人など，滞在状況も大きく異なる。心理支援のニーズが多様であることは，いうまでもない。そのため日本語力の有無だけではなく，文化変容やアイデンティティ，ライフサイクルといった視点からも，ニーズを理解していくことが重要となる。

3 多文化社会における援助実践の状況

それでは，外国人・外国とつながりのある人々の支援は，どのように実践され，また何が課題となっているのだろうか。

外国からの来日者が急増しはじめた1980年代後半から1990年代初頭，地域においては，支援を必要とする外国人居住者の姿が可視的となっていった。そうした中で支援の担い手となったのは，地域国際化協会，労働組合・市民団体・NPO等であり，既存の枠組みでの対応が困難な問題に対して，草の根から支援は広がっていった。

2000年に入ると，国の施策においても支援の在り方や方向性が示されるようになり，2009年に新たな**在留管理制度**が導入された後は，外国人居住者への支援が住民サービスの一貫であることがより明示的となった。2018年には，外国人材の受入れ・共生に関する関係閣僚会議により，「**外国人材の受入れ・共生のための総合的**

対応策」が策定され，その後も改訂が続けられている※2。さらに教育政策においても，日本語指導や教科指導に加えて，**文化的アイデンティティ**の尊重やキャリア支援までを含めた，外国人児童生徒等の支援の必要性が指摘されるようになっている（文部科学省，2020）。

　このように，外国人・外国とつながりのある人々を対象とした支援は，一見，質量ともに拡充しつつあるように見える。しかしながら実際の取り組みを見てみると，その多くが，日常生活の不便を解消したり，日常生活での「サバイバル」を支援したりすることを目標としたものであり，外国とつながりのある人々が，心理的にも充足した状態で自分らしく生きることを支える取り組みとはいえない。

　なかでも，外国・外国とつながりのある人々に適切に対応が可能な，精神科医療やカウンセリングの担い手は不足したままであり（阿部，2020；安，2020；大西，2014；2020），文化的・言語的に複雑な環境にある人々の心理発達の状態を適切にアセスメントする方法や，支援法の開発も進んでいない（二井・緩利，2013；蜂矢，2020）。

　こうした背景には，安（2020）も指摘するように，そもそも母語支援の欠如や既存の社会資源へのアクセスの難しさにより，日本語を母語としない人々の心理支援ニーズが可視的になりにくい現状がある。また，就労者や留学生のように，所属する組織を持つ人々に比べると，帯同家族，国際結婚家庭（安，2020），外国人高齢者等の姿はさらに見えにくい。たとえば南野（2017）は，言葉の壁や制度の理解困難，保護者の就労状況等は，外国籍の子どもの健康診査受診や専門機関の利用の妨げとなっており，支援を必要とする子どもの把握を困難にしていることを指摘している。

　加えて，メンタルヘルスの不調をどのように理解し，解決に向けた対処を行うかは，文化的要素の影響を受けやすく，専門家への相談が選択肢となりにくい場合もある。留学生の相談の場においても，心理的支援を求め自主来室する学生の割合は，出身地域によって差がみられる（大西，2016）。このように既存の仕組みの中で，相談室において利用者側からのアクセスを待つ支援体制は，多文化・多言語的背景を持つ人々のニーズに十分に対応することが難しい。

4 連携による支援

　石河（2012）は，ソーシャルワークの現場で外国人支援を行う際には，複数領域における問題への対応が求められる場合が多く，ケースに応じて様々な関係者が関わることが必要となると述べている。また鈴木（2018; 2019）は，地方都市における事例として，各種ボランティア団体や外国人自助組織，企業など多様なアクターが連携し，外国人が住民として暮らす上で生じる課題の解決に取り組んできた状況を示している。このように様々なアクターの参加と，アクター間の協力によって，外国人支援の実践の場は成立しているといえる。

　心理発達やメンタルヘルスを支える取り組みが十分といえない中，自治体等の外国人相談の場においては，かねてから，在留や経済・家庭の問題に加え，心理的悩みやメンタルヘルスの問題を抱えた外国人相談者の存在が指摘されている（一條・上埜，2015; 杉澤，2009a）。また日本語や教科学習の指導の場において，子どもたちが，心理的にも困難な状態にあることや，精神発達面の支援ニーズを持つことが明らかになることも少なくない（金，2020; 二井・緩利，2013; 三浦，2020）。

　その結果，学校や地域等，様々な場面で外国人の支援を行っている複言語・多言語の支援者や，自治体等の外国人相談窓口の担当者は，「通訳・翻訳業務」や「相談業務」に加えて，他の資源や関係者間の「つなぎ」「橋渡し」の機能を担っていることが指摘されている（一條・上埜，2014; 園田，2010; 杉澤，2009b; 德井，2014; 横山，2019）。こうした連携の網の中で，心理援助資源への紹介が行われたり，あるいは心理専門職が非専門家のコンサルタントとして，支援の一端を担ったりすることもある（胡，本書10章; 竹山・葛西，2008）。ただし，こうした連携型の支援にはいくつかの課題や限界がある。

　まず，関係者間の協力関係は，自然に発生し，維持・発展するわけではない。鈴木（2018：2019）は，組織間のネットワークによる

外国人支援の課題として，ネットワークを構成する各アクターの行動原理や関心の違いが顕在化しやすく，「メタガバナー」が不在な場合には，新たに生じる課題に柔軟に対応できないことを挙げている。そのため多様な専門家，組織・機関をつなぎ，ファシリテートする力量を持つ**コーディネーター**（杉澤, 2009b）や，つながりを機能させるための**キーパースン**（野山, 2003）が必要となるが，そうした人材の育成や配置は必ずしも進んでいない。そのため，前述のような「つなぎ役」を担う人材が，専門性を十分には尊重されにくく，職業的なアイデンティティの揺らぎ（大西, 2014）が体験される場合もある。

　さらに外国人支援に携わる多くの援助者は，心理援助の側面においては非専門家であり，担当者の「勘と経験」（二井・緩利, 2013）に頼った対応にならざるを得ない状況がある。そのため，見えづらい心理発達的ニーズに気づき，早期に適切な心理援助資源につないでいくことは必ずしも容易ではない。加えて，連携可能な専門的資源や，コンサルテーションを依頼できる専門家が不在であるという問題を，多くの地域が抱えている。精神科医の野田（2009）は，国内の在住外国人に対する精神科治療に関して，緊急事例の報告が多いことを指摘しているが，早い段階で適切な援助資源につなぐことが困難であることも，こうした状況の背景にはあるだろう。

5 コラボレーションによる支援

　久田は本書2章において，コラボレーションを「複数の専門家や専門機関，ときにはボランティアや自助グループのような非専門家集団が一丸となって，心理社会的困難を抱えた一人以上のクライエントやその家族，あるいは組織や地域社会全体を支援するプロセス」と定義している。またその条件として，「①支援の目的と支援に必要なあらゆる種類の資源が共有されること，②支援を提供する側にコミュニケーションを基本とした相互作用が生じていること，③支援に伴う責任は支援者全員が各自の専門性や経験に応じて負うこ

と，④成果としてこれまでに存在しなかった新たな支援体制や支援方法が創造される可能性を有していること」を挙げている。中でも強調されているのは，資源や責任が平等に分配されるという特徴や，コラボレーションによる作業が，これまでになかった新しいサービスを生み出しうる点である。

　多文化化によって拡大する多様なニーズへの対応においては，相互に学び合い支え合う関係の中で，職種や専門性，立ち位置の相違を超えて知恵を出し合いながら，新たな支援の仕組みを構築していくことが求められる。つまり，コラボレーションは，連携では十分に扱えない多文化支援の課題に対する，より有効な資源間の協力の形となりえる。

　また多文化への対応が求められる実践の場では，外国出身者が専門家，あるいはボランティア援助者として重要な役割を担うことが少なくない（徳井，2020; 大西，2020）。そのため専門家と非専門家，心理専門職とその他の職種間のコラボレーションに加え，日本出身者と外国出身者，つまり社会文化的位置づけの異なる人々がどのように協力し合うかも問われる。

　図19-2は外国人・外国とつながる人々を支援する場に生じる，多様な「コラボレーション」の要素を図示したものである。以下では中でも，社会文化的位置づけの異なる人同士のコラボレーションという視点から，心理援助実践の拡充の道筋を検討してみたい。

　図19-2の「援助者A」を，社会文化的には多数派出身の援助者，「援助者B」を，少数派出身の援助者としよう。それぞれの援助者が，自身の専門性や言語力，文化的知識等を用いて提供する援助を，「援助a」「援助b」とする。「援助c」は，援助者AとBのコラボレーションによって実現するサービスであり，多数派（援助a），少数派（援助b），いずれも単独では提供することができない援助内容である。また「援助a」と比較すると，文化的適切性がより高く，「援助a」を利用しない人でもアクセスしやすいサービスであるといえる。

　例えば筆者の勤務大学では，留学生の在籍状況に合わせ，英語と中国語でも相談対応を行っている。特に中国語対応に関しては，母

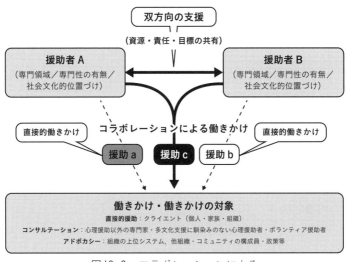

図19-2　コラボレーションによる
外国人・外国とつながる人々を対象とした心理支援

語による支援が可能な中国出身の専門家を配置している。相談室
は，心理支援に特化せず，生活支援や就職活動支援，交流プログラ
ム等の提供も行う多機能の支援窓口であり，キャリア支援や地域と
の連携，生活支援等を行うスタッフとともにサービスを担っている
（大西，2016）。

　仮にこうした支援メニューが，それぞれ別の窓口で提供されてお
り，筆者（心理援助の専門性・多数派出身）が「援助a」を担当したと
しよう。その場合，中国語，あるいは母国の文化に通じた援助者に
安心感・信頼感を感じる学生や，メンタルヘルスのサービスの利用
には心理的抵抗を感じる学生に，筆者が出会うことはないだろう。
一方，日本社会への適応に同化的な戦略で臨み，「留学生」という
ラベルや「母語によるカウンセリング」を敬遠する中国人学生は，「援
助b」ではなく「援助a」を選択する場合があるが，学生の母国の
社会構造・文化的状況を理解しながら適切に対応していくことは，
「援助a」では容易ではない場合がある。

　対して，多数派出身の援助者と，外国出身の援助者がともにサー
ビスを担う場合は，文化変容の途上にある学生や，多様な文化的ア

19
多文化社会における心理援助の実際

273

イデンティティの状態の学生への対応が可能となる。また異なる専門性や知識を持つ担当者の存在によって，進路や就職，生活面の相談等としてなら援助要請を行いやすいと感じる学生や，複合的なニーズを持つ学生にも，適切な対応ができる（大西, 2016）。つまり日本人援助者と中国人援助者，異なる専門性，文化・言語的背景を持つ担当者間で支援を担うことで，不足した知識やスキルを相互に補いながら，留学生の支援ニーズに全体として最も適切な形で応じることが可能となる。多機能の相談室は，単なる複数の資源の連携とは異なるサービスであり，それを機能させうるのが，まさに「コラボレーション」の視点である。

多数派と少数派の援助者間のコラボレーションが問われる背景には，日本では，支援者としての日本人と被支援者としての外国人という構図が固定化されやすく（大西, 2020），少数派の視点が施策に反映されにくいという問題もある。つまりここでは，資源や責任は多数派と少数派間で平等に分配されていない。

多数派と少数派のコラボレーションが前提とされない実践の場において往々にして生じるのが，少数派の援助者の役割が，既存の仕組みの中で提供されるサービスを翻訳・通訳するだけの，限定的なものに留まる状況である。

他方，少数派援助者が，システムを熟知した多数派出身者とのコラボレーションによって，資源や情報にアクセスし，それらを利用しながら，アイディアを実現させていくことができる仕組みにおいては，資源の有効活用によって，文化的適合性のより高いサービスが提供可能となる。多数派と少数派の援助者間にコラボレーションが成立するかどうかは，提供される支援サービスの性質を大きく変えうるものであるといえるだろう。

6 コラボレーションを成立させる風土づくり

さらに，協働的な関係により支援に取り組めるかどうかは，地域

や組織が，どのように多文化との共生の課題に向き合ってきたか，また多様性尊重や人権尊重といった基盤となる理念が，どの程度共有化されているかにも影響される。物理的には近接した自治体間でも，多文化共生施策の充実度には大きな相違がある（井澤・上山，2018）。在住外国人を対象とした心理支援の実践においても，多文化対応への理解や関心の高まりが，組織や地域によって異なり，その相違がサービスの実現・発展に影響していることが指摘されている（大西，2014）。

　そのため，実践においては，地域・組織の持つ風土特性，多文化対応の準備性をアセスメントし，どのような協力の形が関係者間で可能であるのかを見極めることが，心理専門職には問われる。足踏みし続け，対症療法的になりやすい外国人支援の課題に取り組む際には，コラボレーションの成立を関係者間の共通目標とするところから，まずは始める必要があるのではないだろうか。

■引用文献

阿部　裕 2020 外国人労働者の精神療法．精神療法，**46**(2)，168-172．

American Psychological Association 2017 *Multicultural guidelines: An ecological approach to context, identity, and intersectionality.* http://www.apa.org/about/policy/multicultural-guidelines.pdf（2021年1月25日閲覧）

安　婷婷 2020 多言語による心理支援の現状と課題．コミュニティ心理学研究，**24**(1)，15-26．

蜂矢百合子 2020 多文化背景の子どもたちの心理支援に必要なことは何か．精神療法，**46**(2)，159-162．

一條玲香・上埜高志 2014 外国人相談の傾向と心理的問題を抱える相談――「外国人相談センター」における過去9年間の相談記録から．東北大学大学院教育学研究科研究年報，**62**(2)，145-166．

一條玲香・上埜高志 2015 外国人相談の傾向と心理的問題を抱える相談（2）全国の外国人相談から．東北大学大学院教育学研究科研究年報，**64**(1)，117-133．

石河久美子 2012 多文化ソーシャルワークの理論と実践――外国人支援者に求められるスキルと役割　明石書店．

井澤和貴・上山　肇 2018 東京23区における多文化共生政策に関する現状と課題についての一考察――行政に対するアンケート調査を通して．地域イノベーション，**10**，17-26．

金　春喜 2020 「発達障害」とされる外国人の子どもたち――フィリピンから来日したきょうだいをめぐる，10人の大人たちの語り　明石書店．

南野奈津子 2017 特別な支援を要する幼児・児童の多様性と支援――外国人障害児に関する考察．ライフデザイン学紀要，**13**，337-347．

三浦美恵子 2020 特別支援学級における外国人児童生徒の在籍状況に関する一考察．宇都宮大学国際学部研究論集，**50**，205−219．

文部科学省 2020 外国人児童生徒等の教育の充実について（報告）．https://www.mext.

go.jp/content/20200528-mxt_kyousei01-000006118-01.pdf（2020年12月3日閲覧）

二井紀美子・緩利 誠 2013 外国人児童生徒支援に資するアセスメントの枠組の提案──不就学児調査を通して．生涯学習・キャリア教育研究，**9**，1-12.

野田文隆 2009 多文化・多民族化時代の精神医療とは．精神医学，**51**(8)，728-738.

野山 広 2003 地域ネットワーキングと異文化間教育──日本語支援活動に焦点を当てながら．異文化間教育，**18**，4-13.

大西晶子 2012 留学生への相談・支援体制の現状と課題．学生相談研究，**23**(1)，25-37.

大西晶子 2014 在住外国人に対する心理援助──実践の課題と心理援助専門家の役割に注目して．コミュニティ心理学研究，**18**(1)，93-108.

大西晶子 2016 キャンパスの国際化と留学生相談──多様性に対応した学生支援サービスの構築 東京大学出版会.

大西晶子 2020 日本における多文化に対応した心理援助の拡充に向けての一考察，コミュニティ心理学研究，**24**(1)，3-14.

出入国在留管理庁 2020 令和元年末現在における在留外国人数について．http://www.moj.go.jp/isa/publications/press/nyuukokukanri04_00003.html（2021年1月25日閲覧）

園田智子 2010 群馬県における外国人相談の現状と課題──地域の外国人を支える外国人相談員へのインタビューから．群馬大学国際教育・研究センター論集，**9**，69-79.

杉澤経子 2009a 外国人相談 実践的考察 多言語・専門対応の仕組みづくり──連携・協働・ネットワークの視点から．外国人相談事業，実践のノウハウとその担い手，シリーズ多言語・多文化協働実践研究，別冊**2**，10-48.

杉澤経子 2009b 多文化社会コーディネーター養成プログラムづくりにおけるコーディネーターの省察的実践．シリーズ多言語・多文化協働実践研究，別冊**1**，6-30.

鈴木暁子 2018 多文化共生社会に向けた課題解決のためのネットワーク型ガバナンスの研究──大阪市西淀川区を事例として．同志社政策科学研究，**20**(1)，191-206.

鈴木暁子 2019 外国にルーツを持つ子どもの支援に関わるアクター間のネットワーク型ガバナンスの研究──島根県出雲市を事例として．同志社政策科学院生論集，**8**，29-42.

竹山典子・葛西真記子 2008 日本語ボランティア教員による外国人生徒への支援──日本語支援教室を中心とした心理・社会的支援システムの構築に向けて．コミュニティ心理学研究，**11**(2)，144-161.

徳井厚子 2014 関係構築の「橋渡し」としての複言語サポーター──インタビュー調査から．信州大学教育学部研究論集，**7**，47-57.

徳井厚子 2020 外国人相談員・日本人コーワーカーの語りにみる「能力」「協働」の比較．信州大学教育学部研究論集，**14**，189-196.

横山 佳奈子 2019 自治体の外国人相談の内実──外国住民と日本社会をつなぐ外国人相談員の役割．人間関係研究，**18**，75-100.

付記：※1　国籍への注目は，日本国籍を持つ国際結婚家庭の子どもたちや，帰化による日本国籍取得者，帰国児童生徒等の姿を見えなくしてしまうことに留意が必要である．
　　　※2　2021（令和3）年の改訂版「外国人材の受入れ・共生のための総合的対応策（令和3年度改訂）」http://www.moj.go.jp/isa/policies/coexistence/nyuukokukanri01_00140.html（2021年12月9日閲覧）

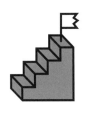

終章：
教育訓練について

久田　満

　本書の締めくくりとして，教育訓練を取り上げたい。

　1988年に設立された財団法人日本臨床心理士資格認定協会（当時）では「臨床心理士」の専門業務として，「臨床心理査定」「臨床心理面接」「臨床心理的地域援助」「調査研究」の4つを規定している。筆者の個人的な感覚として，この中の査定と面接に関する教育訓練については長い歴史が積み重ねられてきているように思える。

　筆者の勤務する大学では，学部生や大学院生が教員の指導の下，知能テスト，ロールシャッハテスト，描画法，P-Fスタディなど様々な心理検査を互いに施行し合い研鑽に務めている。その一方で，週2〜3回の面接をこなし，その実践の中では査定も行い，その体験や査定の結果を「事例」として報告し教員からコメントを受けている。卒業後も様々な機会が提供されていて，資格取得後も長期にわたり，教育研修が継続する。

　この査定と面接は，公認心理師法第二条「心理に関する支援を要する者の心理状態を観察し，その結果を分析すること」と「心理に関する支援を要する者に対し，その心理に関する相談に応じ，助言，指導その他の援助を行うこと」にそれぞれ該当しており，教育訓練の内容と方法はある程度定まっているといえよう。

　では，関係者支援や連携に相当するコンサルテーションとコラボレーションの教育訓練については，どうなのであろうか。ここでは，教育者としての筆者の経験に基づいて，方法論を中心に紹介したい。ある種のたたき台となれば幸いである。

1 わが国の現状

　査定と面接は臨床心理学を学ぶ上で不可欠な技法であり，心理専門職の養成に携わっている大学・大学院のすべてで教育されているといえる。その一方で，「臨床心理的地域援助」や「関係者支援」に関しては，高橋（2017）も指摘しているように，教えられる人材の不足という理由もあって，その教育訓練は不十分であるといわざるを得ない。

　今からちょうど40年前に山本（1982）は，コミュニティ心理学の教育訓練に関する持論を展開している。それによると，①まずは臨床心理学の基本である心理療法と心理診断（当時は診断と呼んでいた）について必要な知識と技術を身に付けた上で，コミュニティ心理学を学ぶというカリキュラムと②これまでの伝統にとらわれずに最初からコミュニティ心理学を教育するという二案を紹介し，自分自身は①が望ましいとしている。

　筆者が山本の下でコミュニティ心理学を学んでいた頃を振り返ってみると，彼は臨床心理学でさえ大学院から学ぶべきだと言っていたことを思い出す。人として成熟していなければ臨床心理学やコミュニティ心理学は習得できないということであった。ところが山本ゼミの学部生は臨床心理学の勉強を切望しており，指導教員に逆らう形で筆者はそれらの学部生達を集めて「自主ゼミ」を開き，知識とスキルを共に学んだ。筆者には，臨床心理学にしてもコミュニティ心理学にしても，「学部生には学部時代に学ぶべきことがある」という信念があったからである。

　この問題に関して高橋（2017）も「コミュニティ心理学に関する理論的な教育はある段階で必要かもしれないが，コミュニティ心理学は研究でも実践でも社会的活動でもよりマクロな視点からアプローチするスタンスをもつという特性があるとすると，その壮大なスケールの理論や実践を，実感を持って理解することは容易ではないであろう。しかし，だからと言って，実感を持って理解できるまで伝えないでいると，ものごとをコミュニティ心理学的な視点でとらえる機会を逸してしまう可能性もある」（p.125）と述べ，さらに

「ものごとを捉える幅広い視点は，必ずしも臨床実践の中のみにあるのではなく，日常の生活や活動のどこにでも発展しうるものであり，そのようなスタンスを平素から養っておくことは意味がある」（p.125）と指摘している。筆者は，学部生時代に1年間，イギリスに語学留学をした経験があるが，後半の半年間は障害者施設でボランティアをしていた。帰国した後も，多種多様なボランティア等の社会活動に関わり，そのときの体験がコミュニティ心理学者としての土台の一部になっていると確信している。

2 コンサルタントの教育訓練

コンサルテーションに関する専門的知識の獲得は本書を含む多くの書籍に譲るとして，コンサルテーションを行える人材，すなわちコンサルタントの教育訓練にはどのような方法がふさわしいのであろうか。この課題に関して筆者は楽観的である。

学部や大学院教育の学内実習として，カウンセラー役とクライエント役に分かれてロールプレイを行っている大学は少なくないだろう。この方法論をコンサルタントの教育訓練にも用いることが可能である。コンサルタント役とコンサルティ役に分かれてロールプレイを行うのである。その様子を他の学生とともに教員が観察し，ときには録画して，評価し合えば，様々な疑問や課題が議論の俎上に上がってくるだろう。

筆者はかつてロジャーズ派の心理専門職対象の研修会に講師として招かれたことがある。彼らの中から心理的問題を抱えた小学生の担任役（コンサルティ）を演じてくれる受講者を募り，筆者が外部コンサルタント役となって30分程度のロールプレイを披露した。その講座では，受容や共感，あるいは傾聴がとりわけ強調されていたこともあってか，そのロールプレイを見せられた受講者の多くは驚きを隠しきれなかった。筆者の解説では，コンサルテーションとカウンセリングは異なった支援法であること，そして共感的態度はコンサルティとの信頼関係の構築に必要不可欠であることを強調した。そのうえで，クライエントに該当するその小学生に関する情報

を積極的に収集することの重要性を伝えた。関係構築と情報収集は車の両輪であり，どちらも怠らないという姿勢がコンサルタントに求められると説明し，コンサルテーションもカウンセリングも対人援助という点では基本は同じであるが，異なる面についても学んでほしいとお願いした。

　学外実習では，一対一の面接場面の観察や体験に加えて，多職種が集う場での体験も積み重ねる必要があるだろう。公認心理師の養成では学外の実習が課せられており，できるかぎり多くの協働場面での実習を期待したい。同時に，単位とは無関係であっても，何かボランタリーな活動に身を置くことは貴重な経験となるだろう。筆者のゼミでは「社会的活動」と称しゼミ生に対して半ば強制している。社会的活動と呼ぶ理由は，ボランティア活動とはあくまで自主的なものであって，他者に強制されて行うものではないからである。

　ところで，筆者は自身のゼミ生に事あるごとに説いていることがある。「社会性と社交性を磨け」である。社会性とは社会人としての礼儀や作法を身に付けていることであり，社交性とは誰にでも開かれた態度で接することである。山本（1986）や丹羽（2017）は，コンサルタントに求められる要件のひとつに「社会性と人間性」を挙げているが，似た概念であろう。これらの特性は企業に就職したばかりの新人が最初に教育されることでもある。その意味で，学生時代に教え込まなくても社会に出れば自ずと身に付くことであるという考え方もあり得るであろう。しかし，その考えを認めると，大学教育は知識の獲得だけでよいということになってしまう。リアリティショックを防ぐという意味でも，大学と現場との違いを早い段階である程度理解しておくことは重要である。

3　コラボレーターの教育訓練

　優秀なコラボレーターをどのようにして養成するか。このことは極めて大きな課題であるように思える。どんな分野にしろ「専門職」といわれる人を育て上げるためには，その専門性がより高度なものであるほど時間がかかる。「一人前の○○になるには10年かかる」

などといわれる。さらには「生涯勉強し続けなければならない」といわれることさえある。

この章の冒頭に述べたように，臨床心理学の領域では，カウンセラーやセラピストの教育訓練に関しては長い歴史があり，各流派に応じて様々な方法が実践されてきた。しかし，コラボレーターの教育訓練の在り方に関しては，日本ではまだ試行錯誤の段階であるといってもよいだろう。ここでは，ひとつの試みとして筆者が学部2年生を対象に行っている授業の一端を紹介したい。

この授業は，公認心理師資格の取得に必要な科目として学部に開講された「心理演習」であり，心理検査や心理面接と並んでその中に組み込まれた「多職種連携及び地域連携」を取り扱うものである。受講者は心理学科2年生で，心理専門職の業務についてはまだよく知らない学生である。約60名の受講者は4つの班に分けられて，各班1名の主担当教員とティーチング・アシスタント（TA）と呼ばれる大学院生3〜4名の指導を受ける。各班は3コマごとにローテートして，上述した心理検査，心理面接，そして「多職種連携及び地域連携」の基礎を体験的に学ぶことになる。

筆者が担当する「多職種連携及び地域連携」では，15〜16人をさらに3グループに分けて以下のような内容の授業を行っている。

(1) 導入

多職種連携とは何かに関して講義する。講義内容は，①定義，②重要性，③学校現場における多職種連携としての「チーム学校」の解説などである。

(2) ロールプレイ

1グループ5〜6名として，ロールプレイを行ってもらう。受講生には事前に以下のような架空のシナリオが配布される。

【A子：中学2年生 (14歳)】
　A子は小学校までは問題なく毎日登校していた。おとなしく目立たない子であったが，仲の良い数名の友人と楽しそう

に会話する場面も多かった。3年生になったある日，母親は担任から「A子ちゃんは授業中に自分で手を挙げることがないのが少し気になります」と面談で言われた。母親は大変教育熱心で，A子には小1からほぼ毎日，何らかの習いごとをさせていた。4年生になると，A子は母親の希望する進学校の私立女子校に入学するため，週5日塾に通うようになった。

　ギリギリの成績で母親が希望していた中学校に入学したA子は，毎朝母親に声をかけてもらわなければ自分では起きられず，しばしば遅刻した。休日も友人と出かけることはなく，部屋にこもって動画共有サイトを見たり，ゲームをしたりとダラダラ過ごしていた。このような状態が続いた中1の秋，母親は担任から学校に呼ばれ，「A子さんはだらしない部分があるので家でも指導を」と注意された。

　なんとか中2に進級したが遅刻は改善されず，A子は4月の中頃に部活の友人から「A子はいつも遅刻するし，忘れ物も多い。やる気がないんじゃないの？」と叱責されたことをきっかけに，5月の連休明けよりまったく登校しなくなった。

●家族構成

　父親は現在単身赴任で，自宅から新幹線で3時間以上かかる都市に在住。仕事が忙しく，A子のことはすべて母親に任せきりである。家にいるときは娘に甘くA子を叱ったことはない。そのため，A子は父親にはなついている。中2の5月中旬，母親からA子が学校にまったく行っていないことを知らされ驚いた様子であったが，父親は「仕事が忙しくて当分帰れない。専門家に相談したらどうだ」と言うだけであった。

　母親は，専業主婦で心配性。A子には「一人で生きていける女性になってほしい」と望み，期待も高い。そのため，成績には非常に厳しい。A子がクラスの中での成績が上位でないことに対して「もっと頑張ってほしい」とイライラすることも多い。A子が学校に行けなくなったのは，学校の対応が悪いからではないかと感じている。

この授業の受講生は，①校長，②担任，③養護教諭，④スクール
カウンセラー，⑤教育相談センターの心理相談員の役を割り振ら
れ，このケースに対して「チーム学校」としてどう対応するかにつ
いて討論することが求められる。地域の支援者として民生委員が加
わることもある。

　割り振られた役の「公的な立場」と「性格傾向」が記載された用
紙が事前に受講生に配布されるが，初顔合わせのときまでは自分の
役以外は知らされておらず，他の受講者が何者なのかは知らない。

　例えば，校長に割り振られた受講生は，以下に書かれたような役
割を演じることになる。他の役割（スクールカウンセラーや養護教諭な
ど）も同じように，職務上の役割と性格傾向に関する情報が受講生
に知らされる。

【あなたは校長先生です】

　私立中学ということもあり，学校経営を安定させることが
最も重要な自分の役割だと考えている。一人でも多く志願者
を増やし，優秀な卒業生を自分の学校から輩出することが学
校の評判を良くするという信念を持っている。性格は事なか
れ主義。A子の不登校の背景にいじめがないか，そのせいで
学校の評判が落ちないかを過剰に気にしている。決断力が乏
しく，重要な判断はいつも副校長先生に任せている。A子には，
卒業を認めるために，保健室登校あるいは放課後登校でもい
いから週1回以上登校してほしいと希望している。

　場面は初回の会議と設定し，時間は45分間。まず，校長役の受
講生から挨拶があり，各自が割り振られた役になり切って，対応策
を話し合う。終了の時間が来たら，会議の結果としての「支援の方
向性」を校長役が全受講者の前で公表する。もちろん，その結論に
正解も不正解もないが，教員は不登校生徒の理解と可能な支援策を
複数提示しつつ，各グループが示した結論に対して15分程度のコ
メントをする。

⑶ 振り返り

その後，再度，各グループに分かれて15分間の振り返りを行う。その際のテーマとしては，「多職種が話し合うことに伴う困難」と「その困難に対してどう対処すべきか」である。このテーマはレポートの課題でもある。

⑷ レポートの内容

以下に，提出された受講生のレポートに記載されていた「多職種が話し合うことに伴う困難」と「その困難に対してどう対処すべきか」について簡単に紹介する。

【困難な点】

① <u>会議の参加者が自由に自分の意見を述べられないこと</u>

各自が自己主張して譲らないときは意見がまとまらない。組織の権力関係によって意見の反映され方に差が出る。職位が上，経験年数が長い，威圧的に話す人の意見が優先される。専門性の高い人の意見へと流されてしまう。少数派の意見が尊重されないなど。

② <u>メンバーが多いことによる弊害</u>

全員が集まれる時間を決めることが難しい。結論に至るまでに時間がかかる。それぞれの職業柄，譲れない部分が出てくるなど。

③ <u>情報共有に伴う困難</u>

もし情報の伝達ミスがあると大きな問題になりかねない。守秘義務の適用範囲が難しい。クライエントから口止めされている場合，守秘義務をどう扱うかなど。

④ <u>心理専門職の異色性</u>

そもそも現場において心理専門職がどう理解されているのか不安。いてもいなくてもよい存在であったら残念だし，何でもできる高度な専門職とみられても困るなど。

【どう対処すべきか】

① <u>情報の取り扱い方の工夫</u>

丁寧な情報の共有，こまめな情報の共有，客観的な情報の共有を心掛ける。全員が同じ情報を持った状況で会議に臨む。日頃から周囲の人へしっかりと報告する習慣を持つ。会議の前に必要な情報を

まとめて整理しておく。自分にしかない情報をまとめておく。重要事項はメモを取るなど。

② 会議や話し合いの進め方の工夫

互いに敬意を持ってその場に臨む。バランス感覚のいい人が必要。参加者全員が少数派の意見も尊重するように心がける。柔軟な姿勢で会議に臨む。各自が持っている専門知識を補い合うという態度で臨む。1分たりとも遅刻しない。参加者全員の意見を吸い上げ，穏やかな雰囲気を作り出せるスキルを持った人を司会者にする。日頃から関係者とこまめにコミュニケーションを取っておくなど。

③ 心理専門職に対する理解の促進

心理専門職は周囲の人と信頼関係を築く努力をする。行動で自分の存在意義を周囲に伝える。尊敬される存在になるように努める。心理学の考え方を他職種に理解してもらえるように工夫する，自分の役割を把握するなどである。

　以上の教育実践例は，予備知識や経験の不足，時間的制約，コラボレーションとしての適切な人数など，多くの課題が残されていて，決して理想とはいえない。しかし，学部2年生でもこれくらいの体験学習は可能であることがわかる。このような学習を初級とすれば，学部の高学年では中級，大学院では上級といえるような科目を設定することが可能ではないだろうか。それらの基礎教育を土台として，卒後教育やOJT（On-the-job training）による実務経験を積んでいくことが優秀なコラボレーターの育成に必要であると考えている。

■引用文献

丹羽郁夫 2017 コンサルテーション. コミュニティ心理学研究, **20**(2), 143-153.

高橋美保 2017 コミュニティ心理学教育はどうあるべきか──方法論に注目した特集の企画趣旨. コミュニティ心理学研究, **20**(2), 121-128.

山本和郎 1982 コミュニティ心理学の立場からの臨床心理の教育. 社会精神医学, **5**(4), 288-293.

山本和郎 1986 コミュニティ心理学──地域臨床の理論と実践 東京大学出版会.

索　引

【編者紹介】

久田 満（ひさた みつる）上智大学総合人間科学部心理学科 教授

博士（医学） 公認心理師，臨床心理士 日本コミュニティ心理学会前会長
専門はコミュニティ心理学，健康・医療心理学
著書に『コミュニティ心理学ハンドブック』（分担執筆，東京大学出版会），『よくわかるコミュニティ心理学』（共編著，ミネルヴァ書房），『医療現場のコミュニケーション』（共編著，あいり出版）ほか。

丹羽郁夫（にわ いくお）法政大学現代福祉学部臨床心理学科 教授

公認心理師，臨床心理士 日本コミュニティ心理学会副会長
専門はコミュニティ心理学，子どもの心理療法
著書に『コミュニティ心理学ハンドブック』（分担執筆，東京大学出版会），『コミュニティ心理学入門』（分担執筆，ナカニシヤ出版），『心理学的支援法』（分担執筆，北大路書房）ほか。

【執筆者一覧】(50音順)

浅井健史	明治大学文学部心理社会学科	7章
上田将史	特定非営利活動法人 志木市精神保健福祉をすすめる会	16章
大久保智生	香川大学教育学部	18章
大林裕司	一般社団法人心理支援ネットワーク心PLUS	13章
大西晶子	東京大学相談支援研究開発センター	19章
菊住 彰	文化学園大学現代文化学部応用健康心理学科	11章
黒沢幸子	目白大学心理学部心理カウンセリング学科	6章
胡 実	筑波大学留学生相談室	10章
菅井裕行	宮城教育大学特別支援教育専攻	9章
妹尾真知子	静岡県立静岡がんセンター 緩和医療科	15章
田中 究	関内カウンセリングオフィス	5章
玉澤知恵美	一般社団法人心理支援ネットワーク心PLUS	13章
中村菜々子	中央大学文学部心理学専攻	4章
丹羽郁夫	編者	1・3章
萩原豪人	杏林大学保健学部臨床心理学科	8章
久田 満	編者	2章・終章
安田みどり	立教大学現代心理学部心理学科	12章
山田 文	上智大学大学院総合人間科学研究科心理学専攻	14章
渡邉由己	田園調布学園大学人間科学部心理学科	17章

（所属は2022年10月時点）

コミュニティ心理学シリーズ 第2巻

コンサルテーションとコラボレーション

2022年10月31日　初版第1刷発行　　　〔検印省略〕

編　者　　久田　　満

　　　　　丹羽郁夫

発行者　　金子紀子

発行所　　株式会社 金子書房

　　　　　〒112-0012　東京都文京区大塚3-3-7
　　　　　TEL 03(3941)0111(代)
　　　　　FAX 03(3941)0163
　　　　　https://www.kanekoshobo.co.jp
　　　　　振替 00180-9-103376

印　刷　　藤原印刷株式会社
製　本　　一色製本株式会社

コミュニティ心理学シリーズ 全3巻

人々の幸福と心の健康に寄与する
これからの心理専門職の必携書

第1巻

心の健康教育

久田 満・飯田敏晴 編

第2巻

コンサルテーションと
コラボレーション

久田 満・丹羽郁夫 編

第3巻　近刊

危機介入と緊急支援 (仮題)

久田 満・萩原豪人 編

金子書房